那些 稀奇古怪的冷知识

刘帅 编著

天津出版传媒集团
天津科学技术出版社

图书在版编目（CIP）数据

那些稀奇古怪的冷知识 / 刘帅编著 . -- 天津 : 天津科学技术出版社 , 2019.9

ISBN 978-7-5576-7014-6

Ⅰ . ①那… Ⅱ . ①刘… Ⅲ . ①科学知识—普及读物 Ⅳ . ① Z228

中国版本图书馆 CIP 数据核字 (2019) 第 164641 号

那些稀奇古怪的冷知识

NAXIE XIQI GUGUAI DE LENGZHISHI

责任编辑：布亚楠

出　　版：天津出版传媒集团 / 天津科学技术出版社

地　　址：天津市西康路 35 号

邮政编码：300051

电　　话：（022）23332695

网　　址：www.tjkjcbs.com.cn

发　　行：新华书店经销

印　　刷：三河市华润印刷有限公司

开本 710 × 1000　1/16　印张 19　字数 256 000

2019 年 9 月第 1 版第 1 次印刷

定价：45.00 元

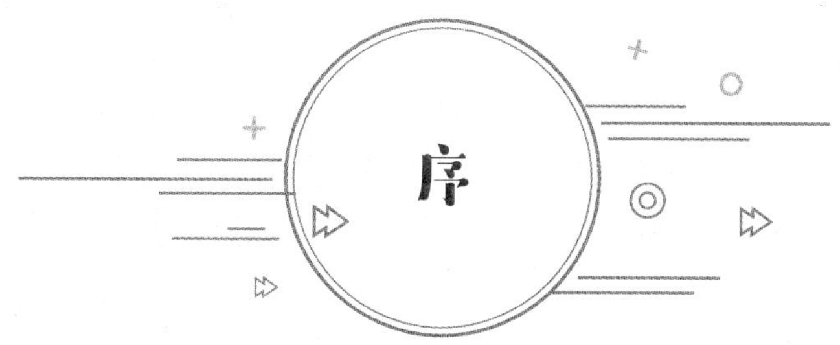

序

我们每天都能感受到风的存在，但是你知道风是从哪里来的吗？自然界中的花五颜六色，可为什么我们很少看到黑色的花呢？一些广告总是告诉我们这个可以提高免疫力，那个可以提高免疫力，但是免疫力高真的就好吗？我们经常去吃自助餐，但是你知道自助餐是谁发明的吗？为什么我们在菜市场里看不到活的带鱼？吃到了特别辣的食物，眼泪、鼻涕都辣出来了，该怎么缓解呢？如果电梯从高层突然下坠，跳起来就能活命吗？彩虹为什么是弧形的……

我们的生活中有很多这样看起来习以为常，深究起来却又无从下手的问题。有时，你会觉得这个问题很傻、很无聊，但是这些问题却能难住很多自诩聪明的人。这些问题大多与我们的日常生活息息相关，充满了趣味，让我们在探究答案的同时喜欢上了里面蕴含的科学知识。

古希腊哲学家第欧根尼说："知识是青年人的最佳荣誉、老年人最大的慰藉、穷人最宝贵的财产、富人最珍贵的装饰品。"知识没有有用与无用之说，没有大小之说。有时，人们对小问题给予关注并进行研究，开创了一门新的学科，从而推动了人类历史的进程。

所谓"冷知识"，是指我们日常生活中那些庞杂又零碎的知识，因为太过常见，以至于容易被人们忽略。如果你对一些冷知识不求甚解，就可能陷入危险之中，比如不管是生鸡蛋还是熟鸡蛋都不能用微波炉加热，比如哪些食物容易引起过敏……

虽然冷知识的范围非常广，并且内容丰富多彩，涉及众多学科和领域，也具有很强的趣味性和知识性，但是仍有很多人对这些冷知识所知甚少，对一些常见的问题更是一知半解。

如果你恰好精通这些冷知识，那么生活中你可能是大家的“万事通”，职场上你可能是那个幽默风趣又知识渊博的人，人际交往中你可能是那个最受欢迎的人。这样优秀的你走到哪里能不被喜欢和称赞呢？因此，学习并了解冷知识可以给我们带来很多实实在在的好处，可以在跟人沟通时增加话题，可以让我们的生活变得轻松并充满乐趣，可以让我们在交际场合中游刃有余。

本书收集了大量新奇、有趣、包罗万象的冷知识，涉及历史知识、神话故事、神奇的大自然、神秘的宇宙、饮食知识、动物知识、异国风情等众多方面，从天马行空般的提问到一些严谨的学术问题应有尽有。了解这些看似稀奇古怪的知识之后，你会发出“原来如此”的感叹，在豁然开朗之际，蓦然发现另一个异彩纷呈的有趣世界。

本书诙谐幽默的语言让你读起来备觉新鲜有趣，使你既增长了见识，又开阔了视野，还兼具益智解颐的功效。它立足于“冷”“奇”，又从实用的角度出击，提出千奇百怪的问题，并给出了富有逻辑的科学见解，让你有曲径通幽、豁然开朗之感。希望这本书能让你变成一个学富五车的牛人。

目录

第一章　历史知识：偏门大集合

第四章　科普达人：比别人知道的多一点

那些稀奇古怪
的
冷知识

第一章 历史知识：偏门大集合

1. 大汉“黑科技”——铜镜居然能透光

存在了四百多年的大汉王朝出现了很多响当当的“神器”，使其与同期的罗马帝国并列成为当时世界上技术最先进的文明帝国。

大汉“神器”里面有能够减少空气污染的雁鱼铜灯、长信宫灯、铜牛灯，有当时用来计算道路里程的记里鼓车，有利用水力来舂米、去粮食壳皮的水碓，更有天平式的湿度计及青铜卡尺等很多“逆天”的“黑科技”。后来，考古学家又给大家展示了另一个神奇的物件——“透光镜”。

古代早期的镜子是用金属制作的，材料多是铜锡合金，也就是古人说的铜镜。制作铜镜时，古人会先制作一个铜盘，然后把铜盘的一面磨光。光滑的铜面可以反射光线，于是就可以拿来当镜子用了。

到了汉代，我们的祖先发明了一种新型的铜镜，后人称之为“透光镜”。表面看来，“透光镜”跟常用的铜镜没有什么区别，但是当阳光照到镜面时，奇迹就发生了。镜子背面的铭文、图案，甚至用来穿带的镜纽都会被反射到墙上，“透光镜”的名字也由此而来。

我们知道玻璃是会透光的，但金属却不行，可是为什么铜镜背上的纹饰会出现在墙上呢？古人一直没有给我们答案。

北宋学者沈括在《梦溪笔谈》中是这样记载的：“世有透光鉴，鉴背有铭文，凡二十字，字极古，莫能读。以鉴承日光，则背文及二十字，皆透在屋壁上，了了分明。人有原其理，以谓铸时薄处先冷，唯背文上差厚，后冷而铜缩多。文虽在背，而鉴面隐然有迹，所以于光中现。予观之，理诚如是。然余家有三鉴，又见他家所藏，皆是一样，文画铭字无纤异者，形制甚古，唯此一样光透，其他鉴虽至薄者皆莫能透，意古人别自有术。”

从沈括的文字中，我们能够看出，他对“透光镜”的原理也十分好奇。他认为古铜镜能透光是因为铸造时薄的地方冷却快，厚的地方冷却慢，从而出现了不同程度的收缩。纹饰虽然在背面，但厚薄不均的镜面仍会留下肉眼察觉不到的微小变化，所以才会造成铜镜“透光”的奇异现象。但沈括的解释并不足以真正解开“透光镜”的奥秘。

近些年，经过科研人员的努力研究，铜镜透光的秘密才真正被解开。原来，这种“透光镜”之所以能够透光，是因为镜面的曲率是不同的。

在铸造过程中，镜背的花纹图案凹凸处厚薄不同，经凝固收缩而产生铸造应力，铸造后经研磨又产生压应力，因而形成物理性质上的弹性形变。当研磨到一定程度时，这种弹性形变叠加作用，使镜面与镜背花纹之间产生相应的曲率，而这些凭肉眼是看不出来的。所以，当光线照射在镜子上时，肉眼看到的是光照射在了平滑的镜面上，实际上光却照射在了曲率不同的纹理上，出现了不同的反射光线，于是铜镜就投射出了花纹。“透光镜”就是这么形成的。

2. 历史上真的有穿越者吗——扯淡碑来告诉你真相

自从穿越题材的小说和电视剧火了之后，很多人都很想知道这个世界到底有没有穿越者，如果有，又留下了什么证据。于是，一些穿越迷开始在历史中翻找穿越者留下的蛛丝马迹。让人意外的是，他们还真的找到了一个“证据”，那就是著名的“扯淡碑”。

之所以叫“扯淡碑”，是因为在该碑阳面中间的位置竖刻的“泰极仙翁脱骨处”的“泰”字两边，又刻了非常现代的词语“扯淡”二字，并且碑上还有非常符合现代汉语标准的“再不来了”四个大字。

这给后人留下了无限的遐想。于是，有人猜测这块石碑可能是穿越者留下的，并且极有可能是一位想尽办法穿越到过去的现代人，在穿越过去后发现，根本就没有小说、电视剧中的香车美女，没有惊心动魄的生活，于是在生命的终点时愤愤地写下了“扯淡”和“再不来了”的话语。

不过这些只是大家的猜测，我们还是来听听考古专家们对该墓主人的猜测：因为碑文中是这样写的，“翁燕人水木氏明末甲访道云梦修真事迹已详载甲申记矣予等不敢再赘翁”，所以这说明墓主人是北京的沐氏，他在明末甲申年到这里来访道修真。我们知道当时最著名的事莫过于李自成攻入北京——大明灭亡。碑文还说自己的事迹早就被人详细记载了，所以不敢再多说什么，所以墓主人应该是明朝的朝堂名人。

根据这些线索，墓主人的身份可能有两种。

第一种就是明朝勋臣沐氏家族的人。该人是在李自成进京时逃走的，后来在云梦山隐居下来，一直幻想着有朝一日能够东山再起。不过遗憾的是，直到他死的时候，他都没成功，于是心灰意冷之际，就给自己从前的作为批了一个“扯淡”的总结。

第二种就是崇祯。因为水木氏是朱氏的缺笔讳写，碑阴上还写着“不负三光不负人，不欺鬼神不欺贫”，意思就是自己没有辜负老天的期望，没有辜负人民的希望，没有欺骗鬼神，没有欺骗百姓。而且“泰极”这两个字更指崇祯皇帝他没有在煤山自杀，而是偷偷跑到云梦山苟且一生，最后看到大明江山在自己手上被葬送，于是感慨自己后来的作为都是扯淡。

如果这真的是崇祯的石碑，那么也许要揭开一个惊天秘闻了，期待那些考古人士赶紧揭开这个秘密，让大家知道到底是怎么回事。

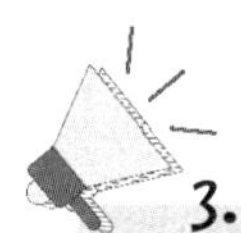

3. 至今无法解释的“逆天”文物

我国是一个拥有悠久历史的文明古国，所以经常在各地发现一些文物，通过这些文物，我们可以从侧面知晓古人们的科技水平和生活方式。但是，有的文物“逆天”得让现代人都感叹：“这不是现代的物件吗？”因为连科技发达的现代人都无法解释它们到底是怎么形成的。下面，我们就来看几件“逆天”文物。

第一件是战国青铜器曾侯乙建鼓底座。

自从 1978 年曾侯乙墓开启后，战国时期的一个小诸侯国——曾国开始名扬四海。墓中共出土了各类随葬品 15404 件，其中最让人觉得不可思议的青铜器是建鼓底座，这件文物的造型极富想象力。

其底座上有八对大龙和几十条小龙，龙身互相纠缠，向上攀爬，让人眼花缭乱，整体产生出一种变幻莫测、生动有序的奇特感觉。底座整体镂空，并镶嵌绿松石。据说没有人能数清上面到底有多少条小龙，而且不同的人在不同的角度数的结果都不一样。

直到现在，那些数不清的龙是怎么铸上去的仍旧是一个谜。国内外的一些冶金专家认为，其主要铸造方法是失蜡铸造法，因为我国古代在青铜器铸造上使用过这种方法。虽然现代人也复制出了这件器物，但是每个复制品与原品都相差很多，最大的差别就是神韵。

凭借现代科技，人们还是复制不出这件几千年前的青铜制品，可见它的工艺该是多么“逆天”了。

第二件是战国时期的一个水晶杯。

如果在古墓中看到一个跟现代杯子相差无几的水晶杯，你是不是会想：完了，这个墓已经被盗了，你看盗墓贼把喝完水的杯子都留下了。友情提醒一下，不要随意忽略这个杯子，这个很现代的杯子很可能来自战国时期！

在我国古代，青铜制品很常见，但是玻璃制品却极为鲜见，尤其还是战国时期的就更不可思议了。但是，1990 年，在浙江杭州半山镇的一个战国古墓中，就出土了一个无论外形还是制造技术都堪比现代水准的水晶杯。面对如此神秘的水晶杯，没有人能说清楚古人是用什么制造出来的。

第三件是王莽青铜卡尺。

游标卡尺这个现代科技的产物，其实早在汉代王莽时期就有了，而且还是青铜的呢。

1992 年，考古学家在扬州市的邗江县（今邗江区）发现了一座汉代古墓，从该古墓中发掘出了一把青铜制的游标卡尺。这件卡尺通长 13.3 厘米，固定卡爪长 5.2 厘米、宽 0.9 厘米、厚 0.5 厘米。在固定尺上端有鱼形柄，中间开了一个导槽，槽内是一个可以旋转调解的导销，可以左右移动。

跟现代的游标卡尺相比，二者外形太相似了，专家至今都无法解释为什么会这么相似。

4. 宋代“剩女”要被罚款

现如今，生活节奏越来越快，人们的思想也在逐步发生改变，越来越多的青年对婚姻都有了自己的主见，不会过度在意年龄，晚婚成了一种普遍现象。但是，现在的这种普遍现象在古代却并不“普通”，更有甚者，在宋朝时期，如果一个女孩要敢保持“剩女”身份，那将会遭到国家惩罚的！

宋仁宗时期就有明确规定，民间男子 15 岁必须娶，女子 13 岁必须嫁。女方如果在规定的年限中没有嫁出去，不光女子会受到惩罚，就连她的家人也会有连带责任，会被关押坐牢。

当然，“剩女”受罚可不是宋朝的发明，早在汉惠帝时就有先例。相传在汉朝初期，15 岁以上的姑娘要是没有嫁出去的话是会被征收罚款的，罚款多少按照粮价折算。唐朝初期，政府对男子 20 岁以上、女子 15 岁以上还没有结婚的也要进行处罚。

当代中国尊重每个人的权利，对于婚姻并没有做强制性要求，那为什么古代的政府会要求人们“早婚”呢？这个要从当时的社会环境说起。

在古代，人口多就是国家繁荣昌盛的前提，所以国家会鼓励臣民结婚生子。每一个王朝在初期需要大力恢复生产的时候都会对民间进行“催婚”。但宋朝却不一样，不光在王朝初期“催婚”，甚至到了宋仁宗所处的盛世也要进行“催婚”。原因是，宋代的中国人往往会自觉地选择“晚婚”。

先从男方说起。宋太祖赵匡胤建立宋朝，他骨子里就对习武之人感到不安，于是大力增加“文”人，政治方向更加倾向于文官，这就造成了宋朝年间大多数男性都会把金榜题名当作终身目标。可遗憾的是，宋朝的乌纱帽一共就那么几顶，总会有人抢不到，那些没有得到乌纱帽的男人就会选择下次再战，“剩男”就多了起来。

再来说女方。既然宋朝时期文官如此吃香，女方要是嫁人，自然也得嫁给金榜题名的文官才行！每次考中的人有限，得到官职的人也就有限，能够找到如意郎君的女性就更加有限，所以没有获得“幸福”的女性就会选择继续等，等啊等，就等成“剩女”了。

剩男剩女越来越多，人口增速变缓，国家的发展也就受到了阻碍，这该怎么解决呢？宋朝政府的解决方法有如下两种。其一，对大龄“剩女”进行惩罚，用鞭策的方式强制要求结婚。其二，对大龄“剩男”提供优惠政策，比如戍边的将士，国家会帮忙安排婚配对象；再比如男方家若是有富庶良田，则政府也会出面安排结婚。总之，政府就是采取对剩女“惩罚”、对“剩男”奖励的方式来促进人口增长。

5. 最早的“伪娘”竟是一位皇帝

二次元文化席卷全球，各类cosplay（角色扮演）也逐渐出现在大家眼前，其中有一种非常夺人眼球的装扮，那便是“伪娘”。

形形色色的“伪娘”cosplay，把真实的性别完美地隐藏起来，扮演另一个性别相反的人，甚至还有不输于女性的美貌。其实何止是现在，中国古代就曾经有过一段盛行“伪娘”的时期。

魏晋时期，男人必须长得像美女才会被称赞，柔婉的女性美是美男标准。因此，魏晋的老少爷们拼命向“伪娘”线路上走。贵族士子们几乎人人镜子不离身，每天打粉、涂胭脂，几乎到了不化妆就不见人的地步。举些耳熟能详的例子：如当时的文学家曹植、美男子潘安，还有东晋时期的书法家王羲之等，几乎都是男扮女装的爱好者。

不过，要说到魏晋时期的“伪娘”，理应提到魏明帝曹睿。

曹睿是魏文帝曹丕的儿子，他的母亲甄宓美貌出众，得到了曹丕的青睐，最后生下了曹睿。曹睿继位之后，想要让画师画其母的画像，但画师并未见过甄宓，无法描绘出她艳丽的容貌，于是便请曹睿身穿女装，借以还原甄宓的容貌。

曹睿闻言不但没有生气，反而兴冲冲地穿上女装，让画师尽情发挥，且其女装模样妖娆多姿，画师还真就还原出甄宓的画像了。

俗话说得好：“女装只有零次或无数次。”曹睿体会到了着女装时的快乐，

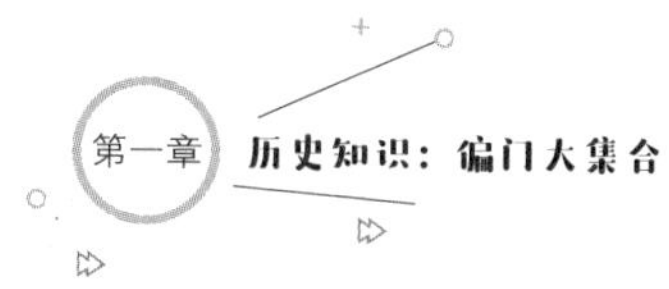

便“走上了一条不归之路”。古籍《晋书·舆服志》就记载，曹睿喜好妇人之饰，把服饰上的真白玉珠换成了珊瑚珠。

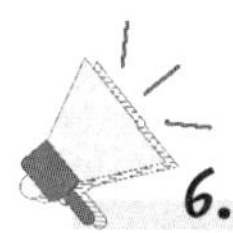

6. 高俅曾经是苏东坡的书童

看过《水浒传》的人都知道，高俅是一个奸猾狡诈、心胸狭窄的奸臣，他用尽一切手段陷害忠良，手段之毒辣，心计之精巧，让人不禁义愤填膺！后来在梁山好汉被招安后，他又对战功赫赫的梁山好汉狠下杀手。108 条梁山好汉被高俅阴谋陷害，几近死绝。高俅算是《水浒传》中被着力描写的一个反派形象，但是大家可曾知道，这个让人恨到骨子里的大奸臣还曾经做过宋代大文豪苏轼的书童！

高俅原本是开封府的一个落魄子弟，无家可归，后来经人介绍，来到了京城开药铺的董姓人家中。董家人觉得他没有能力，不愿收留他，便将他送到了苏轼的身边。

当时的高俅擅长写毛笔字，且字形干净漂亮，对于书画也颇有造诣，同时还会舞枪弄棒，擅长蹴鞠游戏，可以说是“文武双全”。因此，苏轼一见到他就非常赏识他，让他陪在自己身边执笔研磨，做了自己的书童。

后来，苏轼从翰林侍读学士外调到中山府。厚道的苏轼觉得应该为高俅找一个主顾，于是将高俅推荐给曾布，但是曾布婉拒了苏轼的好意。苏轼后又将高俅引荐给了当时的驸马都尉王晋卿，高俅于是成了王晋卿的伴当。当时的端王赵佶还没有登基成为皇帝，而王晋卿与赵佶交好。高俅因此常在端王家走动，一来二去就认识了端王。一次偶然的机会，高俅出众的球技打动了酷爱蹴鞠的端王赵佶。等到端王赵佶即位后，高俅也开始了其荣华富贵的一生。

如果没有苏轼的引荐，高俅不可能成为驸马都尉府的门人，更不可能有认识端王赵佶的机会，所以可以这么说：吃货大文豪苏轼算得上是高俅后期平步青云、享受荣华富贵的大恩人！

7. 老子姓李，为什么不叫李子

老子，姓李名耳，字聃，春秋时期道家学派的创始人。在哲学上，老子主张无为而治、不言之教；在修身方面，老子是道家性命双修的始祖，讲究虚心实腹、不与人争的修持。在道教中，老子被尊为道教始祖，被称为“太上老君”，享有至高无上的地位。

那么，老子明明姓李，为什么会被称为“老子”，而不是“李子”呢？

原因是这样的：春秋时期“老”和“李”是同音的，“聃”和“耳”同义，可能老子的耳朵有点异样，所以民间将其称号定为“聃”，故称为“老聃”。“子”是尊称，思想卓然成一家言、垂之久远的，方可被称为“子”，所以也就有了“老子”这种说法。

还有一种说法是老子曾在周朝做官，年老之后乘牛归隐，经过函谷关时，函谷关的守将知道老子将要路过，于是准备各种礼物等候老子。老子到来之后，守将说：“您如今即将归隐，那么请您为我留下一些文章。”老子盛情难却，于是留下了《道德经》的五千言，然后离开。《道德经》后来流传开来，函谷关守将因为老子年老，因而称其为“老子”。

不过，除了以上有关历史的考证，其实还有一个有趣的传说。

当太阳刚刚要升起的时候，老子的母亲玉女手捧着李树，对着太阳凝思良久。太阳渐小的时候，突然从天上坠落，化为流星，如五色珠飞到她的嘴里。

这时玉女捧而吞之，于是就怀孕了。八十年后，她忽然觉得右腋裂开了，并由此生下一名男婴。男婴生下来以后就行了九步，看起来十分成熟。眼见一个婴儿就显得这么老（成熟），他的母亲惊叫道："啊！我的老子呀！"其实她的本意是"我的儿子呀"，所以他就被称为"老子"了。

当然这只是一种神话传说，但神话虽然是虚构的，也不是一点来历都没有。神话多源自于民间故事的夸张和演绎，而老子这个神话的来历就源自于古代的创生说。

8. 宋代官帽为什么带着长长的"翅膀"

在讲述宫廷王室的古装影视剧中，我们经常会看到大臣头戴乌纱帽去上朝的情景。早在东晋时期，首都建康做官的人都会戴一顶黑纱做的帽子，这就是"乌纱帽"最早的来历。到了南北朝时期，乌纱帽传到民间，成为民间百姓常戴的帽子。后来经过隋朝大一统，到了唐时期，朝廷为了表明官员的特殊地位，允许官员们在乌纱帽上装饰玉饰，块数越多，则官职越大。到了宋朝，乌纱帽又改变了"形象"，在帽子的两边"长"上了两个像是翅膀一样的装饰。

宋代之前的乌纱帽并没有这个长长的"翅膀"，那么这个看起来华而不实的"翅膀"究竟是用来做什么的呢？其实这种带有"翅膀"的乌纱帽是宋朝开国皇帝赵匡胤发明的。

隋唐时期，君臣坐而论道，大臣和皇帝之间在形式上是平等的。宋朝沿袭唐朝的制度，但赵匡胤后来用特殊的方法撤去了大臣的座位，于是就变成了皇帝坐而大臣站立。站立的时候，人与人之间的距离就容易拉近了。宋朝君臣开朝会的时候就会出现这种状况：赵匡胤坐在上面，下面很多个大臣站在一起。

大臣们人数众多，就难免在人群中交头接耳。这让赵匡胤觉得很不开心。因为大臣们交头接耳，一方面可能是在非议自己，另一方面也很失臣仪。

一天，赵匡胤上早朝，在听取某个大臣上奏时，又发现两侧有不少官员窃窃私语，心里不禁有点恼火，但他没有当场发作。

退朝后，赵匡胤想出了个办法。他传旨礼仪部门，要求重新给官员设计服饰，重点就是帽子。他要求设计出来的帽子在纱帽后面要分别加上长翅，长翅用铁片、竹篾做骨架，一顶帽子两边铁翅各一尺多长（以后越来越长）。

因为戴上这种帽子在街上行走极不方便，所以赵匡胤规定，大臣在上朝等正式活动中必须佩戴这种帽子，其他日常活动则不需要戴。这样一来，官员就只能面对面交谈，要并排站着谈就困难了。

从此大臣上朝也就很难排列在一起交头接耳，影响朝堂的严肃性了。这种乌纱帽的设计直到明朝还在沿用，到了清朝才更换为红缨帽，也就是我们常说的顶戴花翎。

9. 中国历史上的“木乃伊”皇帝

一提到皇帝，大家总会在脑子里冒出这样的情景：

威风凛凛、杀气腾腾，一言百诺、一呼百应，集万千荣华富贵于一身，手握天下至高无上的权力，坐拥铁骑精兵、后宫佳丽，尽显皇家荣耀。皇帝生前尚且如此，死后也自然不会一切从简。几乎每一个驾崩的帝王，都会有万贯财宝陪葬。为了不让死去的帝王孤独，有些人还会选择让活人陪葬。帝王给人的感觉，就是无论生死，都是天下最华贵、最威风也最铺张浪费的存在。

然而，真的是所有皇帝都这样吗？中国历史上还真就有一位皇帝，死得有点儿不像是皇帝，这个人便是辽太宗——耶律德光。

耶律德光是辽太祖耶律阿保机与钦淳皇后述律平的次子，天显元年七月二十七日即位，成为史书上的辽太宗。耶律德光皇帝才能卓绝，天显六年便率领部队统一了契丹。此后，拥有雄心壮志的耶律德光并没有停下征伐的脚步。天显十一年，后唐河东节度使石敬瑭以称子、割让幽云十六州为条件，乞求辽出兵帮助他反击后唐，耶律德光欣然同意，率领 5 万精兵击败了后唐军，割取了幽云十六州。

会同十年正月初一，耶律德光在东京皇宫下诏将国号“大契丹”改为“大辽”，繁盛的辽国正式成立。不过没多久，幽云十六州的汉族人民反抗不断，加上大辽根基不稳，无奈之下，耶律德光只好离开东京汴梁，引军北返。

也就是在这次北返的过程中，耶律德光走完了他的一生。北返途中，耶律德光开始生病，找来随军医生救治却不见好转，病情反而进一步恶化，最终病逝在栾城（今河北栾城）的杀胡林，年仅 45 岁。

耶律德光死后，辽军北返的路程却没有结束，前面的路途仍有很长的距离，需要行走几个月的时间。而且正值盛夏季节，尸体送回老家时绝对已经腐臭。文武大臣和太医束手无策，最终听信了一个厨师的主意：厨师用特殊的技术将耶律德光的尸体做成了“羓”（类似于中原地区的腊肉），纵横一世的辽太宗也成了中国历史上唯一的“木乃伊”皇帝。

10. 子午谷奇谋到底行不行

“诸葛一生唯谨慎”，凡是读过三国历史的人都听过这样一句话。这句话的意思就是诸葛亮一生都小心谨慎，一方面是说诸葛亮不打无把握之仗，一方面也是说诸葛亮缺少冒险精神。其中最具有代表性的事件就是诸葛亮否定了魏延的“子午谷奇谋”。

子午谷奇谋指的是蜀国北伐曹魏的过程中，大将魏延曾向诸葛亮提出了一个计谋：效仿当年韩信“明修栈道，暗度陈仓”，自己亲自率领五千精兵从子午谷快速赶到长安，一举拿下长安和潼关，而诸葛亮大军出斜谷，进兵长安、潼关，两军异道会师于潼关。但诸葛亮最后并未采取这个策略，最终，蜀汉兵败，诸葛亮饮恨亡于五丈原。

三足鼎立，蜀国最弱，当时蜀国讨伐魏国其实是没有什么胜算的，在这种情况下，那为什么诸葛亮不试一试魏延的方法呢？道理很简单，这个计策本来就是行不通的。

子午谷奇谋到底行不行？这是个老生常谈的话题了。历史无法重演，因此对于子午谷奇谋的可行性向来也是众说纷纭，谁也无法给出“绝对正确”的答案。不过，我们可以在这里简单分析一下。

子午谷是什么地方？它是一条穿越秦岭，从汉中通往关中腹地的狭长山路，道路狭窄崎岖，大军并不容易通过。但为什么一定要走它呢？因为如果不经过子午谷，大军进攻关中就必须绕道更北边的甘肃陇南，从西北方进攻。而此时关中的敌人很容易在陇西设防，双方就要展开拉锯战。所以，子午谷奇谋虽然是一着险棋，但也透露着一些一击制胜的气息。然而，要想让子午谷奇谋取得成功，蜀汉必须同时满足以下几个条件。

一、魏延所率的五千蜀汉精兵须在十日内到达长安。但在之后曹真反击蜀汉的西征中，魏国军马在子午谷走了近一个月也没走通。

二、守在长安的夏侯楙完全不设防，而且会立刻逃窜，而不是坚守长安城。

三、魏延将长安完全封锁，魏国关中方面和潼关兵力无法营救长安。

四、夏侯楙逃跑之后，蜀国五千精兵能够守住长安，并支撑到诸葛亮大军到达。

五、诸葛亮二十日内可以把后续部队的粮草全都运送到长安。

以上五个条件缺一不可，不然即便打下长安，魏延的五千人也会立刻被魏国包围吃掉。要知道，蜀汉在灭亡之时一共是九十四万人口，魏延的五千精兵就相当于是全国的二百分之一的人口，诸葛亮作为一个政治家，是不可能随便冒这么大的风险的。

其次，就算魏延能够拿下长安，也没有任何战略价值，因为关中的战略核心不在长安，而在潼关。且魏国的防御太深，即便拿下长安，想要继续拿下洛阳和许都依旧难上加难，最终大军反而会被魏国不间断的进攻消耗殆尽，这刚好和诸葛亮的策略背道而驰。

要知道，当时蜀军的地盘和资源都远远输给对手，若想取得胜利，则必须选择消耗对方。如果自己先被消耗殆尽，就一点儿翻盘的机会都没有了。

综上所述，子午谷奇谋不是没有成功的可能，只是即便成功了也没有什么价值，因此诸葛亮才会放弃这个计策。

而且，历史最后也证明了子午谷奇谋的巨大风险。在魏延之后，东晋大司马桓温北伐，尝试通过子午谷进攻长安，结果被前秦苻雄的七千精兵设伏，晋军全军覆没；明末时期，闯王高迎祥曾率两万兵马出子午谷进攻西安，结果被明军孙传庭部设伏，最终全军覆没，高迎祥也成了孙传庭的俘虏。所以说，子午谷奇谋虽然算得上“奇”，但就如诸葛亮当初否决它的原因一样，它确实不是一计“良谋”。

11. 唐朝人为什么不吃炒菜

“民以食为天”是中国的一句古话，中国人也无时无刻不在践行专属于中

国的饮食文化。在制作餐点的方法上，中国可以算是世界上数一数二的，普通的“煎炒烹炸”就不用多说，各种奇葩的制作方法也是多如星辰。

中国的“炒”可以算是中国最传统也最平民的做菜方式，无论大江南北，都能听到油锅里那嗞啦作响的声音。然而就是这样一种在当代中国异常普遍的做菜方式，回溯到唐朝却显得非常奇葩。

根据《齐民要术》记载，早在魏晋南北朝时期炒菜这项技术就已经诞生了，那为什么有关于唐朝人吃炒菜的记载却几乎没有呢？其实造成这种现象的原因主要有两点。

第一，在当时可以用于炒菜使用的油产量极低。要知道，想要炒菜，首先需要有油，没有足够的油就没办法把炒菜的技术普及。唐朝时期，无论是动物油还是植物油都非常稀少，因此炒菜不可能真的实现普及。

第二，唐朝时期的蔬菜真的少得可怜，以至于唐朝的中国人对炒菜根本提不起兴趣来。想吃土豆、红薯？对不起，没有。想要用洋葱、青椒、辣椒来调味？劝你还是省省吧……炒菜所需的基础“装备”都没有，又怎能让炒菜走进千家万户呢？

事实上，在唐朝经常使用的烹饪方式只有烤、蒸和水煮。唐朝最流行的食物——胡饼，其制作工艺就是烤：把面团捏成饼的形状，然后撒上芝麻，放到专门的炉子里烤熟就可以了。

其次是煮，唐朝人在煮粥这方面研究得非常彻底，做法也相当多。《食医心鉴》就介绍了五花八门的做法，还把水果菜肉之类的东西当成粥的配料。

唐朝时期在肉食方面的研究虽然不深，不过唐朝人吃鱼还是有点看头的。实际上，生鱼片就是在唐朝时期流行起来的，唐人还用一个专业的名词“切鲙”来形容它。

12. 西方有没有和项羽同病相怜的将军

秦汉时期有一个悲情的英雄，他“力拔山兮气盖世”，无论是个人武力，还是统率军队，都堪称一世豪杰。在巨鹿之战中，他破釜沉舟，以三万军队迅速击溃了二十多万精锐秦军，让这个刚刚统一中国的帝国迅速土崩瓦解，他就是“西楚霸王”项羽。

细数项羽征战的一生，他百战百胜，只尝一败，但就是这最后一败决定了他的悲剧命运。在四面楚歌之下，项羽自刎于乌江之畔，结束了他传奇的一生。

在西方也有一位与项羽有着相似经历的悲剧将领，那就是“西方军事学之父”——汉尼拔。

汉尼拔是罗马时代迦太基古国的著名统帅，他与亚历山大大帝、凯撒大帝和拿破仑大帝并称为“西方四大名将”。因为他在军事及外交活动中的卓越表现，所以后来的西方军事家将其誉为“战略之父”。

这位强悍的统帅却和项羽有着近乎相同的悲剧命运。他们一样曾经所向披靡，一样有着破釜沉舟的精神，一样一辈子只尝一败，然后这一败便决定了他们悲剧的命运，他们甚至于连吃败仗的年份都是一样的。

公元前 237 年，迦太基远征军的将士正在神庙中进行祭神仪式。年仅九岁的汉尼拔带着一张英俊的面庞跟着巴尔卡的将军来到了祭台前，他用庄严但却稚气的话语宣誓：“待我长大成人，誓与罗马血战到底！”宣誓完毕，将军搂着少年汉尼拔跨上战马，率军踏上了征程。

由此，汉尼拔开始了他传奇的一生。在此后的军旅生涯中，与汉尼拔有关的大小战役数不胜数。如西美诺湖之战，他近乎全歼三万罗马士兵。再如坎尼

之战，汉尼拔以少胜多，以天时、地利、人和压制了无论兵力还是实力都强得出奇的罗马。“汉尼拔誓言”也因一次次的胜利而名垂千古。

汉尼拔在意大利共南征北战十五年，一次又一次战胜了强敌罗马，从来没有失败过。不过遗憾的是，汉尼拔始终也没有完全征服罗马。因为缺乏攻城的器械，汉尼拔也没有进攻过罗马城。

罗马不灭亡，迦太基只能被迫与之消耗。受不了消耗的迦太基就开始减弱军事对峙的兴趣。这样年复一年，汉尼拔的处境越来越困难。他得不到迦太基本土的支援，兵力越来越少了。

公元前202年，汉尼拔与罗马人在扎马城附近展开决战，他有生以来第一次也是最后一次被击败了。迦太基被迫对罗马付出大笔黄金作为赔款，迦太基所有的战舰也都被罗马人收入囊中。迦太基从此不再是强国，而成为罗马的一个附属国。

当然，罗马人肯定不肯放过汉尼拔，他们要迦太基人把汉尼拔交出来。此时，汉尼拔已经开始逃亡了，他被迫从非洲逃到了亚洲。然而，冷酷的罗马人还是不停地追捕他，并向敢于收留他的一切国家发出战争威胁。公元前187年，走投无路的汉尼拔宁死不做俘虏，在一个山洞里服毒自尽了。

13. 三国中的战斗“全勤奖”应该颁给谁

三国时期是一段“群星璀璨”的历史，说到三国中的风云人物，读者第一个会想起谁？是忠义至上的关云长，还是一身是胆的常胜将军赵云，又或者是老谋深算的奸雄曹操？

不管是文学作品，还是正史记载，三国中的人物个个形象鲜明，性格极富

特点，但如果我们考证这段历史，去颁发一个战斗“全勤奖”的话，那么这个奖应该颁给谁呢？

在三国的历史上有这么一位将军：黄巾之乱中他崭露头角，讨伐董卓他一马当先，官渡之战他归降曹操，北伐乌丸他领兵作战，赤壁之战他兵败而回，西凉举义他浴血沙场，汉中攻防他坚守城池。在诸葛亮前三次的北伐中，他还在打。直到在对抗诸葛亮第四次北伐时，他才不幸战死。他就是张郃。

张郃将军几乎纵贯了整个三国早期的历史，经历了所有决定历史走向的战役。他在武力方面虽不出众，也没有成为曹魏独当一面的统兵大将，但是作为军团中战将的一员，张郃的出勤率无人能敌，后人必须要给他颁发“全勤奖”。如果诸葛亮第四次北伐之后他还活着，相信此后的曹魏军队中依旧会有他的身影。

“全勤奖”的另一个有力竞争者，当数蜀汉的廖化。廖化在关羽阵亡后，曾被孙权召入麾下，但他一心归汉，以诈死方式逃出，途中遇到东征吴国的刘备，重新成为蜀汉将领。廖化是唯一完整见证刘备从布衣到称帝建国，再到蜀汉灭亡的人。

我们读《三国演义》可以看到，廖化是在黄巾起义就登场的人物，最终病逝于蜀汉灭亡的第二年（公元 264 年），也算是寿终正寝了。正史中，廖化虽然没有参加过黄巾起义，但他也是早期就跟从关羽的重要参谋。正因为廖化见证了蜀汉从建国到衰落的全过程，后人才留下了一句话——“蜀中无大将，廖化当先锋”。

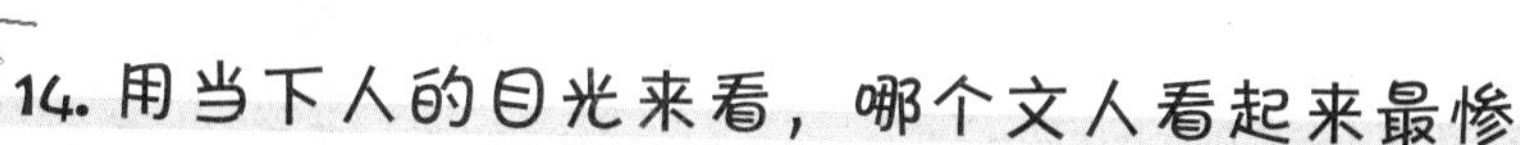

14. 用当下人的目光来看，哪个文人看起来最惨

幸福的人有着相同的幸福，不幸的人却有着不同的不幸。细数中国历史上

留名的文人墨客，他们或多或少都会有这样或那样的不幸。比如怀才不遇的李白，壮志难酬的辛弃疾，老年卧于床榻、悲叹“铁马冰河入梦来”的陆游，还有“吾庐独破受冻死亦足”的杜甫……其中任何一个人的不幸都足以让后人动容。然而，在这些各有各的不幸当中，有这么一个集万千“不幸”于一身的大文人，他就是明朝著名的文学家、书画家，同时也是军事家的徐渭徐文长。

徐渭之不幸，终其一生似乎也没有解脱。

徐渭被后人誉为“明朝三大才子”之一，以多才博学著称，其才子的名号堪称实至名归。然而，相对于另外两位才子解缙和杨慎，徐渭的人生却十分坎坷。

解缙 18 岁获江西乡试第一名，中解元，19 岁中进士第十名。杨慎 24 岁中状元。而徐渭非常倒霉，终其一生也只是个穷秀才，连举人都没有考上。徐渭曾连续八次参加乡试，但屡次不中，其实并非徐渭的文章写得不好，恰恰相反，他的文章写得太好了。

明朝科举规定文章必须按照一定的制式来写，也就是我们俗称的“八股文”。八股文放到今天来看，有点类似于规定字数、限定体例的命题作文。放荡不羁的他偏偏就做不好这件事，八股文就成了徐渭的“克星”。也许是因为他把自己的精力和时间都放在了其他的研究上，才让他没办法搞定这个“克星”。

虽然八股文做不出来，但徐渭的才华还是得到了社会的认可，并闻名一时。然而似乎是“天妒英才”，在当时的大明朝廷里，欣赏徐渭的人很多，但是能够容忍徐渭的恐怕只有胡宗宪一人。

徐渭早年潜心研究兵法，当时正值倭寇蹂躏东南，徐渭好几次参加征伐倭寇的战争，回来就分析得失，并写成军事策论广发天下，最终获得了南直隶闽浙总督胡宗宪的青睐，被胡宗宪聘为幕僚。

在胡宗宪军中，徐渭建议对倭寇实行剿抚兼行政策及反间计，使得胡宗宪成功剿灭了汪直等倭寇集团。胡宗宪对徐渭更加信任，礼遇有加，宽容放纵。

徐渭跟随了胡宗宪五年，那是他一生中唯一得意的时光。然而随着胡宗宪被诬陷下狱，徐渭便失去了一切。

1565年夏天，徐渭受到极大刺激，精神极度烦躁，他非常痛苦，无法让自己安静下来，只能在街上狂走不休，不久疯病加剧，拔墙上铁钉贯入耳窍，血流而不知痛。他后来又锥击肾囊，连续自杀九次，竟然未死。

有时候死不了也是一种痛苦，长期饱受精神上的折磨，徐渭因此患上了严重的癔症，用今天的话来说可能就是精神分裂。徐渭总是产生各种各样的幻想，进而开始痛苦地自我摧残。他经常陷入疯癫的状态，也是在这种状态下，他失手杀了人，因而锒铛入狱。直到万历皇帝大赦天下，他才得以出狱。

出狱之后，徐渭依旧不肯堕入“世俗”，依旧按照自己的性格做着自己。但那时他的生活已经非常困苦，可谓是家徒四壁。此后的徐渭就这样在贫病交加中苟延残喘，直到1593年凄惨地离开了人世。

一个才子，八次科举未中，九次自杀未成，一直疾病缠身，壮志难酬，潦倒地活到73岁，最终饿死在家中，试问还有哪一个文人能比徐渭更惨呢？

15. 毕加索可是货真价实的“撩妹达人”

毕加索是谁？他是西班牙的画家、雕塑家，是世界著名的艺术家，是现代艺术的奠基人，是西方现代绘画的主要代表。综合一下来说，毕加索是天才，还是那种愿意付出且得到了巨大回报的天才。

艺术史上，天才有很多，但能够在生前获得世人认可的天才却并不多，而毕加索刚好就是这类不多得的艺术家中的一个。也许正是因为有着这样的“幸运”，毕加索更是拥有了极好的女人缘。毕加索的情史简直可以与其艺术史媲美。

在介绍毕加索的情史之前，我们要知道毕加索的相貌很帅，这可能是他撩

妹成功的前提之一！而他作为左派艺术家，身上异常浓厚的自由主义和浪漫气息更是吸引女性的一大法宝。

既然要讲毕加索的“撩妹”史，我们就得从他的初恋开始说起。23岁时，刚出道的毕加索住在法国小镇蒙马特，是一个被称为“洗衣船”的穷画家。有一天，邻家女孩费尔南德到楼下的水龙头处打热水，毕加索对她一见钟情。毕加索的帅很少有女人可以抗拒，于是他很快俘获了女孩的心，两人一起过着纵酒、吸鸦片的生活，同时也告别了他阴郁的“蓝色时期”画风，进入温柔的“粉红色时期”。

两年后，毕加索携费尔南德来到西班牙的巴塞罗那，此时毕加索感觉自己已经长大，不再需要像费尔南德这样具有母性的女人，于是他开始寻找新的恋爱目标。

1912年，在巴黎一家酒店前，毕加索看到了迷人的伊娃・果尔伊娃。毕加索为伊娃作了许多画，并在画上签上“我爱伊娃”等字样。毕加索和伊娃很快同居在了一起。然而没过几年，伊娃就因肺结核去世了。

接着我们来说说毕加索的第一任妻子奥尔珈・柯克洛娃。奥尔珈是一位芭蕾舞女演员，也是一名俄国上校的女儿。认识毕加索的时候，她已是有夫之妇，但她与毕加索情投意合，甘愿牺牲自己的生活与毕加索厮守在一起，于是便与现任丈夫离婚，之后两人正式结婚。此时刚好是毕加索打入艺术沙龙社交圈，开启他“新古典主义时期”的时候。

但毕加索怎可能一直像只小猫咪一样老实？即便已经结婚，他依旧到处寻欢作乐。某一天，他看到了一个漂亮的女孩自地铁站出来，他被她的美貌迷住了，走上前去抓住对方的手，要求给对方画画。那一年，那个女孩才17岁，而毕加索已经46岁了。

这个女孩儿叫玛丽・德瑞丝。从那以后，他便和玛丽生活在一起，并且生了个孩子。也正是因为如此，奥尔珈才会选择和他离婚。毕加索在和玛丽生活

的时光里，开始了他的“变形创作”时期。但这个花心男最终还是抛弃了玛丽，而玛丽也在毕加索死后的第四年选择自杀。

在抛弃玛丽之后，毕加索先遇到了极端迷人的摄影师朵拉·玛尔，62岁时还邂逅了女学生弗朗索瓦丝·吉洛，直到73岁时他才遇到自己的最后一任妻子杰奎琳·洛克。除了这些，毕加索逢场作戏的私情更是数不胜数，他可以算得上非常“多情”了！

16. 春秋五霸之首齐桓公竟然是饿死的

让我们把时间回溯至春秋时期，在管仲和鲍叔牙的辅佐之下，齐国成为春秋五霸之首，齐桓公也成了当时名副其实的一方霸主。然而就是这么一位称霸春秋时代的第一英雄，最终却落得饿死的下场。

齐桓公晚年多病，相传扁鹊曾帮忙诊治，但齐桓公不听，最后身体越来越差，几乎到了无法主持政务的地步。

齐桓公有六个儿子，这六个儿子都有资格继承君位。齐桓公先是立昭为太子，而齐国权臣竖刁、易牙等人却欲谋立无诡为太子。这些人平日对管仲都极为不满，利用近臣身份多次诽谤他。

管仲自然知道这些都是小人，因此曾告诫齐桓公远离这三个人。但齐桓公有些舍不得，虽然把他们赶出了朝廷，但才离开几天便觉得日子很不好过，因为其他人办事都不及这三个人合乎他的心意，于是又把这三人召回身边。这些小人虽然为非作歹，但因为有管仲在，他们还知道收敛。

管仲死后，齐桓公年事已高，加之身体多病，于是朝中大权便掌握在了竖刁等人手中，一场宫廷政变正在酝酿。

一次，齐桓公重病不起，竖刁等人趁机把齐桓公囚于宫中。他们先是假传旨意，不准齐桓公诸子和大臣入宫探病，后又断了齐桓公的饮食。幸亏齐桓公平时对身边人不错，一位名为晏娥的宫女感念齐桓公，于是从地洞中爬进寝殿来侍奉齐桓公，却发现桓公已经因为饥饿太久而奄奄一息了。

病榻之上的齐桓公问晏娥，自己饥渴交加怎么无人送水送饭。晏娥告诉他易牙、竖刁在外作乱，封锁宫廷已经很久了。齐桓公直到此时才领悟管仲的话，但为时已晚，最后只得含恨而死。晏娥也撞柱而亡。

齐桓公被饿死以后，易牙、竖刁秘不外宣，并对聚集在宫门口的朝廷官员大下毒手，屠杀了很多忠臣，接着辅佐公子无诡即位。其他诸公子自然不答应，于是争相占据了左宫、右宫及其他重要据点，展开混战，使整个齐国国都成了一座人间地狱，而齐桓公的尸体却一直无人理睬。

隔年，宋襄公联合其他诸国讨伐齐国，易牙、竖刁等乱党贼子或被杀或潜逃，齐桓公的身后事才得到了妥善的解决。一代春秋霸主，就因为听信小人，最终落得如此下场。

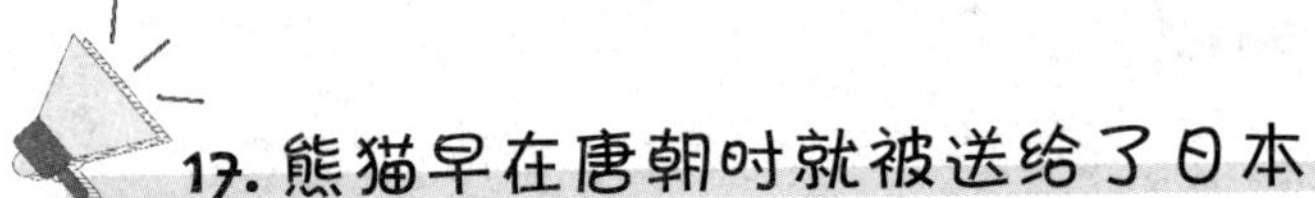

17. 熊猫早在唐朝时就被送给了日本

憨态可掬的熊猫是中国的国宝，历史上曾无数次作为中国的“友好大使”走向世界，成为向世界传递中国善意的使节。世界上很多国家都曾有过大熊猫的“出访”经历，与中国一衣带水的日本也不例外。

中华人民共和国成立之后，中国曾将大熊猫“兰兰”和“康康”作为国礼送往日本，这对中日两国的友好发展起到了非常重要的作用。然而读者们可能不知道，早在唐朝的时候，大熊猫就曾远渡重洋到达过日本。那是在女皇帝武

则天时期。

中日两国一衣带水，早在汉朝时期就有了亲密的往来。到唐朝时，经济、政治、文化都达到了空前繁荣昌盛的阶段。唐贞观四年（630 年），日本遣唐使首次来到唐朝，包括大使、副使、留学生、学问僧、翻译人员等，对各领域进行了深入研究和学习，表达了友好情谊。唐朝律令制度、学术文化、科学技术、宗教信仰以及某些风俗习惯，陆续传到日本。

垂拱元年（685 年）九月十八日，巳刻时分，长安宫廷卫队和两个驯兽人簇拥着两个宽敞高大、披红戴花的兽笼，乘着驿传快车，从长安出发，向东疾驶。此一行前往扬州，然后登上海船，随同日本遣唐使漂洋过海，前往日本。

据史料记载，这次武则天赠给日本天武天皇的礼物是两只“白熊”和 70 张毛皮，而“白熊”实际上就是大熊猫。大熊猫多次东渡日本，体现了中日两国人民一衣带水的友好情谊，也见证了中日两国长达千年的友好交往史。

18. 喜欢画裸体的米开朗基罗睡觉时却穿衣服穿鞋

米开朗基罗是意大利文艺复兴时期的一位杰出的艺术家，他精通雕塑、建筑和绘画，与达·芬奇和拉斐尔并称为“文艺复兴三杰”。他的画作风格突出、雄伟健壮，极富力量感！

米开朗基罗的每一件作品都是经典，如 1496 年创作的雕塑《酒神与巴库斯》，26 岁时创作的至今闻名世界的雕塑《大卫》，1505 年应教皇尤利乌斯二世邀请到西斯廷教堂创作的那幅无与伦比的天顶壁画《创世记》。可以说在美术方面的影响，米开朗基罗足以列入“名人堂”。然而这位伟大的艺术家，身上却充满了怪癖。

怪癖一：他觉得自己长得丑。年轻时，米开朗基罗为人极度傲慢，不过这也是建立在他超越常人的艺术天分上。当时有一个叫作尼依格罗的雕塑家，米开朗基罗对他的艺术观点嗤之以鼻，甚至几次出言羞辱。

要知道，米开朗基罗在当时可是连达·芬奇都瞧不上，更别提这个“十八线之外”的雕塑家了。尼依格罗虽然艺术观点一般，但脾气很大。在一次争吵中，他一气之下暴击了米开朗基罗的鼻子，把米开朗基罗的鼻子给打歪了。事后虽然养好了伤，但歪了的鼻子却再也无法复原，从此之后，米开朗基罗便开始觉得自己长得丑。

怪癖二：睡觉时坚决不脱衣服。其实如果单纯是不脱衣服睡觉也没什么，关键是米开朗基罗还不洗澡！他觉得洗澡是一种对艺术亵渎的行为，所以坚决不洗澡。平日里最喜欢把裸男当作模特的他非常珍惜身体，所以睡觉的时候是绝对要穿着衣服的。当一个不洗澡的身体和常年穿衣睡觉的习惯融合在一起时，那种惨烈的味道不知读者可否想象得出来。事实上，在创作《创世记》的时候，他的助手们确实对他的这种行为产生了极大的反感。

怪癖三：最喜欢裸男。米开朗基罗相信，对男性裸体的描摹代表着艺术的最高成就，因此他是如此地醉心于男性裸体，以至于他刻画的女性裸体看上去都像是男性。比如在他的雕塑《夜》中，气球形状的胸部从肌肉结实的男性腹部隆起。米开朗基罗不喜欢使用女性模特。近代一些学者甚至怀疑他从来没有见过裸体的女人。

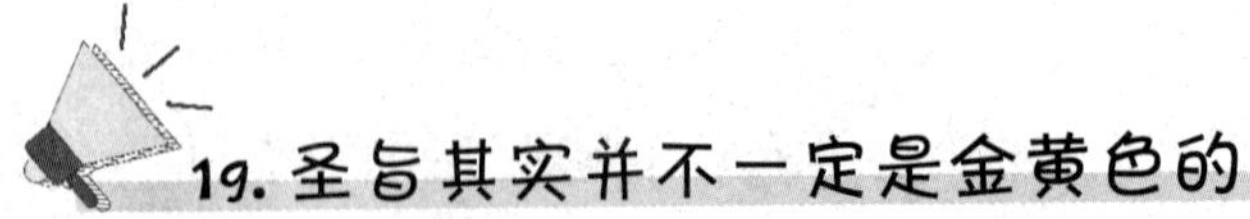

19. 圣旨其实并不一定是金黄色的

相信看过宫廷剧的人一定在剧中见到过圣旨：在一张金黄色的绸布上写下

皇帝所要下达的命令、封赏、惩戒，委派负责传旨的官员到指定地点进行宣读。颁发和宣读圣旨是非常重要的仪式，而圣旨的下达也是极为严格的，那么作为这套礼仪的“主角”，圣旨到底长什么样呢?

我们在影视剧中所看到的圣旨，多以金黄色的绸布为主要材料。金黄色又叫明黄，那是皇家专用的颜色，象征着至高无上的权威和地位，所以圣旨使用这种颜色也是可以理解的。但是圣旨真的就只有这一种颜色吗？当然不是!

大家可能不知道，在明朝和清朝的时候，只有五品以上的官员才有资格被授予圣旨，而五品以下的官员是没有这样的资格的。他们得到皇上的诏命只能通过敕命的方式。正是因为这样，皇帝所写的圣旨可并不一定都是金黄色的。那历史上的圣旨都有什么颜色呢?

据史籍记载，五品以上的官员得到皇帝特别下发的圣旨有三彩、五彩和七彩绫三种不同质地。官员的级别越高，制作圣旨的材料颜色就越多，就更加珍贵。而五品以下的官员接到的圣旨，一般来说都是由纯白色的绫缎所制成的，可见等级低的官员因为级别太低，待遇也是很低的。

20. 文学大家韩愈竟然恐高

韩愈，唐代杰出的文学家、思想家、哲学家、政治家，也是后世传颂的“唐宋八大家”之一。我们中学的时候就学过他的《马说》《师说》。“千里马常有，而伯乐不常有”这样的文字能够流传千古，更证明了韩愈的伟大。

韩愈不仅在文学方面有很高的造诣，写过许多影响后世的文章，而且在政治上有自己的坚持，可以说是古代文人形象的完美典范。然而，就是这么一个近乎完美的人，却也有让人捧腹的“萌点”——竟然有严重的恐高症。

韩愈早年久闻华山大名，有一次终于和友人一同来到了华山。华山的雄伟壮丽，激起了他骨子里的那种探索的欲望，他决定爬上去一探究竟。于是，他便和友人一起往上爬，边走还边吟诗作对。

爬山时的韩愈注意力全都集中在华山秀丽的景色中，完全没有在意自己爬了多高。爬到了山顶，景色更加壮阔，韩愈放眼望去，群山环绕、秀美纷呈，心中激荡起强烈的情怀。可是，韩愈此时再看一眼下山的路，直接就吓得腿发软了。

自古说“上山容易下山难”，唐朝时华山的游览设施还是很简陋的，山顶没有护栏，下山没有索道，周遭都是绝壁深涧，韩愈一见之下，再也没有刚才的豪情了。韩愈也是性情中人，当时就吓得号啕大哭，并且写了一封绝命书给家人，传说这就是著名的“韩愈投书”的故事。

韩愈在上面不敢下来，弄得周围的众人也不知该如何是好。还是当地的县令想了办法，派一群挑山的劳力上山，好说歹说才把韩愈连背带抱给弄下了山。

21. 明朝时期“骂人”竟然是犯法的

中国自古以来就是尊崇礼法又讲究和谐文明的国家，当代中国教育也是以“立德为先”，教育一个人首先要筑起他的德行，不骂人、不与人无礼争执是德行教育最基础的课程。当代教育虽然非常重视这一点，却没有办法杜绝不文明现象，然而在古代却有过一个匪夷所思的时代，用特殊的方法处理了这个当代国人都处理不好的棘手问题。

让我们来到明朝，那个时候法律上是有明文规定的——骂人违法！明朝刑律有专门的“骂詈”罪名，平民如果骂人就会受到法律制裁，轻则罚款，重则

要吃牢饭反省。这种做法虽然严苛，收效却很不错，普通民众出于对进监狱的恐惧不敢肆意骂人，随意辱骂他人的现象确实大大减少，社会风气渐渐清正。

说到为骂人立法的原因，是因为明朝之前的朝代是元朝，元朝的统治者是蒙古族人，那时候的蒙古贵族大多数并未受到汉化影响，自由且富有野性，这样的人是不会在意一两句“脏话”的。于是在元朝统治时期，“骂人”这件事儿就显得非常平常，并渐渐地形成了一股风气。到了明朝的时候，要严格管制人民的朱元璋自然不愿意放任这种风气，因此才颁布了铁律来禁止骂人。

不过凡事都有例外，大明王朝的平民骂人是会吃牢饭的，但是读书人却有骂人的权利。明朝政府认为读书人“会骂人”，他们骂人不会说出过度粗俗的话，读书人的“骂人”更像是一种鞭策，因此读书人不仅被赋予骂平民的权利，而且拥有骂官府的权利。

明朝的官吏中，有一种官职名为谏官，可以直接指着皇帝大声指责，直言其过失，令其改正。所以明朝少年继位的皇帝威信不够，都会被一群谏官痛斥。特别是 15 岁继位的正德皇帝，他喜欢游山玩水、肆意玩乐，甚至在皇宫中搞民间集市，后来甚至在宫中开青楼，令宫女扮演风尘女子，如此荒唐的行径自然少不了被谏官口诛笔伐，正德皇帝几乎每日都在被痛骂中度过。

22.“可怜天下父母心”语出于慈禧太后

“可怜天下父母心”这句话，也许你已经从无数人的口中听到过了，你肯定明白这句话本身的意思：父母确实为了子女付出了太多太多，子女应该懂得感恩。一句“可怜天下父母心”，即便不能完全概括天下父母的操劳和对子女的希望，也能从一定程度上把那份情感映射进儿女的心中。但是，你可能不知道，这句家喻户晓、老少皆知的名言，出自慈禧太后之口。

对于慈禧太后，我们并不陌生，她为了维护自己的地位无所不用其极，给后世国人留下的也是臭名昭著、穷奢极欲的印象。但是，一个人并非就是非黑即白、非好即坏。更多的时候，一个人的性格应该是复杂多样的，其人格也应该是丰富的。虽然作为统治者，她做了很多使中国陷入危机的坏事，但作为子女，慈禧对自己的母亲也同样是有“血浓于水”的亲情的。

慈禧出身名门，她父亲惠征在道光年间曾历任安徽按察使、驻藏大臣，其母富察氏是惠征的福晋。自慈禧 17 岁入宫后，母女二人便被宫墙隔开，平日很难相见。直到慈禧 30 岁时，同治皇帝驾崩，慈禧垂帘听政，她才有了日日与母亲来往的机会。

因为生活在官宦家庭，兄弟姐妹众多，所以慈禧和母亲之间的关系也很矛盾，既有母女之间的亲情，又有大宅门中的钩心斗角。相传慈禧在成为皇太后之后，更是几番戏耍捉弄母亲，但母女之间终归是亲情高于一切的。

1867 年，慈禧太后的生母富察氏 60 岁大寿之际，慈禧因无暇参加母亲的大寿，就亲自写了一首诗，让太监们裱好后连同礼品一块给母亲送了过去。这首诗是这样写的：“世间爹妈情最真，泪血溶入儿女身。殚竭心力终为子，可怜天下父母心！”虽然整首诗的韵调并不和谐，但是最后那一句“可怜天下父母心”倒也是情真意切。

23. 西红柿在明朝传入中国，直到清朝才敢有人吃

盛唐时期，中华国力虽然强大，但中国人却享受不到什么口福，因为当时的蔬菜少之又少，不光没有土豆、红薯之类的主食，连辣椒之类的调味品也没

有。直到宋朝后期，中华土地上的蔬菜种类才逐渐多起来。

说到蔬菜，我们就不得不提营养丰富、酸甜可口的西红柿了。西红柿诞生于秘鲁的森林，由于颜色鲜艳，便得名“狼桃”。一开始，人们怕它有毒，因此只作观赏之用，不敢食用。大航海之后，西红柿便随着欧洲的商船传遍了世界，当然也包括中国。明朝时期，西红柿传入中国。和欧洲人一样，中国人一直将其当作观赏植物，让它享受和盆景一样的待遇。

欧洲第一个吃西红柿的人也算是勇士了。17 世纪中期，有一位法国画家曾多次对西红柿进行素描，面对番茄这样美丽可爱而“有毒”的浆果，这位画家实在抵挡不住它的诱惑，于是产生了亲口尝一尝它是什么味道的念头。他冒着生命危险吃了一个，觉得甜甜的、酸酸的，然后躺到床上准备等死。没想到过了半天，他居然没事，于是“西红柿无毒可以吃”的消息迅速传遍整个欧洲。因为西红柿传入中国的时间本来就较晚，西红柿能吃这个消息传到中国就更晚了，所以明朝晚期传入中国的西红柿，一直等到清朝初期，才被人第一次食用。

24. 你知道历史上最高规格的无色可乐吗

可口可乐算是世界上最家喻户晓的饮料，这个始创于 1886 年的碳酸饮料霸主，其产品近乎销往全世界的每一个角落。据统计，现在全世界每天都有 17 亿人次饮用可口可乐，而它也一直经久不衰地作为全球最有价值的品牌，位列全球财富榜单之中。

我们甚至可以说，可口可乐代表着美国的文化和美国的生活方式。但你知道吗？在美苏冷战时期，苏联元帅朱可夫将军虽然敌视美国，却颇为青睐可口可乐。

1949 年的某一天，艾森豪威尔请朱可夫参加宴会。在宴会上，朱可夫元帅第一次喝到可口可乐，结果元帅立刻爱上了这种饮料，而且发展到每天必饮两三瓶的程度。但随后，冷战开始，美苏关系紧张，朱可夫继续饮用这种极富美国特色的饮料就显得不合适了。

于是，元帅提出能不能生产一种无色的可口可乐，看上去就像伏特加一样。美国人立马答应，杜鲁门亲自签字同意可口可乐公司生产这样的饮料。无色可乐专门装在一种特制的圆柱形玻璃瓶中，瓶盖印上红五星，看上去就像苏联的伏特加一样。朱可夫也借这种方式，喝到了自己喜爱的可口可乐。为一国元帅特别定制的可口可乐，算得上是史上最高规格的了！

第二章 神话故事：关于神仙的生活

1. 二郎神的哮天犬是什么品种

哮天犬作为二郎真君的神兽或法宝，在《西游记》《封神演义》以及《宝莲灯》中都有登场。《西游记》中，哮天犬登场两回，一回扑倒孙悟空，另一回制服了九头虫。《封神演义》中，它更是咬了多位大神，如赵公明、九头雉鸡精、殷洪的手下毕环等。哮天犬算得上是二郎神除了三尖两刃刀之外的第二“利器”了，但大家有没有想过，哮天犬究竟是什么品种呢?

既然是出自于中国的文学作品，那么哮天犬自然也是咱们中国的犬种。其实，关于哮天犬的犬种，在《西游记》的原文中早有描写。《西游记》第三回“大闹天宫”中写道:“悟空被二郎爷爷的细犬赶上，照腿肚子上咬了一口，又扯了一跤……”这里已经指明哮天犬是细犬。

中国细犬是中国古老的狩猎犬种，分为山东细犬和陕西细犬两大类。山东细犬又分为长毛品系和短毛品系，长毛品系又叫幡子，主要分布在山东聊城、梁山等地;短毛品系又叫滑条，主要分布在山东济宁。陕西细犬则主要分布在陕西渭南地区。

细犬体重在20到30千克，头部又尖又细，头部的长度与脖子的长度几乎是一比一的，身高在50厘米以上，身体呈流线型，腹部向背部收紧，形成很细的腰部。标准的细犬从头部、身体到四肢，几乎没有一丝多余的赘肉。“头如梭，腰如弓，尾似箭，四个蹄子一盘蒜”，是中国传统认定一只好的细犬的标准。

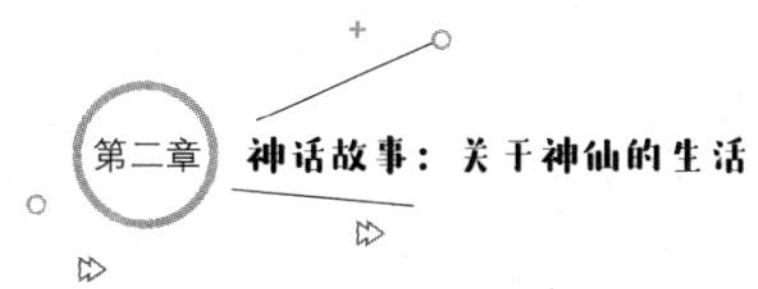

2.“厕神”到底是男还是女

在中国，无论什么事物基本都有对应的神位，例如门、户、井、灶、土这五位家神，还有森林和树木的神，保佑家畜的神……厕所当然也是有神的。现代厕所有男和女的区别，古代可是没有的，那么在古代这种男女共用厕所的时代，厕所之神究竟是男还是女呢?

其实，在中国神话体系当中厕神是有两位的。第一位是来自于佛教传说中记载的厕所之神——秽迹金刚，他是一位男性。相传佛祖涅槃后，大千世界的所有人、神佛都来供养佛陀，唯有一位螺髻梵王不来，而且玩得不亦乐乎。众神佛一看这还了得，于是便准备去问罪，结果到了他宫殿外面，发现宫殿外面被这位螺髻梵王堆满了污秽之物。众神佛施法念咒七天七夜居然都无可奈何。佛陀看见了，叹息一声，召唤出秽迹金刚把污秽一扫而光，才得以打败螺髻梵王，从此之后秽迹金刚便成为祛除污秽淫欲的化身，管理世间厕所的净化。

第二位厕神来自民间传说，名叫何媚，是唐朝寿阳刺史李景的小妾。李景的大老婆不满于她，便于元宵之夜把何媚杀害于厕所之中。何媚虽死，但冤魂不散，李景每次上厕所都能听到她的哭声。天帝得知此事，为了平息何媚的愤怒，便赐予她厕神的名号，取名为紫姑。

当然，有关女性厕神的传说不止一例。唐代《灵应录》记载，有个姓王的人经常祭拜厕神。有一天，一个黄衣女子来到他家。王某人问她是谁，她说:“我是厕神，感念你经常祭拜我，现在我来报答你。”于是，她从怀中取出一个膏泥状的东西，蘸了一点涂在王某人的耳朵上，还说:“看见蚂蚁，用耳朵去听，一定有好东西。”

第二天，王某人看见一群蚂蚁在房柱周围，便侧耳倾听，听见蚂蚁说“搬家去其他暖和一点的地方，这个地方有宝物，太冷了”，于是跟着去掏蚂蚁窝，很快挖出了大量的白银。

不过仔细想想，若厕神真的是女性，则男性在上厕所的时候，是不是会变得小心翼翼呢?

3. 九尾狐是怎么从祥瑞之兽变成“狐狸精”的

“青丘之山，有兽焉，其状如狐而九尾，其音如婴儿，食者不蛊。”这是《山海经》中有关九尾狐狸的记载，也是最早有关于九尾狐狸的文献。

九尾狐曾是祥瑞的化身，在历史上曾是极具正面形象的妖怪。但如今，我们所提到的九尾狐却都是相反的形象。九尾狐到底经历了什么，让它从神坛跌落下来，变成人们口中祸国殃民的妖怪呢？这要从妲己的传说讲起。

当年商纣王帝辛在位期间，励精图治，勤政爱民，把商朝的领土从一个小地方扩大到了整个淮河流域。后世司马迁在《史记》中评价他天资聪颖、智力过人，是个雄才大略的皇帝。但后期不知为何，帝辛开始堕落，沉湎于酒色，并宠幸一个叫妲己的美女，最终导致了亡国身死，还得到了纣的谥号。因为后世无法解释帝辛这种转变，因此用演绎的手法将责任推到了妲己身上。

相传帝辛曾得罪于女娲，女娲希望推翻他的统治，于是招来九尾狐告诉她帝辛昏庸无度，现在派她把殷商搞乱。

女娲当时对九尾狐承诺，若是能够成功完成这次任务，必将使它修成正果。修成正果、位列仙班是大多数妖怪一生的追求，如今九尾狐狸得到上神亲自指点，许诺了这样丰厚的回报，这种好事根本就不用思考犹豫。

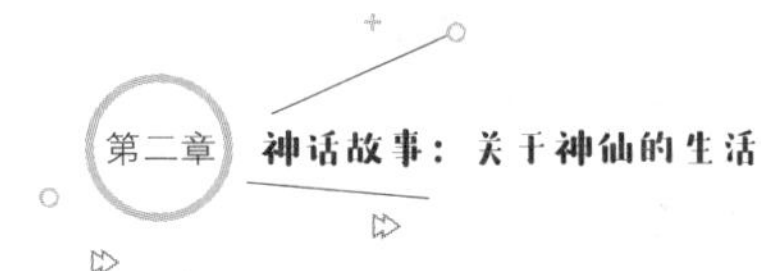

事实上九尾狐也是这么做的，它很快化身妲己，带着玉石琵琶精和九头雉鸡精前往朝歌。接下来的事情我们都非常熟悉了，帝辛被妲己迷惑，逐渐不理朝政，沉迷酒池肉林，引得民怨沸腾。之后，武王推翻殷商，建立了周朝。

但在九尾狐完成任务之后，女娲却翻脸不认账了。女娲说："我让你祸乱朝纲，没让你残害生灵，你太恶毒了，现在我不能让你修成正果，不仅如此，我还要将你正法，做一个负面典型。"九尾狐无法和上神争论，做了脏活累活，还得做"背锅侠"。就这样，九尾狐的形象便来了个极限翻转。

4. 钟馗竟然源自"棒槌"

钟馗是中国的神话人物，在神话描述中，钟馗相貌丑陋，并且经常与鬼怪为伍。尽管如此，百姓也没有厌恶他，反而会在节庆之日挂出钟馗的画像，借以驱鬼避邪。久而久之，钟馗便成了驱邪辟鬼的"祥瑞"之神。

在戏剧《钟馗嫁妹》中，我们大致了解了钟馗的身份，他因为相貌丑陋，虽然高中状元却依旧无法如愿进入仕途，反而被朝廷轻视，最终悲愤自杀成为鬼神，专职管理人世间的不平之事，平反冤情。但是这是戏剧的版本，在神话谱系中，钟馗的实际来历其实另有说法。

相传在殷商时期，有一个叫作仲虺的著名巫师，他最擅长的法术是求雨，每每由他出面主持的求雨仪式都非常灵验，所以人们用他的名字来代指巫师这个职务。而"仲虺"和"钟馗"两词发音相近，在流传过程中被误记为"钟馗"二字，这就是钟馗的来历的第一种说法。

江西萍乡地区的人们还有另一种完全不同的说法，他们说钟馗是洗衣服的大棒槌。用桃木大棒敲打衣服，荡涤污浊，这与钟馗打鬼祛邪的确存在某种内在联系。

三百多年前，明末清初的大学者顾炎武则从汉字的发音方面对此做了有趣的考证。顾炎武认为，在训诂学里“钟馗”两字发音的反切，也就是“钟”字的声母，加上“馗”字的韵母相拼，发为“椎”的音。所谓“椎”，在古汉语里的意思，就是大木棒。

而且，我们据明代诗人李贽创作的一篇古文《钟馗即终葵》也可得知，“钟馗”二字通“终葵”，“终葵”是一个古老的姓氏，现在已经非常罕见。这个姓氏的来源，也与大木棒紧密相关，终葵氏家族的专长就是制作大木棒！

综合以上信息，我们可以做如此推断：很久很久以前，傩舞仪式的主持者是一个手舞大棒的巫师，他手中的大棒称为“终葵”，也叫“椎”。巫师频频使用终葵打鬼驱邪，久而久之人们认为大棒有神奇的力量，进而认为“终葵”这个名字也寓意吉祥，甚至用“终葵”二字取作人名。到了唐朝，人们早已忘记钟馗原本的大棒身份，误以为是古代一位姓钟名馗的打鬼能手。而上层社会流行张挂钟馗神像的风俗更起到了推波助澜的作用，钟馗的名望便日益高涨，最终成为民间镇魂压鬼的象征。

5. 古代神话中的九大神鸟是什么

中国古代神话塑造了众多生动的神话形象，其中有很多都脍炙人口，广为流传。除了这些神话人物之外，古代神话谱系中还有很多奇幻的动物和法宝，它们也是神话中浓墨重彩的一笔。

古代人其实非常憧憬“飞”，古人朴素地认为“天”是最崇高的存在，最神通广大的神仙就生活在天上。于是，古代神话对飞禽的描绘，就会着相当多

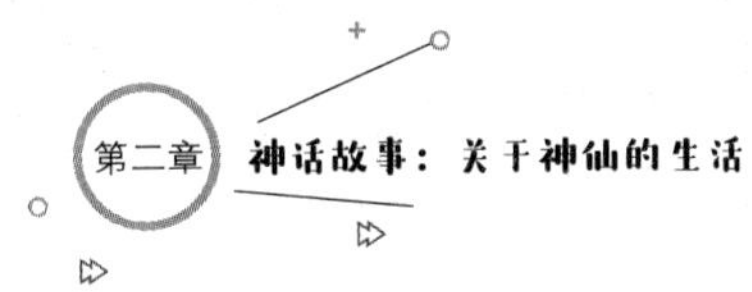

的“笔墨”。今天，我就来介绍一下中国古代神话中的九大神鸟。

一、凤凰。凤凰被称为“百鸟之王”，源于中原的鸟图腾。上古汉语中即有“凤凰”二字，分别与“风”“光”通用，也就是风神与太阳神。凤凰是雌雄两种的统称，雄性叫“凤”，雌性称“凰”，总称叫“凤”或“凤凰”。据传，凤凰的形体为“鸡头、蛇颈、燕颔、龟背、鱼尾，五彩色，高六尺许”，是集众多动物于一身的神鸟，象征吉祥和永生。相传周朝兴起时，有凤凰在岐山鸣叫，预示周朝将兴，故有“凤鸣岐山”的典故。

二、朱雀。朱雀亦称“朱鸟”，形体似凤凰，是古代神话中的南方之神。因其形似鸟状，位在南方，有火的属性，所以在游戏中经常以凤凰的形态出现。但其实朱雀和凤凰是两种不同的传说神物。凤凰是百鸟之王，而朱雀却是天之灵兽，比凤凰更稀有尊贵，破坏力也更强。有趣的是，现实中也是有朱雀这一种鸟的，但却没有任何神奇之处。它外形和麻雀相似，雄鸟为红色或暗褐色，雌鸟为橄榄褐色，生活在山林中，以吃果实昆虫为生。

三、重明鸟。重明鸟是古代神话中的神鸟，形如鸡，叫似凤，两目均有两个眼珠，因而叫作重明鸟。传说中，它能驱逐猛兽，使妖魔鬼怪不敢危害人类。中国民间贴画鸡于门窗上的新年风俗，就是由重明鸟演变过来的。

关于重明鸟的传说主要有以下两个：其一是，据传舜帝是重明鸟托生而成，其二是说，重明鸟是藩臣进贡给舜帝的，它守护一方水土不被猛兽侵扰，后来就被当作圣兽供奉。

四、三足金乌。三足金乌又被称为三足乌、金乌，是一种古代汉族神话中的神鸟。根据《山海经》等古籍的记述，中国远古时代，太阳神话传说中的十日是帝俊与羲和的儿子，它们既有人与神的特征，又是金乌的化身，是长有三足的踆乌，是会飞翔的太阳神鸟。

五、青鸾。青鸾是有三足的神鸟，是传说中西王母的使者：人间既不能相见，唯望在蓬莱仙山可以再见，但是蓬莱无路，因此只有靠青鸟传信物。

六、灭蒙。灭蒙鸟就是孟鸟，《山海经》中描写它生活在匈国北部，羽毛为青色，尾巴为红色。相传颛顼的孙女修就是因为吃掉了灭蒙鸟的卵，才生出了上古传说人物大业。

七、毕方。毕方在中国古代汉族神话传说中是火灾之兆，毕方的名字来自竹子和木头燃烧时发出的噼啪声响，它是火神，也是木神，居住在树木中。传说中的毕方的外形像丹顶鹤，但是只有一条腿，身体为蓝色，有红色的斑点，喙为白色。毕方不食谷物，而是以吞吃火焰为生。

八、九头鸟。相传九头鸟身形和鸭子相似，红色羽毛，喜欢在夜里活动，经常飞入人家，吸取人的魂气。

九、金翅大鹏雕。金翅大鹏雕是在佛教传说中出现的，它是名副其实的“外来物种”，是印度神鸟。它的传说是佛教传入中原的时候一并传入，并经过中国民间演化的，传说是凤凰的第二个儿子，是狮驼国的主人。它曾阻拦齐天大圣孙悟空西行，被如来佛祖用计擒到西天封为护法。

6. 七仙女到底是谁的女儿

熟悉中国传统戏剧的读者一定对“七仙女”有较深的印象，这七个仙女没有别的喜好，最大的爱好就是去民间洗澡，并因此邂逅凡人，留下了无数的感人故事。然而，有个疑问却始终没有人解答，这七仙女到底是谁的女儿呢?

在有关七仙女的戏剧作品中，七仙女分别被描述为玉帝或王母的女儿，而在神话传说中，七仙女更是被描述为七位法力不凡的神仙，至于其出身则语焉不详。

据考证，七仙女的传说不仅中国有，外国也有，而且传说的内容都是七姐

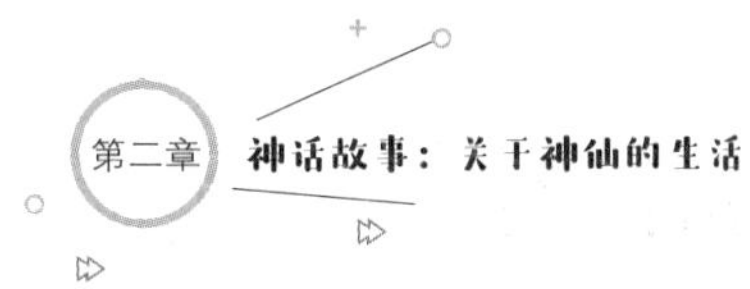

妹的组合，一般认为，这与最早的天文星宿崇拜有关。如中国的昴七星、扶筐七星、织女三星与婺女四星等。

而一个最有意思的神话传说则是，王母娘娘有七枚特别的仙桃，这七位仙女就是这七枚仙桃的化身。她们都是王母娘娘的贴身侍女，并不是王母娘娘的女儿。

在东晋干宝的《搜神记》中，七仙女被描述为“天之织女”，并讲述了七仙女中最小的仙女在新余仙女湖与董永相遇的故事，这与牛郎织女的传说极为相似，甚至被混为一谈。

唐宋之后，在民间的故事中，织女与七仙女不能互相混同，所以《牛郎织女》的传说才与《董永与七仙女》的传说分离开了。

7. 道家的关羽怎么成了佛家的守护神

义薄云天的关云长一直以来都是民间传说中忠义的代表，我国大江南北很多地方都在供奉关公。但你知道吗？在我国的佛教寺庙中竟然也有关云长的一席之地。

关公在佛寺中被供奉在伽蓝殿内。“伽蓝”是梵文音译过来的，意思是寺院。也就是说，伽蓝神就是寺院的守护神。众所周知，关羽是一位忠心耿耿的武将，但其忠心也只是针对蜀汉，为何会有守护寺庙的说法呢？这其实来自于传说的演绎。

传说中，关羽被杀之后阴魂不散，在荆州一带徘徊。到了隋朝，有一位叫作智顗的高僧云游至此。智顗高僧就是佛教八大宗里天台宗的创始人。当时他来到玉泉山，见此处虽然是荒郊野岭，却也月影幽静，可以建起道场，便于此落脚。

智颢禅师经常在这里念经，却也因此惊动了当地的鬼神。鬼神中尤其以关羽亡魂最为凶悍。关羽和周仓、关平的亡魂一同来哭诉，叫嚷道："还我头来！"智颢大师听得他喊叫，看到他的形象，知道是关云长不得寿终，化生鬼道，心怀嗔怒，想要向人索冤，于是呵斥道："你嚷嚷着要还你头，却不知五关六将，你一生征战中被你砍下的头颅，该要如何来还！"关羽生前也是满腹经纶，并非不知道理，听到大师的话，顿时冷静了下来，恢复了理智，并向智颢大师苦苦求教。

智颢大师才智、学识过人，他传授关羽佛家教化之法，把关羽说得心悦诚服。更因佛教本怀便是用智慧来消除一切苦难，一番对答，把关羽积郁多年的怨愤与苦恼都消弭干净。关羽善根发现，于是当下便从智颢大师，受了皈依。

此前关羽虽化身鬼众，只是生前福德甚大，死后也尤有威能，既皈依了佛门，就发誓要护持佛教，让佛法消除更多人心中的苦闷，因此便发起神力，调遣天兵，为智颢大师整饬山场，兴修庙宇，七日之中便修成寺庙。自此护持佛法，于是他便成了佛教的护法神、寺院的守护神，故而在各处寺庙，经常能看到受供奉的关羽。

8. 为什么中国的神话故事中，龙族的地位都不高呢

龙算得上是中华民族的图腾，我们都把自己叫作"龙的传人"，新闻媒体也把中国比喻为"东方巨龙"，蜿蜒的巨龙代表了中华上下五千年的文明和历史。龙在古代也是皇室象征，是传说中的一种最为尊贵的神物。

但是看过《西游记》的读者就会感到奇怪，《西游记》中的龙好像并没有我们想象中的那么高贵，相反他们只有降雨的能力，而且并不居住在天宫。还

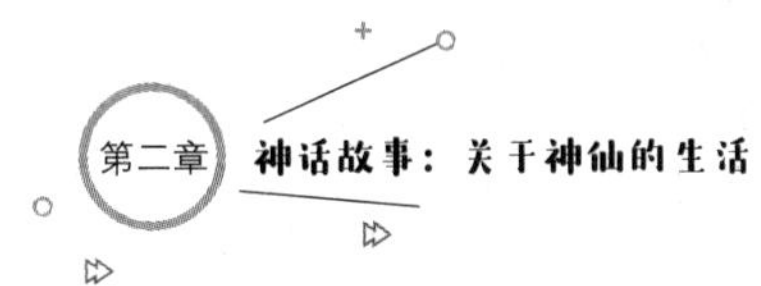

有其他神话传说中经常被人类斩首的龙族，不管怎么想都和我们心目中的形象靠不上边，这到底是怎么回事呢?

龙是皇室象征，而我们接触的关于龙的这种贬低最早是从著名的《西游记》开始的，这之后许多书籍和电视大多延续了这一写法，所以追溯根源，关键还是在吴承恩这里。那么吴承恩在《西游记》里为什么平白无故抹黑皇室，说他们是最低等的呢?

吴承恩生活在16世纪上半叶，当时中华正值明朝统治时期，创作《西游记》也是在这个时间段。此时，大明王朝经历的是从明武宗胡闹到明世宗误国这段历史，明朝皇帝不是荒淫无道，就是自私成性，朝野内外都将他们看作昏君。由时间推断，吴承恩应该是借贬低书中的龙，来代指现实生活中的皇帝。而这位被“点名”的皇帝，很有可能就是明武宗朱厚照。

9. 圣斗士和古希腊神话那点儿不得不说的事儿

当那首《天马幻想》响起的时候，无数人一定会勾起对《圣斗士星矢》的怀念。依稀记得小时候坐在电视机前等待这段音乐的时光，这算得上是无数“80后”“90后”的美好记忆了。

《圣斗士星矢》的原作漫画是由日本漫画家车田正美创作的，其故事以古希腊神话为基础，主线剧情是描绘雅典娜与哈迪斯的“圣战”。虽然在细节上这部作品也引用了诸如北欧神话以及《圣经》当中的内容，但其主轴的“古希腊神话”设定，还是更加深入人心一些，那么就让我们来说一说圣斗士中和古希腊神话扯上关系的角色。

冥王哈迪斯、睡神修普诺斯、死神塔纳托斯以及潘多拉都是古希腊神话中原有的形象，这里不做介绍。而除此之外，108 位冥斗士的设定明显源于中国神话中的 108 魔星——36 天罡、72 地煞，我们也不做过多介绍。

我们着重看一下位于顶峰的冥界三巨头——拉达曼迪斯、艾亚哥斯、米诺斯。三人的名字直接取自古希腊神话中冥界三位法官的名字。在古希腊神话中，拉达曼迪斯、米诺斯是欧罗巴公主与宙斯的儿子，艾亚哥斯则是宙斯与河流神女埃癸娜之子，也就是忒拉蒙、珀琉斯的父亲，特洛伊战争中名扬千古的阿喀琉斯、大埃阿斯的祖父。

在叹息之墙前与紫龙对战的是这三位冥斗士——天牢星牛头人哥顿、天魔星曼陀罗花奎恩、天捷星翼蜥西路费都。这三人虽然实力强大，但最后仍然被紫龙一招“百龙霸”击杀了二人。

“90 后”对于牛头人应该很熟悉了，很多国家都有“牛头人”这个形象的传说记载，最著名的还是古希腊神话里克里特岛迷宫中的牛头人米诺陶诺斯。克里特国王米诺斯每九年向雅典索取七对童男童女作为牛头人的贡品。大英雄忒修斯为民除害，奔赴克里特岛。他获得了克里特王的女儿阿里阿德涅的青睐，在她的帮助下成功进入迷宫，杀死了牛头人。

再来说说不仅在圣斗士中出现，而且在其他影视作品中出现的曼陀罗花。曼陀罗花并不是什么怪兽，在佛教经典中，曼陀罗花包含着洞察幽明、超然觉悟、幻化无穷的精神，但在西方文明中则被称为被诅咒的花。西方神话认为每朵曼陀罗花中都有一个黑色的精灵，可以满足人们的心愿，但代价则是用鲜血去浇灌曼陀罗花，黑精灵才有回应。

传说断头台下死者的血会化成曼陀罗花，具有生命。花的根部为人形，有分男女，头顶则为植物的茎叶。中世纪时，女巫们会聚集在绞刑台下挖掘这种植物，作各种灵药之用。传说每当曼陀罗花被从地底拔出时就会发出凄厉的叫声，而听到那种声音的人都会死去，故拔取曼陀罗根多半是由狗来进行，让狗成为替罪羔羊代替采收者而死。

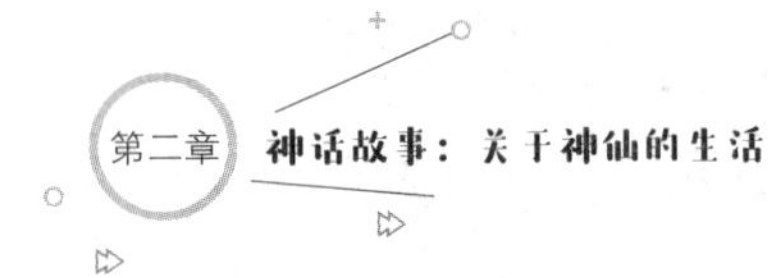

除了上文介绍的，圣斗士中与古希腊神话有关的还有翼蜥、冥河中的摆渡人卡戎、炎魔路尼、狮身人面兽法拉奥，等等。

虽然作为热血动漫的《圣斗士星矢》一直被人吐槽剧情单调，但是不可否认的是，其庞大的世界观以及神话的背景，在今天看来依旧魅力十足。

10. 游戏和文学作品中的“死亡骑士”来自哪个神话

死亡骑士，也有人称之为“亡灵骑士”，诞生于西方神话体系。现如今无论是在小说还是电影中，我们总是能够看到死亡骑士的身影。在影视作品中，死亡骑士没有实际的肉体，是通过灵魂来支撑起铠甲进行战斗的。那么，死亡骑士究竟出自哪个神话谱系呢?

其实，死亡骑士最早出自于北欧神话。在北欧神话中，死去的战士会在女武神瓦尔基里的带领下继续作战。瓦尔基里是在北欧神话里登场的女半神，英文为“Valkyrie”，德文为“Walkuire”。“瓦尔基里”这个词的原意是“贪食尸体者”，到后来慢慢演变成“挑选战死者的女性”，另外还有后人赋予的所谓“出现在英雄面前的梦中情人”的形象。

在《魔兽世界》当中，死亡骑士被当作一种职业，曾经是正义的人民，也曾勇敢而无畏地对抗黑暗，但他们对抗的邪恶并非轻易就能驱逐。死亡之力将战死的英雄唤醒，赋予其近似永恒的力量，死亡骑士因此诞生。这些曾经的英雄披上更加强大的装甲，操纵着所向无敌的黑暗魔力，继续反抗一切暴行。

《魔兽世界》中的死亡骑士与神话中描述的较为相似，因此我们可以从这个角度来做一个定论，现在大多数作品中所描绘的死亡骑士的形象，大部分都来自北欧神话。

11. 全家都癫狂的神——宙斯

中国的神话体系无比庞大，这与中华悠久的历史和极大的包容性息息相关。中华文化吸收了大量的外来元素，从而形成了今天的“大杂烩”。但如果单论混乱，则中华神话恐怕还是比西方神话更为清晰。西方神话之混乱，从一个典型的代表——宙斯身上就能窥见一斑。

要想讲述宙斯的故事，得从他的诞生说起。宙斯的奶奶盖亚是在混沌中诞生的，她最先依靠无性繁殖生出了第一个孩子——天空之神乌拉诺斯。后来，盖亚和乌拉诺斯这对母子结婚了，还生了许多孩子，这些孩子包括：12 位泰坦、3 个独眼巨人、3 个百臂巨人。乌拉诺斯从宙斯的叔叔升级为宙斯的爷爷，古希腊神话的“混乱”就此开始。

婚后，盖亚推举乌拉诺斯成为众神之王，但渐渐地，乌拉诺斯刚愎自用，越发不尊重他的老婆了，于是盖亚决定推翻乌拉诺斯。她以神王之位作为赏赐，希望有人能够推翻乌拉诺斯的统治。盖亚的小儿子克洛诺斯自告奋勇，割了乌拉诺斯的阴茎。而被割掉的阴茎落入海里，溅起的泡沫中诞生了爱神阿佛洛狄忒。

克洛诺斯成为新的神主之后，被他割掉生殖器的乌拉诺斯诅咒克洛诺斯：“你会为你所做的付出代价。不久，你也将像我一样被自己的儿子推翻。”克洛诺斯明显开始害怕了，他认为这是一个诅咒，必须要尽快想办法。于是他做出了一个残忍的决定：把生下来的孩子全吃掉。

克洛诺斯的妻子、掌管岁月流逝的女神瑞亚为克洛诺斯生下的前五个孩子，全都在刚出生时就被父亲一口吞下。瑞亚非常伤心，在她生下第六个孩子时，决心要保护好这个孩子。她给这个男婴取名为宙斯。瑞亚给克洛诺斯一块包好的石头说："拿去吃！"缺心眼的克洛诺斯看也没看就把石头给吞了。

长大后的宙斯和母亲瑞亚利用克洛诺斯爱喝酒的习惯，把催吐药混在酒里。喝了酒的克洛诺斯把吃进肚子里的五个孩子都吐了出来。他们分别是德米忒耳、赫拉、赫丝堤、哈迪斯和波塞冬。

宙斯和兄弟姐妹们一起推翻了父亲，他自己成为新一代的神王。然而，根据预言，宙斯也不能永远做王，他将被他的一个更强大的儿子推翻。

虽然预言说宙斯会被推翻，但他并没有像克洛诺斯那样吃掉儿子，反而放荡不羁，生了不少，而且很多都是"乱伦"生下的。接下来咱们就来聊聊宙斯的这几个老婆。

第一任老婆是表姐，智慧女神墨提斯，生下了智慧女神雅典娜。

第二任老婆是姑姑，正义女神忒弥斯，就是在欧美法院外面能够看到的，一手持天平、一手持剑、蒙着双眼的女神，生下了时序三女神和命运三女神。

第三任老婆是表姐，海洋女神欧律诺墨，生下了美惠三女神。

第四任老婆是二姐，丰产和农林女神德米忒尔，生下了珀尔塞福涅。

第五任老婆是姑姑，记忆女神摩涅莫绪涅，生下了九位文艺女神缪斯。

第六任老婆是表姐，暗夜女神勒托，生下了孪生姐弟阿尔忒弥斯与阿波罗。

第七任老婆是三姐，天后赫拉，生下了战神阿瑞斯、赫淮斯托斯、埃勒提亚和赫柏。这位赫拉也是手段了得，宙斯之后愣是没有休妻再娶。

老婆是定下来了，但宙斯的情妇却多得需要两只手才能数得过来，外面生的孩子更是一大把。手段了得的赫拉当然看不下去，基本上是你生一个我弄死一个……宙斯家族就是在这样混乱和癫狂之中，谱写了西方早期的神话谱系。

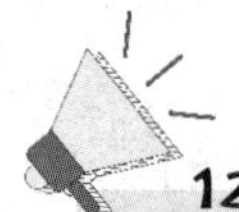

12. 孙悟空、猪八戒、沙和尚是否真的存在

《西游记》的主线剧情是唐三藏与三个徒弟去往西天求取真经的故事。在中国的历史上，也确实有玄奘法师取经的典故，《西游记》也正是以此为原型进行创作的。既然唐僧在历史中出现过，那么他的三个徒弟会不会也在历史中出现过呢？即便不是《西游记》中描绘的那样，但至少也会是真的出现在历史中的人物吧？

据考证，孙悟空属于民俗神话体系，大约开始于唐代时期的民间口头传说，之后一直流传于五代、宋、元各朝代。对孙悟空的祭祀主要见于江南、岭南、闽台等地，当然北方也有。仅仅在福建一地，孙悟空正规的庙宇就有38所之多，非正规的小庙更是数不胜数。

到了明代，孙悟空终于与玄奘法师联系在了一起。当时出了一个集大成的本子，也就是百回本《西游记》。在明代百回本《西游记》出来之后，民间大部分庙宇对齐天大圣的祭祀，大多统一往百回本的人设上靠拢。

虽然孙悟空被赋予“斗战胜佛”的头衔，但现在民间不少孙悟空的祠庙都由道士主持，传说这是因为他的师父为道家始祖之一的菩提老祖。浙江的庙宇甚至有匾额号称为朝廷敕封，由于资料损毁，所以暂无法详细考证。

不过，相对于孙悟空来说，猪八戒和沙僧在神话里出现得就少多了。即使偶尔有民间庙宇祭祀他们，一般也是孙悟空被主祀，他们只是给孙悟空做陪祀。所以，虽然孙悟空并未在现实中出现过，但是其在神话体系中的影响力还是高过沙僧和猪八戒的。

13. 你知道北欧神话里的精灵是怎么来的吗

北欧神话成型较晚，但由于其独特的神话体系设定，至今反倒成了很多影视作品、游戏作品的蓝本。

与基督教等一神教体系相反，北欧神话与希腊神话一样属于多神系统。其主要种族基本上分为巨人、诸神、精灵、矮人四个大类。这四大种族，也是众多游戏作品中经常描绘的对象。其中，象征圣洁的精灵更是被经常引用，也被增加了各种新鲜的、符合当下审美的设定。那么精灵传说究竟是怎么来的呢?

要想解释这个，我们就必须要从北欧神话的创世开始说起。与中国神话相似，北欧神话中的世界诞生之前，整个宇宙也是处于一片混沌之中。在这片混沌的中心，出现了一条名为金伦加的鸿沟。这条鸿沟分开了终日寒冰和浓雾笼罩的尼伯龙根与火焰从未停息的穆斯贝尔海姆。而火焰与寒冰交融之下则诞生了北欧神话中最初的两个生命，分别为霜巨人尤弥尔和一头名为欧德姆布拉的母牛。

尤弥尔以母牛的奶水为食，而母牛则以舔舐地面上寒冰中析出的盐粒为生。尤弥尔的地位和盘古差不多，是北欧神话中的众神之祖，从他腋窝中诞生的智慧巨人密米尔与女巨人贝斯特拉构成了霜巨人家族，而母牛舔舐过的冰块中则生出了诸神一族的祖先布利。后来我们所了解的北欧神王奥丁，就是尤弥尔的外孙。

随着时间流逝，诸神一族分为奥丁领导的阿萨神族与大海之神尼奥尔德领导的华纳神族。他们的扩张引起了巨人一族的不满与戒备，双方发生了战争。最终，奥丁带领的诸神战胜了巨人一族，并且杀掉了尤弥尔。

这场混沌之战结束之后，诸神便开始重新构筑世界，尤弥尔再次化身“盘古”。他的身体成为新世界构成所需的材料，其头颅化为天空，天空中的云朵则由他的脑髓构成。其身体成了大地，血液成为海洋，骨骼变成山脉，毛发变成树木。而在他腐烂尸体上长出的蛆，则变成了精灵与矮人。大家印象中高贵优雅的精灵，在神话里其实是由蛆演变过来的。

14. 地狱三头犬刻耳柏洛斯究竟有几个头

古希腊神话中的地狱三头犬，也是当下被描绘较多的神话形象之一。在希腊文化流传下来的雕塑中，刻耳柏洛斯以三个头颅的形象出现，因此得名“地狱三头犬”。虽然三头犬在神话中扮演着重要的角色，但现代艺术依旧没有将它归为“正义”。在现今诸多艺术作品里，三头犬的“凶残”还是他的主要“卖点”。

在神话中，地狱三头犬拥有三个犬首，每一个都咧着长满獠牙的血盆大口，除了看起来凶悍，实质上也很强大。这种生物是真正意义上的恶魔，它们嗜血，冷酷。三头犬的职能便是代替冥王哈迪斯看守地狱之门，只允许死者的灵魂进入，但不允许出去。

不过，赫西奥德在《神谱》中关于刻耳柏洛斯的描写却和我们知道的略有不同。

在一开始的传说中，刻耳柏洛斯其实是拥有 50 个头颅的，它是众妖之祖堤丰与蛇身女怪厄喀德娜所生。它的每一个头颅都能喷射腐蚀性毒液，是冥界之门的守护者。而后来的一些艺术作品，尤其是各类雕塑中，大多表现它有 3 个头，因此在汉语语境里，尤其是通俗文化中，就常称这个怪物为地狱三头犬。

之所以将它从 50 个头颅变成 3 个头颅，最大的原因很可能是因为 50 个头颅的形象实在难以描述，绘画都需要很大的功夫，如果再用雕塑加以刻画，再伟大的雕刻家恐怕也无法雕刻出来。因此神话传说的演变，往往都是有现实原因的。

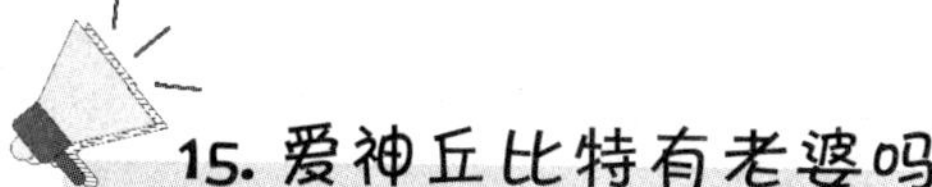

15. 爱神丘比特有老婆吗

在我们的生活中，爱神丘比特的出镜率显然是很高的。至于理由，当然是因为这个世界上最让人痴迷的情感——爱情。我们虽然都知道丘比特在罗马神话中是爱神，却对他的经历很陌生。也许你听过他的故事，但是你知道作为爱情之神，丘比特的“爱人”是谁吗?

在传说当中，有个国王有三个女儿。小女儿普绪克是最漂亮的一个，人们都称她为“美的女神”。由于她的出现，代表爱和美的真正女神受到冷落，没人再去祭祀和赞美维纳斯了。

维纳斯知道后非常生气，她叫来自己的儿子丘比特，让他用金箭射到普绪克身上，害她爱上一个乞丐，再让这个乞丐身中铅箭，永远厌恶普绪克。

但是丘比特看到普绪克之后却深深爱上了她。于是丘比特便为普绪克建起宫殿，化作无形的精灵和普绪克结了婚，白天继续爱神的工作，晚上来和她幽会。

但普绪克无法看到丘比特的样貌，好奇的她在两个姐姐的怂恿下决心一探究竟。一天，普绪克趁着丘比特睡着了，点起蜡烛，照亮房间，看到了丘比特的帅气面庞。激动的她手一抖，让烛火灼伤了丘比特。丘比特惊醒后，便飞走去疗伤。

后来，普绪克更是知道了丘比特违背母亲的意愿保护自己，因此非常感动，她便找到维纳斯认错。维纳斯看到她的美貌又开始嫉妒，于是给她设下了三道难题：

第一，将整屋混在一起的不同颜色的种子分开堆放；

第二，找到会喷火的公羊，带回它们的金羊毛；

第三，在阴阳交界的冥河，带回一杯冥河中的水。

普绪克的运气非常好，在寻找这些东西的时候，蚂蚁帮她分拣种子，芦苇告诉她灌木丛中散落着金羊毛，巨鹰帮她取来冥河的水。

维纳斯见状便使用撒手锏，她让普绪克去寻找“可以弥补一天中损失的美貌”的神物。历经千辛万苦，普绪克在冥后的帮助下找到了装有神物的魔盒。冥后告诉她这个盒子不能打开，但是普绪克出于好奇打开了这个盒子。原来盒子中装的是睡神，普绪克就这样沉沉地睡去了。

就在这时，丘比特的伤痊愈了，他得知普绪克为自己所做的事情也非常感动，便从维纳斯手边逃离，去寻找普绪克。他打败了睡神，并吻醒了公主。朱庇特被两人的爱情所感动，便赐予普绪克永生，让丘比特和她永远相爱。这算得上是古罗马神话中少有的“正常”的爱情故事了，不愧丘比特“爱神”之名。

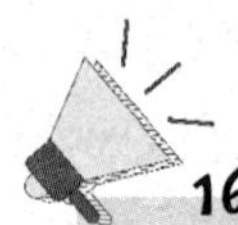

16. 希腊神话中的太阳神到底是谁

美国的阿波罗计划是 1961 到 1972 年美国政府组织实施的一系列载人登月的飞行任务。阿波罗的得名毫无疑问是来自于古希腊神话。

在古希腊神话中，月神是阿波罗的妹妹阿尔忒弥斯，阿波罗在现在很多作品中被称作太阳神。但是在诸多其他的影视作品中，还有一位被称作太阳神的古希腊神明——赫里欧斯。那么到底两个人谁才是真正的太阳神呢？

其实，想要讲明这件事，我们需要先了解希腊神话的特点——大杂烩。

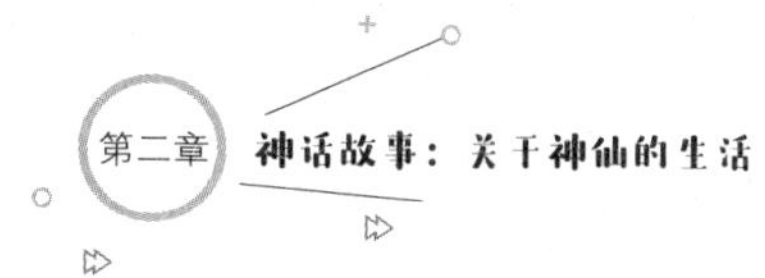

由于古希腊存在的历史环境，地中海周边各种文明的各种神被它继承了个遍，再经过古希腊人的重新拆分、组合，加入自己的原创，形成了别具一格的神话体系。

赫里欧斯的确是古希腊神话中的太阳神，这点不用质疑。赫里欧斯的儿子法厄同为了证明自己的身份，便向父亲借了太阳神车，但他无法驾驶，给下界带来了巨大的灾难，赫里欧斯也被正义女神忒弥斯问罪，并且削去神格，剥夺了神名。

阿波罗在早期神话中不是太阳神，《荷马史诗》和《神谱》中也都没有将他视为太阳神。但是他的原型涅加尔、赫舍夫都有太阳的属性，可以说阿波罗身上一开始就有太阳神的影子。之后他得到了福玻斯（意为“灿烂”）这个别称，进一步增强了他的太阳神性。再后来，民间演义将他与过气的太阳神赫里欧斯混淆，赫里欧斯的事迹被加到他身上，阿波罗成为太阳神也就水到渠成了。

综上所述，其实赫里欧斯和阿波罗都可以被当作希腊神话中的太阳神，只是时段不同罢了。我们可以将阿波罗当成赫里欧斯的继承者。

17. 历史上真的有“嫦娥奔月”吗

嫦娥奔月是中国的传统神话传说，讲述了一个凄美的爱情故事，其中还有中秋吃月饼的典故。

中国古籍《淮南子》记载，传说嫦娥因偷吃了西王母的长生药，飞奔至月宫成为仙人。但是月宫中只有她一人，这令她无比寂寞。这时候，她开始想念下界的后羿，便告诉他：“平时我无法下来与你团聚，唯有在月圆的时刻才可

以，明天等到月圆之时，你用面粉做丸，团如圆月形状，放在屋子的西北方向，然后再连续呼唤我的名字，到三更时分，我就可以回家来了。”

第二天，后羿按照嫦娥所说的做了，两人果然就团聚了。中秋团聚的典故就出于此。

这个典故也许读者在其他地方听说过，但是你知道吗，嫦娥的故事的雏形其实真的在历史上发生过!

相传嫦娥是夏朝初期一位部落酋长的女儿，她有着人们传说中那样美丽的容颜，能歌善舞、聪明伶俐，而且她对占卜之术了解甚多。相传，只要到了占卜或者祭祀的时候，嫦娥就在祭台上占卜祭祀，犹如从天而降的仙女。后来，这位聪明的女子嫁给了一个大部落的首领夷羿，并且生了一个儿子。而夷羿也和人们传颂的后羿一样是个神射手。夷羿凭借自己的射箭能力打败了其他部落，成了东夷族的最高统治者。

而后，由于夏朝的统治者大禹的孙子太康沉湎于享乐，致使民众怨声载道。在这种情形下，夷羿以武力推翻了太康的统治，结束了百姓的苦难生活，并推举太康的弟弟仲康为夏朝的最高统治者。

国家安定之后，夷羿成为国家的管理者。但他依旧喜好自由，以打猎为主，疏于管理政事，导致大权落到了大臣寒浞之手。看到这种情况，嫦娥也曾多次劝诫夷羿，但无论多么苦口婆心，都无济于事。

寒浞为保护自己的地位，便想办法杀了夷羿父子，并且要求嫦娥嫁给他。嫦娥为了安置自己的丈夫和儿子，只能暂时屈服。但她提出了两个条件：以王族的礼仪安葬夷羿父子；并且她要为夷羿父子守墓，等到月圆之夜才会嫁给寒浞。寒浞拗不过嫦娥，只得答应。

夷羿父子被安葬了。待到中秋来临，圆月升起时，嫦娥跳起了祭祀月神的舞蹈，以此告诉人们，她要到一个遥远的地方去，要与人们诀别了。当寒浞到来时，嫦娥一跃跳入了大河，香消玉殒，只留下了这个凄美的故事在人间流传。

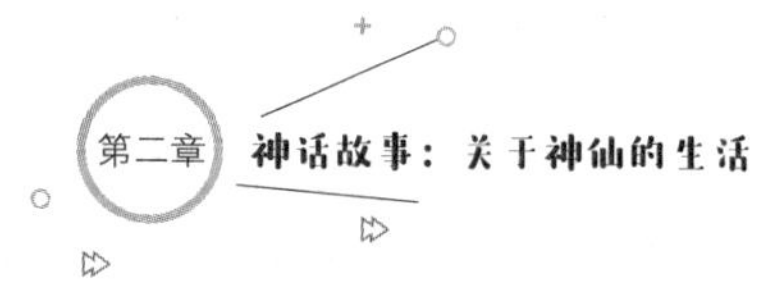

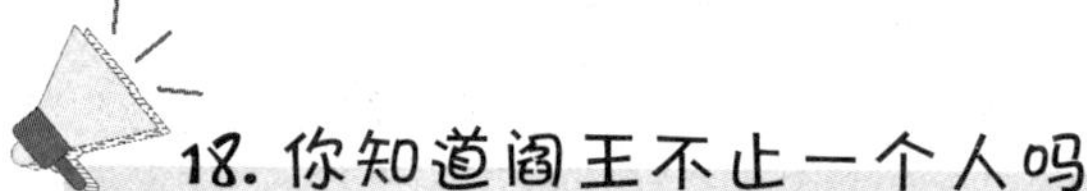

18. 你知道阎王不止一个人吗

《西游记》中描绘了形形色色的形象，如好吃懒做的猪八戒，老实不懂变通的沙和尚，墨守成规的唐三藏，敢于抗争的孙悟空，以及其他天兵天将、魑魅魍魉，而在这些角色当中，阎罗王恐怕是我们记忆最深刻的配角之一。

“阎王叫你三更死，不好留人到五更”，这是民间广为流传的一句谚语。小的时候，爷爷奶奶辈的老人经常会给我们讲有关阎王的故事，这也是《西游记》中大闹天宫那一段的开端。但是读者是否知道，古书中所说的阎王其实只是众多“阎王”中的一个，其实地狱中的“阎王”一共有十个！

十殿阎王是来自于中国佛教的一种说法，这种传说始于唐末。而十殿阎王分别是：秦广王、楚江王、宋帝王、仵官王、阎罗王、平等王、泰山王、都市王、卞城王、转轮王。此十王分别居于地狱的十殿之上，因此称十殿阎王。我们今天所知道的阎罗王，其实是管理第五殿的，而他也并不是阎王中最厉害的。

不过，在讨论最厉害的阎王之前，我们先来说说第一殿的秦广王。秦广王之所以会排在第一殿，是因为他掌握着一本册集，叫《人间寿夭生死册集》，也就是生死簿了。《西游记》中孙悟空改写涂画的那个生死簿，其实是由第一殿的秦广王掌管的。

那么话题转回来，哪一个才是最厉害的阎王呢？说到最厉害的阎王，那只能是第六殿的平等王。他在第六殿掌管的是阿鼻地狱，古代人发毒誓，往往会说到阿鼻地狱，阿鼻地狱是佛教中最苦的地狱，也被称为无间阿鼻地狱。无间就是没有间隔、连续不断的痛苦。如果灵魂堕入到第六殿，等待他的只有无尽的痛苦。

既然有最“恶”，也必然会有最“善”，地狱中最“善良”的阎王是第十殿阎王——转轮王。生前善良、没有恶业的人，会经过第一殿直接来到第十殿，他会得到转轮王的善待，得到转世投胎的机会，重新回到人世再经历一场轮回。

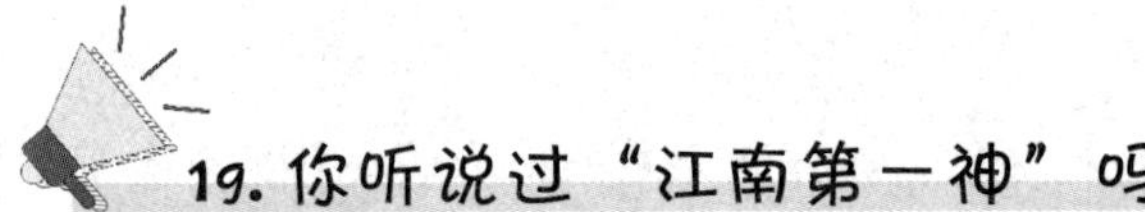

19. 你听说过“江南第一神”吗

中国神话在众多神系中属于多源头但脉络较为清晰的神系，主要的神话体系都可以串联起来，辅以民间传说，成为比较独特的神话。

中国地大物博，神话传说也千奇八怪，于是不同类型的神就这样诞生了。中国人对神的向往来自他们对美好的憧憬。善良始终都是中国人最好的性格，不同地区的人对于神的解读也有所不同。如北方人喜欢将自己无法解释的东西用神这种不遵守物理法则的人来代替，而南方人则喜欢将神话与现实的故事结合在一起。比如我们接下来要介绍的这个青溪小姑，就是典型的中国南方神。

其实，早在晋代江南地区的青溪就有河神青溪小姑了。十殿阎王里的第一殿秦广王，名叫蒋子文，传说蒋子文亡于钟山，他在汉末时刚开始是钟山的地方神，后来慢慢成为秦广王。青溪小姑是秦广王的妹妹，民间传说她叫蒋三妹。青溪发源于钟山，民间就传说蒋子文遇难后，蒋三妹投溪而死。青溪小姑与蒋子文这对兄妹的经历，符合中国神话里的“兄山妹水”的观念。

青溪小姑是个未嫁而死的少女，本身属于民间的一种冥婚少女的信仰。她在早期的传说中是一个可夺人性命的鬼神，以此看来，青溪小姑跟她哥哥秦广王一样，有很强的冥神属性，也是一个冥界女神。到后来，经过民间的不断演绎，青溪小姑才在诗词中被当作美丽少女来歌咏。

秦广王与青溪小姑这对兄妹，是江南哀婉的六朝古都文化的象征之一。他们也是江南最著名的当地神。江南的地方神中，以秦广王蒋子文最为著名，几朝祭祀不绝，加修各种庙宇，在文学与民间传说中也常常出现，称得上是“江南第一神”。而江南的女神中，也以青溪小姑蒋三妹最有代表性。

20. 日本传说中的各种神剑究竟是什么关系

经常看日本文学、接触日本动画以及游戏的人总是会见到天丛云剑、十拳剑或者天羽羽斩剑，我们只知道这三把神剑是出自日本神话，却对它们不是太了解。这三把剑在不同的作品中，总是会一起出现，难道说他们之间有什么联系吗？没错，还真就是有联系的。

首先来说十拳剑。十拳剑也叫十握剑，意思是剑身的长度正好是十个攥起的拳头加起来的长度，以现在的标准来看，十拳剑大概有 70 到 85 厘米。十拳剑的主人是日本创世神伊邪那岐，他是受剑始祖。传说中，伊邪那岐的妹妹伊邪那美同时也是他的妻子。伊邪那美在生下火神迦具土时，不幸被火神所伤。伊邪那岐便使用十拳剑砍下了迦具土的首级。

此时，这把剑的剑锋处滴下三滴血，诞生了三位天神，残留在剑柄上的血也诞生了两位天神。他们都是后世传说中打造兵器的神，而十拳剑也就成为日本记载的名剑始祖。

之后，此剑传于伊邪那岐的儿子须佐之男。须佐之男使用它斩杀了祸害苍生的八岐大蛇。在八岐大蛇死后，须佐之男发现十拳剑竟然留有裂痕。经过检查发现，八岐大蛇尾巴处有异常坚硬的物体。这便是后世所说的草薙剑，也叫天丛云剑。

八岐大蛇被杀之后，十拳剑便被赐名为天羽羽斩剑。天是尊称，而“羽羽”在日语中有大蛇的意思，天羽羽斩即——以天神之名，斩杀大蛇。

21.“不死之人”竟然命丧门槛

想要获得长生不死的力量，历来都是神话世界中说不完的故事源泉。古今中外，关于“不死”的传说有很多。在中国的神话中，有许多人飞升成仙，被赐予“不死”的生命。比如嫦娥，吃掉了西王母的灵药，飞升到月宫，虽然得了长生，却只能孤独一人。外国神话中也有关于神赐予“不死”的故事，其中一个就是阿修罗王金床，只不过他所获得的“不死”是“山寨”的。

相传，阿修罗王金床苦苦修行，打动了创造神梵天，于是梵天降临，向其赐福。金床希望获得永生，但是梵天告诉他，生于世间必然会死，所以拒绝了他的要求。金床就开始琢磨怎么创造出“不死”的条件，灵机一动，他提出了这样的要求：自己可以死亡，但自己既不能死于白天，也不能死于黑夜；既不能死在室内，也不能死在室外；既不能死在地上，也不能死在天空；既不能被天神所杀，也不能被野兽或者凡人所杀；既不能死于兵器之下，也不能死于赤手空拳。因为没有提到永生，于是梵天便给他这样的赐福。

金床觉得自己虽然没有直接获得永生，但现在也类似于永生。于是他四处征战，占领了三界，并宣称自己是世界之主。可惜的是，他的儿子波罗诃罗陀是虔诚的毗湿奴（印度三神之一，和梵天、湿婆齐名，主张正义和维护）信徒，不愿改变自己的信仰。气急败坏的金床就开始使用各种手段让他的儿子改变信仰。可是无论金床怎么做，波罗诃罗陀都不会死，原来是毗湿奴一直加护于他。

最终金床怒不可遏地把波罗诃罗陀绑在柱子上，询问他谁是这个世界的主人，但此时他的儿子依旧回答“毗湿奴”。儿子说：“毗湿奴为世界之主，他遍入天地，遍及万物，甚至柱子上也能感受到他的存在，仿佛他环抱着我。”

金床大怒，想要举起破坏之剑杀掉自己的儿子。就在这时，毗湿奴的化身那罗辛哈从捆绑波罗诃罗陀的柱子中飞出，把金床带到门槛处，放在自己的膝盖上，然后对他说道：“现在是黄昏，既不是白天，也不是黑夜；你在此地，既不算室内，也不算室外；我将你置于膝上，既不在地上，也不在天空；我非天神，非人，非野兽，非阿修罗；我不用兵器，不用空手，而将用利爪撕破你的胸膛。因此，你的死亡是合理的，它即将到来！”那罗辛哈说完便将金床开膛破肚，杀掉了这个阿修罗王，救下了自己虔诚的信徒。

第三章 穿越到古代：古人生活大揭秘

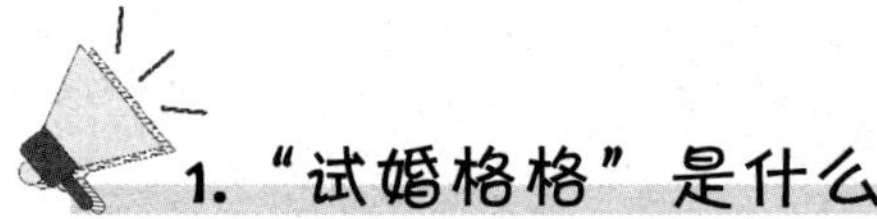

1.“试婚格格”是什么

满族入主中原之后，一直在学习汉族文化，其中包括对女子名声的重视，即使是皇帝的女儿也不能想结婚就结婚，觉得驸马有缺陷时想离婚就离婚。

但是由于封建礼教的限制，别说格格和准驸马没见过面，就算是皇帝，可能也不了解准驸马，尤其是生理方面。这就导致格格的婚姻可能会承担一定的风险，万一结婚后发现驸马的身体有缺陷，这时已经不能“退货”了，可怎么办呢?

聪明的清朝皇室想出了一个办法——试婚制度。

清代的格格和准驸马在确定了婚期之后，会由皇太后或皇后亲自选出一名机敏灵巧的宫女充当“试婚格格”，跟着格格的嫁妆一起先一步到达驸马家，当天晚上就由“试婚格格”与驸马同床试婚。

“试婚格格”不只是会对准驸马的生理情况做一个评估，而且会对准驸马做一个全方位的详细了解，比如他的性格、喜好、生活习惯、家庭氛围、身体状况，等等。第二天回宫后，她会向皇太后和皇后一一禀告，总之是面面俱到，只为保证格格嫁过去后万无一失。

这种试婚制度对格格自然是有利无害，只是可怜了“试婚格格”，因为“试”过之后，她们的命运往往就比较悲惨了。

如果准驸马合格，格格就会如期嫁给驸马。格格要是善良宽容，会允许“试婚格格”陪自己一起出嫁，给自己当奴婢，给驸马当侍妾；如果格格性格刁钻，就很可能不允许“试婚格格”随嫁，即使嫁过去了也会刁难，毕竟“试婚格格”是和自己的丈夫有过亲密接触的女子，格格难免会嫉妒。

如果准驸马有缺陷，没有通过考核，格格自然不会嫁给他，但是“试婚格格”却已经失贞，只能选择嫁给有缺陷的准驸马。要是准驸马不愿意纳“试婚格格”为妾，她就只能去自谋生路，因为皇宫里不允许失贞宫女的存在。

2. 古人上班也打卡

每当到了周日晚上，很多人都会出现焦虑症，一想到第二天要上班就感到痛苦。这时，我们就会羡慕公务员，因为印象中他们的工作很轻松、压力小，但这只是一种误解。

另外我们还会想到古代人，因为在电视剧中看到古代人的生活节奏比较慢，经济压力也没有现在这么大。

综合起来，我们尤其羡慕古代的公务员，那些官员似乎每天去上个朝就可以回家了。

可实际上，他们的工作也没有那么轻松，而是像我们一样，上班下班都需要打卡。而且他们如果上班迟到，则不仅会被扣钱，还可能会被判刑。

古人上班时间是很早的，一般在鸡鸣时分就要去上班，也就是早上 5 点左右。这个时间是卯时，所以“上班点个卯”的说法也流传至今。

由于没有打卡机，所以古代官员们上朝的第一件事就是清点人数，有时也会在本子上签到。为了防止出现签到后偷溜的现象，古代上班期间还会多次点名、抽查。

早上 5 点就要上班，对我们现代人来说简直不可想象，但是古代却严格执行这种制度，谁敢无故旷工或迟到，会被处以笞刑或徒刑。

由于起得很早，他们常常需要赶夜路。明朝的紫禁城一开始是有路灯照明的，但是后来被魏忠贤废掉了，理由是怕引起火灾。

没有灯光的古代公务员们常会因为夜黑、下雨路滑，发生上班途中失足掉进河里淹死的事。

古人的工作时间不是像我们在电视剧里看到的那样，早上上完朝就可以回家了，他们一般是春秋时节下午 4 点下班，夏冬是 3 点下班。

关于休假，汉朝时是上四天班休一天，隋唐变成上九天休一天。宋元时期在上九休一的基础上加了一些节假日，一年能休 110 天。明清时期延续了上九休一的政策，另外的假期只有春节、冬至和皇帝的生日，全年一共能休五十多天。

到了 1910 年，清政府受到西方文化的影响，才开始施行以一周为单位、每周日休息的做法。

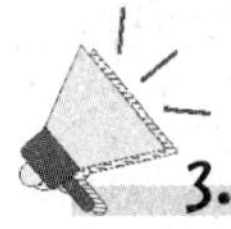

3. 没有涂改液，古人写错字怎么办

我们在写毛笔字的时候，都会比用中性笔写字要谨慎些，因为写错了没法用涂改液把错字抹掉，那么古人遇到写错字的情况是怎么处理的呢？

东晋书法家王羲之在写被称为“天下第一行书”的《兰亭序》时就出现了这样的问题。“后之视今，亦犹今之视昔，悲夫”这句话中，“昔”字的下方就出现了一个长方形的黑块，这就是书圣王羲之写错后涂改的痕迹。

书圣都有写错的时候，普通人更有可能会写错了，所以在没有涂改液的情况下，聪明的古代人发明了几种改错字的方法。

第一，在纸张发明之前，人们都将文字刻在竹简上，如果刻错了，就将错字刮掉重新刻。

第二，纸贴。这与我们现在的涂改液、修正带的方法有异曲同工之妙，就是拿纸张将写错字的地方贴住，遮挡起来。但是这种方法有个弊端，新贴上去的纸张容易掉落。

第三，用铅粉将写错字的地方涂抹掉，不过得多涂几次才能见效。

第四，古代的黄纸都是将纸张浸泡在黄蘖中，再晾干制成的。黄蘖不仅能增加纸张的耐久性，而且具有抗虫的功效。古人将雌黄涂抹在黄纸上可以让写错的字迹消失；而且雌黄还可以解毒消肿，与黄纸的抗虫功效完美地结合在一起。

4. 中关村原为太监养老院

被誉为“中国硅谷”的中关村，对我们中国人来说就是科技的代名词。作为中国第一个国家级高新技术产业开发区、第一个国家自主创新示范区和第一个国家级人才特区，中关村为我国科技创新做出了突出的贡献。

这样一个高新科技园区，谁能想到它的前身其实是太监的养老院。

中关村原名为中官村或中官坟。明清两朝时期，很多太监都曾在此买房，建起大量的庙堂和养老庄园，这些太监死后也就被葬在了这里。太监的别称为“中官”，因而得名。

古代的太监们其实是很惨的，伺候了主子一辈子，到老了，没有利用价值了，就会被赶出皇宫。他们没有住处，也没人养老，死后更没有人给他们下葬、扫墓。

好在大部分太监在皇宫里伺候了一辈子，还是能攒下点银两的，所以有一些大太监就建议大家一起出钱买一块地，建一个专门的太监养老庄园和墓地。“中官村”就这样建起来了。

生活上大家互相帮助，如果有年老出宫的孤苦太监缺衣少食，生活上富裕

的大太监会给他捐赠一些。中官村的日常维护则是由出了宫的老太监负责，如果有太监去世了，大家就一起给他安葬。

久而久之，中官村就成了一个同病相怜的太监互相照顾、养老送终的地方。随着历史的不断前进，“太监”渐渐消失了，“中官村”自然也就成了一大片坟地。

中华人民共和国成立后，大家都觉得“中官村”这个名字不太好听，于是提议改名。一说是时任中国科学院哲学社会科学部主任、历史研究所第一所所长的郭沫若将“中官村”改成了“中关村”，另一说是中国近现代著名的历史学家、教育家，当时任中国科学院历史研究所第二所所长的陈垣提议并获得通过的。

不过不论是谁改的名，总之“中关村”这个名字一直沿用至今，这个地区还成了高新科技的摇篮。

5. 朝会时想上厕所怎么办

我国古代时，国家所有的大事小情都是皇帝和大臣们在朝堂上决定的，所以上朝是件严肃的事情。

上朝时间有长有短，有时不到一个时辰就散场了，有时则需要大半天。大臣们也是人，是人就有想要方便一下的时候。皇上在上面侃侃而谈的时候，下面的大臣突然想要上厕所该怎么办呢?

我们上学的时候想要上厕所就举手向老师示意一下，老师一般都会允许。可是如果大臣们在朝堂之上提出要上厕所，往往就会被视为对皇权的冒犯，后果非常严重，所以没有大臣敢当众提出这种要求。

电视剧《雍正王朝》中，雍正帝刚即位时，其他皇子不服气，想着法子给他难堪。一次上朝时，十弟故意提出要上厕所，把雍正气得够呛，但是又没办法，只好批准让他去上厕所。不过后来十皇子下场凄惨，不小心被雍正抓住了个小把柄，斥为不敬，免了他的爵位，关押了 12 年之久。直到后来乾隆登基之后，他才被放出来，封为辅国公。

因为上朝时不许上厕所，所以大臣们要千方百计地避免在上朝时想要上厕所。大部分人都尽量在上朝前不吃任何液体食物，甚至不吃饭，等上完朝再去吃。

有的皇帝体恤下情，会在上朝后请大臣吃饭。朱元璋就是这样的皇帝。一直到洪武二十八年（1395 年），礼部官员对皇上说，吃饭的大臣太多，财政负担不起了，建议取消这餐饭，朱元璋才将这顿饭取消了。

但是即使不吃饭，大臣们有时还是会忍不住想要方便，但是又不敢提出来怎么办呢？有的大臣实在憋不住就直接在裤子里解决了。

大臣们想上厕所不敢提，如果是皇上想上厕所也不能直接提出来啊，但是他可以暗示身边的太监喊一句：“有本启奏，无本退朝。”有脑子的大臣听到这句话就能猜出，皇上八成是内急了。

偶尔遇到一两个没脑子的还要上奏，皇帝就会将他留下，自己找个理由先去上厕所，回来再听他说。

6. 古代酒店会员也可以打折

所有有出行需要的时代都有酒店的存在，在交通不像现在这么方便的古代，去稍远一些的地方就不能当天去当天回，这样就需要在外地的酒店中住宿，所以我国很早就出现了酒店、客栈这一类场所，而且里面的规章制度和我们现在很像。

古代旅馆也会给客人打折，甚至是免费。比如宋朝，当时的官办旅馆就有免费入住日。《宋朝会要》记载，大中祥符五年（1012年）遇到严冬，当年正月，朝廷就以天气冷为理由，要求官办旅馆、酒店在雨雪天、冬至、寒食等日子免收住宿费。

此外，在疫病流行时，古代旅馆也有免房费的现象。《宋史·食货志》记载，有一年京城发生大规模流行病，朝廷下令除了要免费给病人送药外，无论官办还是私营旅馆，都要一律免收10天房费。

我们现在去住酒店或宾馆都需要实名制，其实古代客栈在这方面一点都不比我们现在要求松，反而更加严格。

我国在很早以前就有完整的户籍制度，并且发明了“路引”“门券”“鱼符”或“牙牌”之类证明身份的腰牌。大部分古代人很少有出远门的机会，只有少数人才有这个需求，而且虽然有证明身份的腰牌，但是很容易仿制，所以有时也会出现“假身份证”。

如果是官方的外出活动，古代人就会持有“符节”或“符券”，这些相当于现代的“介绍信”。没有“介绍信”就没法住官方旅馆，只能睡马路。

客人入住后，客栈要进行详细的身份信息登记，登记本被称为“店簿”，上面详细记录了每一名客人的姓名、籍贯、职业、到哪去、干什么。衙役会不定期地去检查。一到晚上，客栈就不允许客人进出，直到天亮才可以。寺庙和普通人家不许收留外乡人住宿。

当然也有一些例外，小说中出现在荒山野岭的客栈应该是不需要登记这些的。

古代客栈有很多种类，在不同的时期，人们对客栈的称呼也不同。商朝末，为了走南闯北的商人出行方便，一批“客舍”“客馆”相继出现。

秦汉时的“驿传”则是专门为传送公文的官员提供住宿的旅馆。

到了汉朝，长安城修建了140多所“郡邸”，还建造了专供外国人食宿的“蛮夷邸”。

“旅馆”的说法最早出现于唐代。到了宋朝，旅馆的名称繁多，有同文馆、都亭驿、四方馆等。

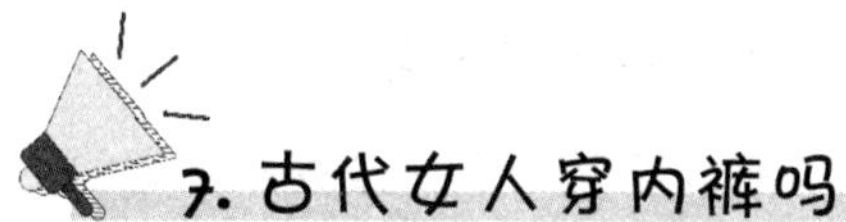

7. 古代女人穿内裤吗

回想我们看过的所有古装剧，无论是什么朝代，女人们都是穿着肥大的裙子，那她们里面有没有穿裤子和内裤呢?

古时候说的衣裳，上半身为“衣”，下半身为“裳”。裳有点像裙子或者遮羞布，无论男女都要这样穿。直到汉朝，人们才穿上开裆裤。当时人们穿开裆裤的目的和我们现在给小孩穿开裆裤的目的一样，为了方便大小便，所以那时的人们不穿内裤似乎也顺理成章。

古代的女人们穿不穿裤子是件非常重大的事情，道德家们认为女人两条腿分立完全不成体统，是一种勾引男人的行为，他们希望把女人们藏在宽袍大袖中，将她们原本的女性性别特征都牢牢地掩盖住，他们相信只有这样才能维持国家的长治久安。

就是这种思想导致了女人在上千年的时间里都不穿裤子。最初时，男人们上衣下裳，女人们只穿长袍。穿裙子的男人们撩起衣角渡河去会情人，裙子里面不是直接看到两条腿的，还有一个“胫衣”，不过这种胫衣只能遮住两条小腿。

《汉书·上官皇后传》中有这样一个故事：大将军霍光权倾朝野，当时的皇后是霍光的外孙女，也是另一位权臣的孙女。

为了确保权力延续，家族兴旺，霍光希望皇后独享皇上的床笫之欢，生一个皇子来继承皇位。

当时的皇上身体不好，身边的医官和侍从们得了霍光的好处，适时地劝皇上身体不好就少操劳国事，只对皇后好就行了；又提议让宫女们都穿上有裆的裤子，再系上几条带子，防止皇帝“兽性大发”，因为一时半会不好解开裤子，就不能随时随地行“周公之礼”了。

不过皇后最后还是没有生下一男半女，并且 15 岁就成了寡妇。

南北朝时期的胡女会穿一种到臀部的短褶，腰间束带，下身是裤口很宽的大口裤，很精神。胡服热席卷唐境，女人们都开始这样穿衣服。

后来，女性在月经时期会多穿一条旧裤子在里面，避免弄脏外面的裤子。慢慢地，男人也开始效仿这种穿衣习惯，逐渐演变成了今天穿的内裤。

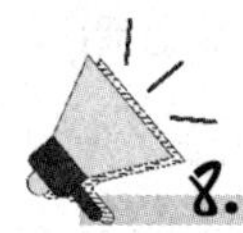

8. 古人到底是怎样取火的

火对人类有着重要的意义。我们的祖先最初过着吃生肉、喝生水的生活。直到有一天，雷暴引发了森林大火，树林中的很多动物被火烧死，人们在大火过后去捡食被烧死的动物，意外发现这竟然非常美味。

从那以后，人类就开始想办法生火了。在这个过程中，人们又发现火还可以御寒，而且可以驱逐野兽，人类的寿命因此得以延长。这个时期的人类是用两块燧石互相敲击的方法来生火的。

几十万年后，一个人用坚硬的石块给木头打孔时，发现木头竟然着火了，于是他发明了钻木取火的方法。他姓风，简称燧人，是伏羲和女娲的父亲。

到了西周时期，又有人发现了一种内凹的铜镜可以在晴天聚光取火，但是

这种方法并不普及，老百姓们生火还是靠钻木。

铁器时代，有人改进了取火方法，用铁器敲打燧石，这种铁器慢慢就演变成火镰。火镰和火石只能产生火星，要想变成火焰还需要引火物，引火物的质地决定了取火的快慢。于是人们发明了取火木片，在削得很薄的小木片上涂上硫黄，遇火即燃。

之后人们又将木片改进成火折子，较好的火折子的制作方法是以白（红）薯蔓浸在水中，取出捶扁，再泡，加棉花、芦苇缨子，再捶，晒干，加硝、硫黄、松香、樟脑等易燃物质和多种香料而制成的，最后折成长扁筒，或拧为绳。晚间燃之，似无火，放在竹筒里，用时取出一晃即燃，适合封建时代的有钱人家和帝王。

一般的火折子用的是普通未打孔的纸钱，也可以是草纸。制作时把纸裁成比竹筒还长的长度，再卷起来，松紧度适中，最后插进竹筒里，然后点燃，并盖住通风的盖子。到需要用时，把盖子拔掉，然后对着火折子轻轻吹，就可以了。

我国古代的大部分时期都是用这种方法来取火的，很多侠客会随身带着这几样东西。陕北农村在 20 世纪五六十年代还比较盛行这种方法。

9. 古代学生有寒暑假吗

古人的上学年龄一直不统一，唐朝时六七岁开始上学，其他朝代大多数都比较晚，像明朝规定 8 岁以上、15 岁以下要上小学。古代也有二十多岁才上小学的，而且一般没有入学考试。

入学时间有三种，正月农事未起、八月暑退、十一月砚冰冻时。从汉朝开始，春季入学多在正月十五之后，秋季入学和现在的开学时间比较接近。

到了南北朝，大多数情况下，学生会在冬季入学，但是开学时间一般为农历十月。

从汉武帝时期开始，出现了官方创办的学校，名为“太学”，在太学中读书的学生称为“太学生”。隋唐时期，太学发展为“国子监”。国子监是那个时代的公办最高学府，在里面读书的学生称为“监生”。

监生们不远万里来到京城读书，非常辛苦，所以朝廷就为他们设立了休假制度。一共有三种假期，第一种是旬假，每十天休息一天，离家近的学生可以匆忙回家看一眼。

第二种是田假，每年农历五月是麦子成熟的季节，学生们可以休假回家帮忙割麦子。

田假大概就相当于现在的暑假，假期为一个月左右，这一个月是纯假期，不包括路程上花费的时间。如果学生实在离家太远，则可以向校方申请延长假期。

第三种是授衣假，也就是指农历九月时，天气转凉，学生可以回家去取过冬的衣服。

授衣假大概相当于现在的寒假，假期和田假一样。

为了防止学生因为长假荒废学业，凡是超过假期没返校的学生，一律开除学籍。

如果有特殊情况，比如假期内家中有人去世，学生可以直接向皇帝请假。皇帝准几天假，就休几天假。

但是清朝的私人学校，每年正月十五开学，一直上到腊月十日才结束，一年的休假时间只有每年年末一个月的时间。另外就是每个月上、中、下旬各放一天假，每年端午节时放初四、初五两天假，中秋节时放十四、十五两天假，清明、七月半、十月朔各放假一天，平时一概不放假。

单从放假这一点来看，还是我们现代人比较幸福。

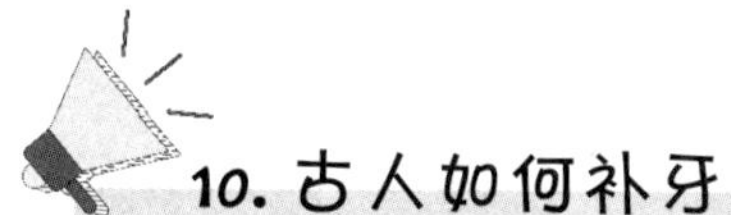

10. 古人如何补牙

《三国演义》的第七十二回中有描写曹操被射落两颗门牙的情节，书中没有详细记叙医生最后是怎么给曹操补牙的，但是中国古代关于治牙方面的记录还是挺多的。

汉墓出土的《五十二病方》中记载了用榆皮、美桂和其他几种药物填充牙齿的方法，这是我国历史上记载的最早的牙齿充填术。

东汉末年的医圣张仲景在《金匮要略》中也提到了有关牙齿的内容，小孩的龋齿可以用“雄黄、葶苈，右二味，末之，取腊日猪脂溶，以槐枝绵裹头，四五枚，点药烙之”的方法来治疗。这个方法主要是治虫牙和止痛的，不能算作真正的补牙。

公元 659 年出版的《新修本草》记述了用汞合金填充牙齿的内容。汞合金的主要成分是银和锡，还有少量的铜、锌，将这些金属以一定的比例配成合金，锉成粉末，与汞调和成富有塑性的软体，它凝固后就会变成非常坚硬的汞合金，这是最早的汞合金补牙剂，当时被称为“银膏”。

明代的李时珍也提到了这个方法，《本草纲目》记载了银膏的配方，里面含有银箔、白锡、水银等成分，与现代使用的汞合金配方非常相似。

真正的镶牙方法直到宋代才有记录，那时我国的牙齿修复术已经比较常见，水平也比较高了。到了清朝，补牙已经成为一种生意不错的行业。

古代假牙的材质有很多，比如象牙、牛骨、檀香等。假牙除了能解决实际问题，还有装饰和卖弄的作用。

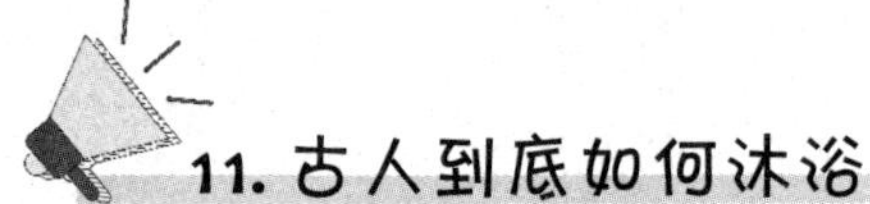

11. 古人到底如何沐浴

我们在古装剧中都看到过沐浴的场景，下人们将热水烧好，用小桶盛着倒进大桶中，调好水温，主人就可以进去沐浴了，有时还会在浴桶中放上花瓣和香料。只凭想象我们也知道，这种沐浴方法换水非常麻烦，而且古代的取暖设施也不完备，冬天洗澡水会凉得很快，人也容易感冒。

古人会不会因为烦琐就很少洗澡呢？答案是否定的，我国古代人三天洗一次头，五天洗一次澡，非常注意卫生。可能有的人觉得这个频率很低，但是大家要知道，同时期的法国，最爱干净的贵妇一年也只洗两次澡。

最早的时候，先民们沐浴都只能到河里去。到了西周时期，沐浴礼仪逐渐形成，人们对沐浴有了深层次的理解，它不仅仅是为了洁净身体，而且是一种隆重的礼仪。祭祖之前，人们都要沐浴净身，表示内心洁净虔诚。

相传秦始皇有一天到骊山去沐浴，见到一位美女在泉边亭亭玉立，就产生了邪恶的想法，过去调戏她。美女一怒之下，向秦始皇吐唾沫反击。秦始皇立刻身上生疮、流血不止，才知道原来这是一位神女。

秦始皇吓得百般求饶，神女用温泉水给他洗涤，治愈了伤口，所以骊山温泉自那之后又名“神女汤”。

在河里洗澡的年代，人们只用清水擦洗身体。后来随着沐浴礼仪的发展，人们也开始使用工具，洗头发时用皂角或猪苓。猪苓是富裕人家用的，里面加了香料，用后会有比较浓郁的香气。普通人就用皂角洗头发。

有些讲究的人在洗澡时，还会用胰子和澡豆。《礼记·玉澡》曾对洗澡规定了一套程序，沐浴出水后，要分别用干净的精、粗两巾来擦拭身体，再用热

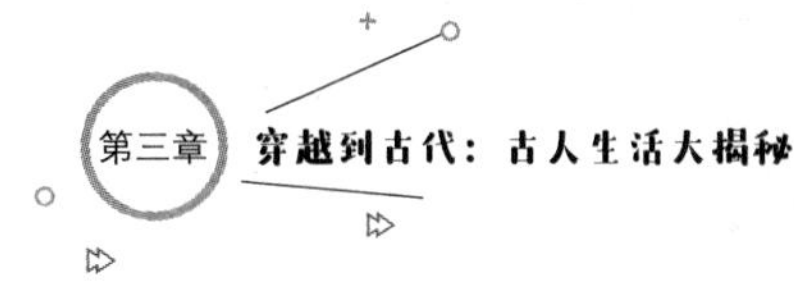

水淋身，披上专门的布衣，其间还要喝一些饮料防止口渴。当然，这些应该是贵族才可以享受的，普通人家的沐浴不会遵循这些规定。

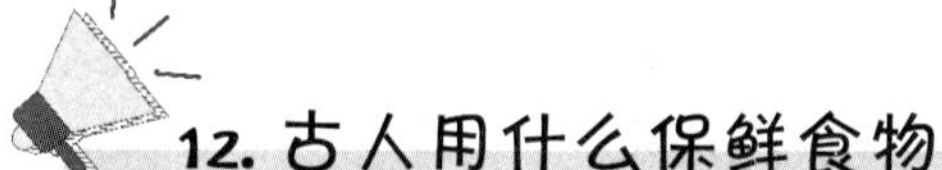

12. 古人用什么保鲜食物

冰箱是我们生活中非常重要的家用电器，绝大多数家庭都有冰箱。可是在冰箱还没有被发明的古代，人们是怎样保鲜食物的呢?

聪明的古代人其实早就发明了冰箱，只不过他们的冰箱不同于我们现在的电冰箱。

《周礼》中就记载过一种用来储存食物的“冰鉴”，这种冰鉴是一个盒子形状的东西，内部是空的。古人冬天凿冰储存起来，夏天将冰放在冰鉴中，再把食物放在冰中间，这样就可以对食物起到保鲜作用了。

冰鉴虽然不如现代冰箱先进、方便，但这也是只有贵族才用得起的物件，普通百姓是使用不了的。

百姓们使用的方法大多有以下几种。

仓窖法，这种方法多用于储藏大量粮食、水果或者蔬菜。北方干燥土厚，多用地窖法。南方地下水位高，气候湿热，多在地面设置仓库。

密封法，食物在密封条件下，由于呼吸作用会消耗掉环境中的氧气，产生大量二氧化碳，这种变化反过来会抑制食物的呼吸作用，使营养物质消耗减少，保持食物的新鲜程度。水果多用这种方法来储存。

干燥法，食物中的水分降低到一定比例之下可以抑制微生物的活动，有利于食物储存。所以古人们会利用自然光照和风将食物风干保存，或者用火蒸发掉食物中的水分，再进行储存。

腌制法，用盐、糖或其他配料对新鲜食品进行腌制加工，这种方法主要利用食盐的高渗透压降低食物中的水分活度，从而抑制微生物的生长繁殖。腌制法以蔬菜和肉类为主要对象。

13. 古人是如何预测天气的

我们现在的天气预报准确率非常高，甚至能预测出某地某日某时某分的天气情况。天气预报对农业生产影响很大，尤其是在靠天吃饭的古代，农业是国之根本。但是古代的科技非常落后，人们要怎么去预测天气呢?

根据考古人员发现的天文观象台遗址，我们可以窥见一二。山西襄汾县陶寺文化遗址中发现的观象台形成于公元前 2100 年的原始社会末期。古人利用两柱之间的空隙来观测正东方向的日出，并根据光影推测出节气。实地模拟观测后，考古人员发现它的准确度很高。

这是官方预测天气的方法，普通百姓们也有自己的一套方法。

天上的云时刻都在变化，通过看云，古人常常可以识别阴晴雨雪，预知天气变化。

北宋苏轼的诗句“满座顽云拨不开”中所说的顽云，就是现在说的含雨量丰富的积雨云。唐朝李肇的《国史补》中有“暴风之候，有炮车云”的诗句，它形容的是云底部平坦、云顶隆起、顶部渐渐伸展，像炮车的形状。这种形状的云，一定是对流强烈的积雨云了。

古人还根据云层的形状、薄厚、颜色和变化，总结出了一系列看云识天气的谚语，比如“天有城堡云，地上雷雨临”。城堡云和刚才说的炮车云形状类似，都可以产生雷阵雨。

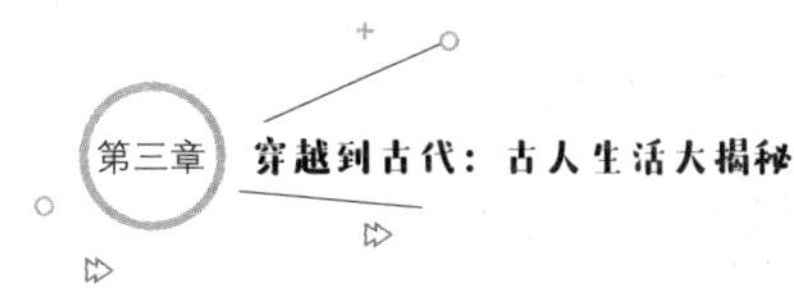

“天上鱼鳞斑，晒谷不用翻”，这句是用来预测晴天的。“鱼鳞斑”指的是一种透光高积云，这种云体较高，不厚，一般预示着连续的晴天。

唐朝民间有关天气的书籍中，最有名的是黄子发的《相雨书》。书中说，空中出现红色和黑色的云，就会下冰雹。这本书中记载的一些天气经验甚至到现在还很有用。

14. 古代女人是如何化妆的

无论是什么时代，女人都从没有放弃过对美的追求。在没有 BB 霜、粉底液的古代，女人们没有条件，创造条件也要美，所以化妆成了一门必修课，但是用什么工具来化呢？下面，我来为大家揭秘唐朝女人是怎样化妆的。

第一步是打底。古代用来打底的妆粉有两种，一种是用米粉磨碎做成的；另一种是将白铅化成糊状的面脂，俗称“胡粉”，因为它是用铅化成的，所以也称为“铅粉”。两种粉都是用来敷在脸上的，它们都能使皮肤看起来白净。

第二步是抹胭脂。这一步就相当于我们现在说的抹腮红，但是很少有人直接将胭脂抹在脸上，比较多的做法是将胭脂和铅粉加水调和成粉红色，再涂抹于两腮处，这种调和会让整个妆面看起来更加自然。或者也可以先涂胭脂，再用白粉轻轻罩在上面，就会出现红晕的效果。

第三步是画眉。黛是一种黑色矿物，描眉前要先把石黛磨成粉末，加水调和，就可以画出美美的眉形了。

第四步贴花钿。花钿又被叫作贴花、面花，是贴在眉间和脸上的一个小装饰。

第五步是点面靥。电视剧《武媚娘传奇》中就出现了面靥妆，这其实就是在唇边点两个红色的点，模仿酒窝。

第六步，描斜红。描斜红是指在眼头两边画上类似月牙形的红色装饰。

第七步，涂唇脂。这就是我们现在的涂口红。唐朝的人们喜欢打造樱桃小嘴，所以一般不会涂满整个嘴。

15. 古人是怎样避孕的

每年 9 月 26 日，为世界避孕日。这是一个国际性的纪念日，旨在提高年轻人的避孕意识，促进年轻人对自己的性行为与生殖健康做出负责任的选择，提高安全避孕率，改善生殖健康教育水平，从而提高年轻人的生殖健康和性健康。

现代的避孕手段已经比较完备，但是偶尔也会有失败，对于古代人来说，他们的避孕措施都有哪些呢?

他们常用的一些避孕方法如下。

1. 相传皇帝不喜欢某个被宠幸的宫女，就会让太监把这个宫女倒挂起来，用藏红花液给她清洗下身，据说这样可以将宫女体内的精液清洗干净。也有一些野史说皇帝宠幸妃子后，如果说“不留”，太监就会帮那名妃子推拿，确保皇帝的精液不会留在她体内。

2. 用麝香为原料可以做成一种“了肚贴”，将它贴在肚脐上据说可以破坏女人的受孕功能。相传赵飞燕、赵合德两姐妹就是用的这种避孕措施，但是这种“了肚贴”的具体配方已经失传了，是真是假无从考证。

3. 古人用鱼膘做“避孕套”来避孕。

4. 对青楼女子来说，其中很多人并不在意某种避孕措施是不是会造成永久不育，所以她们长期饮用一种破坏生育能力的汤药，这种汤药叫作“凉药”，里面含有麝香的成分，但这也不能保证百分之百有效。

5. 古代妇女会在喝的茶水或日常食物中放入少量的水银来避孕，据说效果很好。现代科学研究显示，水银可引起女性月经失调、大脑损伤、肾功能衰竭和不孕症等。

6. 有一种民间偏方，说将七个柿子蒂烤干，用开水冲，冷服，连吃七天，可以保证一年都不会怀孕，如果想怀孕了，就再吃七个柿子蒂。现代医学研究表明，柿子蒂中含有齐墩果酸、百花果酸，中医用它加上人参、丁香来制柿线散，可以降气、止呃逆。

7. 青楼中的老鸨常常会偷偷给妓女们下药，用砒霜、马钱子碱来避孕。这些都是有毒的，大剂量服用会使人死亡，小剂量可以杀死腹中的胎儿，所以采用这种方法来避孕的妓女会终身不孕。

16. 古代大侠真的可以飞檐走壁吗

我们在很多古装影视剧中都看到过飞檐走壁的情景，甚至在一些武侠片中，只要是会武功的角色就都会轻功，轻功似乎成了习武之人的标配技能。

实际上，据很多古文记载，想要练就轻功，不止需要花费数年甚至更多时间，还要骨格精奇、天资聪颖。

轻功是中国传统武术中一种真实存在的功法，练习轻功虽不能使体重变轻，却可以大幅度提高奔跑、跳跃、闪转腾挪的能力，还可以让人在不能承重的物体上站立或行走。

轻功的练习方法烦琐辛苦，且不易练成，但武术名家们都非常重视轻功的练习。

轻功的修炼一般会从10岁左右开始，因为人处在生长阶段，骨骼还没有发育完成，而且因为年纪小可以心无杂念地练功，练习的时间也比较长一些。

轻功的练习内容主要是训练反应能力和怎样让身体变轻盈，只有身轻如燕，才能腾空而起。

如果在身体练习的基础上，再加上修炼内功心法，可以达到事半功倍的效果。所谓内功，就是要练习怎样用丹田运气来产生生物电现象，帮助抵抗地心引力。

一些大侠可以飞檐走壁其实是有规律的，如果身体条件符合练功的要求，只要掌握了技巧，再加上苦练，就可以练成轻功。

我们现代人几乎没有会轻功的了，但是现在有一种运动和轻功很相似，就是跑酷运动，不过跑酷者一般需要勘测地形、丈量距离，而且只能蹬墙一两脚。而轻功不用勘测地形，可以在墙上踩五六脚，落地可以立刻继续战斗。

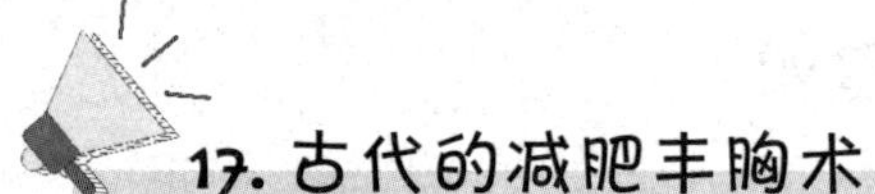

17. 古代的减肥丰胸术

对现代女性来说，变美的方法除了化妆，还有整容，这样可以达到一劳永逸的效果。但是对古代人来说，她们要怎样减肥、丰胸、整容呢?

实际上，因为古代的老百姓基本吃不上大鱼大肉，一天到晚又得干又重又累的活，根本就胖不起来，就算有胖的，大概也不会想着减肥这回事。只有“有闲阶级”才会吃得多、干得少，长胖了又想着减肥。

和我们现在各式各样的减肥药、健身房、抽脂等方法相比，古人的减肥方法就简单多了，他们基本上是用喝茶来减肥的。

古人丰胸的方法也比较自然，就是运用食补法，多吃一些红豆、黄豆等来达到丰胸的效果。另外，他们认为按摩穴道也可以让胸部二次发育。比起我们现在的丰胸方法，古人的方法显然安全多了。

再来说说影响美观的毛发。在露肉的夏季，如果我们将过重的体毛暴露在外面实在感觉不雅观，所以我们现代人会用工具将体毛处理干净。

虽然古代女人在夏季的时候也不会穿暴露的衣服，但是手部和胳膊有时也会伸出来，除毛是必需的步骤。因为没有现在这么方便的工具，她们多是用细线一丝丝地将体毛往下捋。也有的人会拿火烤，虽然有点危险，但是什么都挡不住女人的爱美之心。

古人相信“身体发肤，受之父母”，所以他们不会随意在自己身上动刀子，为了美去进行我们今天的整容更是不可能的。

以前在战争中会割掉战俘的鼻子，所以古人研究出一套鼻子再造术，就是将手臂割开一个缺口，将手臂固定在受伤的鼻子上，等两边的伤口愈合了，就从手臂上挖掉一块和鼻子一样大小的肉来当新鼻子，不过这和现在隆鼻手术的目的完全不同。

18. 古人怎么治疗近视

手机不离身的现代人很容易因用眼过度而近视。好在我们现在有很多矫正近视的方式，最普遍的是戴眼镜。如果嫌不够美观，可以戴隐形眼镜。如果嫌每天都要戴上、摘下太麻烦，还可以去做近视矫正手术。

那古代人近视了可以通过治疗恢复吗?

首先要说明一下，古代人近视的很少。一是因为读书识字的人很少，文盲率高，不需要看书自然近视的概率就很低；二是古人读书写字多数使用自然光

源，晚上点灯读书的人其实不多，不在昏暗的环境下看书也减少了一个得近视的机会；三是古代书上的字都比较大，间距也很固定，不像我们现在，一本书十几万甚至几十万字；四是古人写字时，眼睛和字的距离保持得很好。

因为近视的人数少，所以这不是个太严重的事。不过中医里还是记载了这种病，叫作“能近祛远”症。治疗方法是户外运动或针灸按摩。

古人认为对特定穴位进行按摩可以治疗近视。

睛明穴和多条经脉相连，它的作用很大，对它进行按压或点压可以缓解眼疲劳。

四白穴在眼眶下面的一个凹陷处，这个地方名叫“眶下孔”，有一条神经血管经过这里。按揉这个穴位，可以让血管中的血液更加充盈。

古人还采用凝视远方的方法来放松眼睛。由于绿色的波长较短，所以凝视它可以使眼部放松、缓解眼疲劳。

19. 除了公鸡，古人有其他闹钟吗

因为古代人没有夜生活，天一黑基本上就没有什么活动，早早就上床睡觉了，所以他们会形成固定的生物钟，基本上每天都会在差不多的时间起床。另外，大多数老百姓早一点或晚一点起床都不会有太大影响。

但是大臣们就不一样，我们之前说过，每天早上五六点钟大臣们就要去皇宫上朝，如果迟到可是要挨板子的，没有闹钟的他们怎样才能保证按时起床呢？

古代不只是没有闹钟，连钟表都没有，就算是大臣也不可能在家里放一面日晷，只能通过打更人或者太阳来确定大概时间。

为了上朝不迟到，有些大臣会大半夜就早早起来做准备，这样虽然白天会有点困，但总归不会迟到。当然了，只能想出这种办法的大臣估计也没什么晋升前途了。

一般的官员家中都有很多佣人，每天晚上都有值夜班的人。他们观察月亮的位置、听打更人的声音或者听到鸡叫，就去叫自家老爷起床了。

还有一个方法，是一种简易的闹钟，叫作香钟。通过香的燃烧时间设定香的长度，香上设置一个支撑撞锤的支点，到点之后，香燃烧完，撞锤就落下来了。撞锤落下来的时候会撞到铁器或铜器，发出很大的声响，这样就能惊醒正在睡觉的人。

简单又实用的香钟是不是让你很佩服聪明的古代人呢？

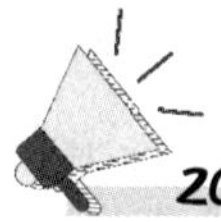

20. 古代的针是用铁棒磨出来的吗

有着悠久历史的中国，在山顶洞人时期就有骨针了。秦汉时期，中国人就在用金属针缝衣服、治病了。

中国的金属工具开始于青铜时代。青铜是红铜、锡、铅等的合金，熔点在700 ~ 900℃之间。相比石质针具，青铜针更加锋利、耐用。

那这些金属针是怎么制作出来的呢？明代杨继洲在《针灸大成·煮针法》中详细记录了古代的制针过程。

先将铁丝在火中烧红，然后裁成两寸、三寸或五寸长的小段，接着将蟾酥（蟾蜍表皮腺体的分泌物，白色乳状液体，有毒，可入药）涂在针上，再用火烧，不等它变红就拿起来，重复三次涂蟾酥和用火烧这两个步骤。

然后趁热将针插入腊肉的皮之里、肉之外。将煮针方剂以水三碗煎沸，放入“针肉”，煮至水干，倾于水中，待冷，将针取出。于黄土中插百余下，色

明方佳，以去火毒。然后以铜丝缠上，其针尖要磨圆，不可用尖刃。

煮针方剂内含：麝香五分，胆矾、石斛各一钱，穿山甲、当归尾、朱砂、没药、郁金、川芎、细辛各三钱，甘草节、沉香各五钱，磁石一两。

上面说的方法是用来做针灸用的针的。缝衣服用的绣花针是把金属丝弯过来之后，一端砸扁做成针鼻，另外一端磨尖，也有的是铸的自带孔。

21. 皇帝后宫中的妃子真的有三千人吗

白居易有诗云：“后宫佳丽三千人，三千宠爱在一身。”说的是唐玄宗对杨贵妃的宠爱，他对后宫三千妃子都视而不见，眼里只有杨贵妃。虽然说古代实行一妻多妾制，皇帝更是可以随心所欲地搜罗美女，但是后宫真的有三千人那么多吗?

答案是肯定的。有些皇帝的妃子可能到不了三千人，但是如果加上宫女和女官，数目甚至可能会超过三千。很多宫女都是一些外臣或者小官员的女儿。要是哪天皇上看到哪个宫女长得漂亮，宠幸了，就会直接封为妃子。也就是说，所有的宫女都有可能成为皇帝的妃子，所以皇帝的后宫佳丽三千就是这么来的。

还有一些色心较重、贪得无厌的皇帝，正式的妃子就已经远超三千了。隋炀帝就曾下令广征美女，选了三千童贞女子入宫供他“消遣”。更过分的是唐玄宗，他的后宫人数竟高达四万。

唐玄宗对这四万后妃自然做不到“雨露均沾”，大家都知道他和杨玉环之间可歌可泣的爱情故事，可是如果他是个痴情的人，就不会有那四万后妃了。事实上，他对感情并不专一。

唐朝进入鼎盛时期时，深受玄宗喜爱的淑妃却不幸病故，高力士提议再选秀女入宫。

福建莆田珍珠村有一名玉人名为江采苹。采苹自幼念书识字，及笄之年就已能写一手清丽俊秀的好文章。

唐玄宗对她一见钟情，封她为梅妃。

开元二十八年（740 年），玄宗遇见了儿媳妇杨玉环，见玉环生得美，就想办法据为己有。此后，梅妃和杨贵妃就一起伴在君王侧。

杨贵妃的三个姐妹生得都很美，玄宗又看上了杨贵妃的三姐虢国夫人。为了寻找机会与虢国夫人偷欢，他对杨贵妃和安禄山偷情的事情选择了睁一只眼闭一只眼。

留下传奇爱情故事的唐玄宗和杨玉环尚且如此，那其他皇帝的后宫有三千人也不足为奇了。

22. 商朝就有熨斗了，但不是用来熨衣服的

熨斗已经成为我们现代生活的必需品了，想要衣衫平平整整地出门，就需要熨斗的帮助。我国古代时期，衣服也同样会出褶，出了褶同样不雅观，那时候该怎么办呢?

其实中国是世界上第一个发明并使用熨斗的国家，但熨斗的功能并不是熨衣服，因为那个时候连饭都吃不饱，谁还有心思去熨衣服啊?

熨斗在古代被称为火斗、金斗。公元前 17 世纪的商朝，国君纣王是个十足的暴君，喜欢对人施以酷刑取乐，熨斗就是他的刑具之一。我们在影视剧中有时也会看到酷吏用烧红的烙铁来烫人，那就是熨斗的雏形。

到了秦末汉初，熨斗的功能才固定于熨烫衣物，并流传至今。

晋代以后，熨斗已经成为一般的民间用品了。

汉魏时期的熨斗是用青铜器制成的，上面还刻有“熨斗直衣”的字样。

虽然古代没有电，但是古人将烧红的木炭放进熨斗中，等底部热得发烫的时候再用来熨衣服，这和现代熨斗的原理一样。

第四章 科普达人：比别人知道的多一点

1. 电梯从高层突然下坠，跳起来能活命吗

现在的房子建得越来越高，电梯房也越来越多了，人们对电梯的安全也重视起来。近几年电梯事故频发，不少人在乘坐电梯时脑中会闪现危险的画面。如果在生活中真的遇到了电梯事故，突然向下坠落，那么人在电梯落地的瞬间跳起来真的可以保住性命吗？

从理论上来说，如果人真有那么迅速的反应能力，在电梯落地的瞬间就能跳起，自然是可能获救的。但是为什么电梯事故中，几乎没有人用到这种自救的方法呢？

首先，只有在电梯落地的瞬间跳起才有用，通常情况下在电梯坠落的短暂的时间里，根本就没法算清楚电梯到底什么时候会触地，跳早、跳晚都没用。

其次，在这个过程中你能跳得起来吗？电梯突然下降时，就跟我们坐过山车俯冲时类似，人处于失重状态，很难跳起来。如果电梯有扶手，则或许可以借助扶手跳起来，但我们日常使用的电梯里是不会有这种装置的。

所以，用这种方法进行自救，既违背科学，又违背事实，是不能真的用来救命的。

电梯如果出现突发事故，一个靠谱可行的自救方法就是，在电梯坠落的瞬间保持屈腿的姿势，抱头贴在墙上不动，将电梯上每个楼层的按钮都按个遍，说不定在哪一层就停了下来。

其实，大家不必太害怕，绝大多数电梯还是很安全的，除了管理单位会对电梯进行定期检查和维修之外，电梯本身也有很多保障措施，比如说有限速器、安全钳、缓冲器、安全窗，等等。电梯井道底坑还设置有减震功能等。

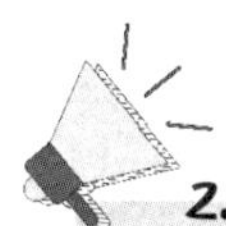

2. 其实你在专心看手机时，只用到一只眼

视觉是人最为直观的信息接收渠道，因此眼睛就成了人的信息中枢中最为重要的器官之一。在现实生活中，除了睡觉，我们几乎无时无刻不在使用眼睛。但是你有没有想过，眼睛为什么要有两只呢?

其实，人类的器官有很多都是“成对”出现的，这是生物进化的一种自然现象，人类的眼睛成对出现，其实是为了营造立体视觉。

虽然眼睛是成对的，但两个眼睛实际上是有着不同分工的。简单来说，主视眼负责的是经大脑处理后我们想要观察的确切事物，副视眼负责的是背景的虚化部分。人之所以能看到立体图像，也是因为两眼观察的视角不同。两只眼睛看到的图像通过人脑的融合处理，便能用来判断目标的远近差异。

不过对双眼来说，对焦的过程却不是同时发生的。某个眼球获得的图像在定位过程中更快、优先级更高，而另一个眼球则是处于辅助状态去配合着运动。这只引导对焦与图像融合的眼球就是所谓的主视眼。

在对图像进行快速判断时，人往往会更依赖主视眼收集到的信息。举个简单的例子，我们在路上掏出手机并且使用的时候，主视眼就会接收有关手机的图像，而副视眼就会把除了手机之外的景色整体虚化，让我们的注意力更好地集中在手机上。也就是说，真正集中在“手机”上的眼睛，只有其中一只。

那么怎样才能分辨出主视眼和副视眼呢? 其实也很简单，大部分人通过判断自己是左撇子还是右撇子就可以分辨。是左撇子的人，那么左眼就是主视眼，反之亦然。当然，也有小部分人是相反的。

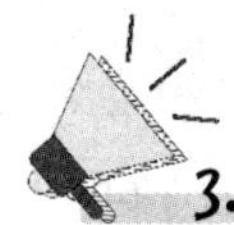

3. 在高海拔雪山大便很危险

在许多野外冒险的节目中，我们会看到冒险者在冰天雪地中闯荡，征服那些人迹罕至的冰川。寒冷地域的野外生存虽然刺激，但挑战也不少，人除了要征服酷寒的天气之外，还要面临各种各样的挑战，其中一个就是在高原雪山经常出现的便秘。

在高海拔雪山上，空气稀薄，氧气含量非常低，人为了获得足够的氧气，呼吸量比平原大很多。这导致身体的耗水量比平原上的需求大。如果你不刻意多喝水，就会缺水。身体缺水在高海拔雪山上的后果有三。

第一，强烈的高原反应。

第二，血液变黏稠，致使运动能力降低。

第三，肠道中的水分被缺水的身体吸干，导致便秘。

前两者我们都好理解，后一种难道真的很严重吗？答案是肯定的。在高海拔雪山，一旦发生便秘其实是一件非常棘手的事情。要知道，在海拔数千米的雪山上，低温和大风都是常态。在这种环境下，露天排便是非常困难的，一定要“速战速决”，因而一旦排便困难，人的处境就变得格外凶险了。

在海拔较高的雪山，长时间上厕所有可能导致的问题是：在大风和低温下，屁股被外面水汽凝结的冰雪冻住，致使排便更加困难；长时间在静止状态下发力，引起的血压过高容易诱发高原反应。这两种无论哪一种都是非常致命的。因此，出恭虽然是不甚雅观的事情，但高原雪山上的便秘则更为要命，特殊环境下，事急从权是比什么都重要的。

4. 你知道情趣酒店偏爱使用大圆床的理由吗

去过情趣酒店的读者可能会注意到这样一些细节：房间里的配色多是以粉红色等色调为主，房间中的灯光也不会特别明亮，而大多数时候，酒店还会在房间中摆放上一张巨大的圆床。色调和灯光都可以理解，粉红色可以增加人们的感官舒适度，稍暗的灯光也有同样的作用，但是设置圆床是为了什么呢？

首先，情趣酒店的床一定要够大才能满足顾客在性方面的特殊需求，而圆床的面积一般都会比较大，所以这是最直观的原因。

其次，圆床还有助于使用者视觉上的聚焦。文艺复兴时期的伟大画家达·芬奇曾画过一幅画——《维特鲁威人》，在这幅男性裸体画上，达·芬奇用圆圈和线条将观看者的视觉都聚焦到了男性的下体上，这就是圆形大床能够提供的另一个功能。

而且我们都知道，方形床最多只能提供横、竖方向上的选择，而当圆形床出现在房间中时，以圆心为焦点散发的视觉吸引力，会让使用者觉得此处充满了无限可能。

不过，有一个问题就值得思考了，既然圆床有这么多优点，那么为什么在日常生活中，我们家里摆放的都是方床呢？这个主要是为了节省空间，同样 1.8 米的双人床，圆床明显占地面积更大，这对寸土寸金的都市房价来说，无疑是一个至关重要的考量标准。

5. 人类是世界上唯一会长“痘痘”的灵长类动物

青春痘长在什么地方不让你担心？长在别人的脸上不让你担心！

一个小小的脑筋急转弯，说出了很多人曾经的烦恼。处于青春期的孩子，无论是男孩还是女孩，都要面临一种成长的烦恼——脸上长痘痘。

青春期第二性征的到来，意味着孩子站在了成年的大门前，身体开始逐步走向成熟，此时，脸上的痘痘也适时地冒了出来，于是本来青涩甜美的脸上，顿时被破坏得“一片狼藉”，让人对青春期真是又爱又恨。

其实，痘痘不仅仅会在青春期出现，对人类来说，任何年龄都有长痘痘的可能性。成年人若是生活过度不规律，或是饮食出现偏差，脸上也会长出“痘痘”。于是，一个有趣的想法便诞生了：如此令人类厌恶的“痘痘”，其他动物是怎么处理的呢？答案是，其他动物不用担心，因为它们不长“痘痘”。

在所有灵长类动物中，“痘痘”只会光顾人类的面庞！这是因为，“痘痘”本来就是人类进化的特有现象。人类经过数万年的进化，曾经覆盖在身上用以御寒和抵御外来物侵扰的毛发逐渐消失了，这才给了痘痘可乘之机。

要知道，灵长类身上的毛发除了御寒之外，还有疏导毛孔、排除油污的功效。但进化之后的人类的皮肤更加光滑，毛发也变得更少。一旦生长激素突增，或是生活节奏改变，毛孔就很难恢复正常的工作能力，久而久之便堵塞起来，进而引发出“痘痘”。

人类的进化虽然是好事，可是过度进化会导致身体无法迅速跟上外部环境，也就会诱发其他的问题，而“痘痘”就是其中最“显眼”的一例。

6. 究竟如何评判一款酒是否好喝

喝酒，是人类最原始的娱乐活动之一，在人类还没有进入农业社会的时候，酒就已经被人类发明出来了。我们中国的酒文化更是源远流长，从古至今，无数与美酒有关的故事都被载入史籍，让中国人在品酒之余，更增添了一种回味历史的感觉。

中国人爱喝酒，中国人也会喝酒，历史上中国人喝得比较多的是粮食酿造的烧酒，或者曲酒、清酒。到了近代，随着西方文化传入，一些洋酒也开始进入中国人的视野。现在，酒的品种越来越多，在如此眼花缭乱的美酒中，我们应该怎样去挑选和品尝呢?

有人觉得品酒是一门艺术，酒里自有它的内涵，但其实酒并没有那么多玄妙。对白酒的品评其实相当简单，一般只需要通过闻气味和饮用来判断白酒的好坏。

闻一闻酒品的气味，感受它给予鼻子的刺激是你心理上能够接受的，那么这种白酒在你面前就能得到一个及格分数了。一般情况下，如果一种酒你闻都闻不下去，则你最好不要轻易尝试这种酒。

当然，一个人闻不了的酒，不代表其他人闻不了。但如果所有人都闻着不舒服，这款酒就一定有问题了。

闻过之后是品尝，品尝酒对口腔带来的压迫感、入喉之后的刺激度，以及对胃的冲击力。酒并非越烈越好，一款好酒要遇上“对”的人，所以品尝酒最重要的就是能够契合你的“感官”。

红酒的品鉴也是一样，红酒的气味更多的是芳香，把红酒倒入醒酒器醒一段时间，然后倒出仔细闻它的香味，如果香味符合你的口味，那么这款红酒对

于你来说就有了一个及格分数。如果香味与你的口味不符，则即便是再好的红酒，可能也不适合你。

有些人喜欢清香，有些人喜欢醇厚，有些人喜欢甘甜，有些人喜欢略带些酸涩，这都在正常的选择范畴内，无所谓对与错。需要注意的是，如果香味中夹杂着一些其他的异味，则可能是酒已经变质或者掺入了一些杂质，这款酒的分数就应该被降低了。

之后是品尝，品尝以个人口感为重，只要适合你的口感，这款酒对于你来说就是一款好酒。大部分红酒因为酿造的原因，口感中带点酸涩是正常现象，但如果酸味或涩感明显超出了你的口味极限，这款红酒就应该被放弃了。

对于酒的品鉴，总而言之一句话，酒只有最适合你的，没有最好的。售价、年份、品牌这些都不能代表任何东西，即便是获得无数人赞誉的拉菲，在个人口味中的打分也不一定比一款普通的红酒要高。所以，如果你是真正爱喝酒的人，则你的选择只需要参照你的口味即可，其他的一切标准都没有参考价值。

7. 为什么耳机线总是缠绕在一起

日常生活中，我们经常会遇到这样的困扰：出门的时候，把耳机线捋顺放进口袋或者背包里，等到掏出耳机想要使用的时候，却发现它已经成为一团乱麻，完全没办法解开。明明出门的时候已经整理好了，路上也没怎么动它，为什么需要使用的时候，它却总是像故意找麻烦一样绕在一起呢?

耳机线总会绕在一起是由其特殊的结构所导致的。我们现在使用的耳机线一般是由包裹着橡胶物质的金属丝制成的，因为耳机线长宽比例极度失调，导致了整个线体非常容易弯曲。同时，因为橡胶出色的拉伸性能，橡胶套在外力的作用下很容易发生围绕中轴的扭转。这两方面原因导致耳机线在结构上存在着极大的不稳定性。

与此同时，耳机作为入耳的音乐装置，必须要利于携带，于是耳机线就普遍被设计成为前端分叉的造型，也就是一个“Y”字形的结构。耳机线的每一次形状变换，都牵扯到很多其他的变化，如此多维度的因素，让耳机线很难保持一个稳定的状态。

但是，静止的物体又必然需要保持一个稳定的状态，那么，什么样的状态最稳定呢？答案就是缠绕在一起。只要缠绕在一起，就可以在不改变材料特性的情况下大幅增加结构的稳定性，缠绕得越紧密，强度通常就越高，所以我们从口袋里拿出来的耳机线都是紧紧缠绕在一起的。

8. 奶牛放屁会造成全球变暖吗

全球变暖如今已经成了世界性议题，是整个人类共同体都需要面对的困局。世界各国也都将对全球变暖的研究上升到了国家高度。正是在这样的背景下，一些看似匪夷所思的研究成果开始频频出现，譬如这一条——奶牛放屁对全球变暖有着极大的推动性。

全球变暖居然能够怪到奶牛头上，这让人想起了“欲加之罪，何患无辞”这句话。然而，越来越多的证据表明，全球变暖之罪对奶牛来说似乎还真不是“欲加之罪”。

据很多国家的新闻报道，牲畜所释放的气体占全球温室气体排放量的15%，而畜牧业中占最大比重的就是奶牛。研究人员调查发现，一头奶牛每天打嗝和放屁会释放 300 ~ 500 升甲烷气体。

如果是一头奶牛自然是无所谓的，但坏就坏在世界性的奶制品消耗让全世界的奶牛总数已经达到了惊人的地步。据 2018 年的数据统计，全球奶牛总数量超过 1.5 亿头，把这个数字与奶牛的“排放量”相乘，全世界的奶牛每天产生的甲烷气体最低也要达到 700 亿升。这样看起来，奶牛还真的算是全球变暖的一大“元凶”了。

为了解决这个问题，美国一家企业研究出了一种全天然饲料添加剂，这种添加剂由大蒜粉和柑橘提取物等专有配方制成。食用了该饲料的奶牛的甲烷排放量至少能降低 30%，这样不仅能减少甲烷排放，还能促进动物健康发育。

9. 人在洗澡的时候唱歌会更好听

有些喜欢唱歌但又唱不好的人会有一种体验，那就是在洗澡的时候，如果敢放开胆子唱歌，往往就会发现自己的歌声突然间变得特别动听，只可惜没有办法叫别人来听，否则真的想在浴室里开个演唱会。

在浴室里唱歌好听，这是不是一种错觉呢？其实这还真不是，在浴室里，人的歌声确实会变得动听，这是可以用科学来解释的。

大家要知道，在浴室洗澡的时候，水蒸气弥漫，这会让浴室中的氧气含量变少。在这种环境下，人需要大口喘气，这样就能吸入比平时更多的氧气，不仅让血液循环变快，而且能让声带放松下来，发出的声音就会比较柔和，不会出现因为紧张而跑调的情况。

其次，为了防水，浴室里面的墙面地面往往用瓷砖铺设，瓷砖吸收声音的效果功能很差，所以你每唱出一句声音，都在房间内部不停地震动，这样一来，平时唱歌容易丢掉的高频音就会被保留下来了。

在这种情况下，你唱出的高音就觉得特别洪亮，即便是唱歌跑调拉不回来的，在浴室里面的声音也会变得非常有立体感，有一种自带混音的效果。要知道，日常在录音棚里录音，为了达到纠正跑调的效果，一种方法就是让声音间隔小于十六分之一秒，这样你就不能识别出是自己唱的声音，还是回声了。

10. 湿煤、干煤，哪个更好烧

有农村生活经验的朋友应该听说过这样两个名词：湿煤和干煤。在一般人看来，煤都是干的，怎么会有人把它做成湿的呢？其实在有些情况下，湿煤反而比干煤更好烧。

请设想这样一个场景：满满的一壶水烧开了，往往会有一点水溢出来，照理说，壶下面的炉火该灭了吧？可事实却并不是这样，水滴落下的地方，火焰反而变得更高，这是为什么呢？

答案是，水在经过电解之后会释放出氧气和氢气，而燃烧所需要的其中一种物质就是氧气。当水被火焰蒸发为水蒸气之后，其中的氧原子迅速消耗，剩下的不纯净氢气又起到助燃作用，因此我们看到溢出的水会让火焰变得更旺盛。

通过这个小常识，我们便可以知道为什么要把煤做成湿的了。湿煤中的水分子里有一个氧原子和两个氢原子，水一遇上火热的煤，助燃原子氧立刻被煤燃烧掉，生成一氧化碳和氢气，他们都是易燃烧的气体，因此湿煤比干煤好烧。

在工业上，利用湿煤好烧这个原理，让水蒸气通过赤热的煤层，能得到一氧化碳和氢气的混合气体，叫作“水煤气”。水煤气不仅是很重要的工业用气体燃料，而且是一种化工原料，甲醇就是这样制作出来的。

当然，湿煤作为一种工艺，不可能完全替代干煤，如果煤太湿了，则反而更不容易烧着。而且，湿煤不光会产生氧气和氢气，也会产生一氧化碳，如果燃烧不充分，是很容易使人中毒的。

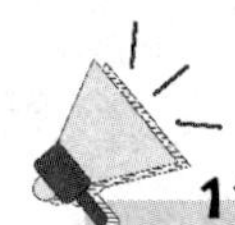

11. 没有氧气，为什么太阳也能燃烧

但凡有科学常识的人都知道，物体的燃烧必须具备三个条件：可燃物、达到燃点以及氧化物。其中，氧气是燃烧必不可少的条件。因此，想要灭火最简单的方法就是隔绝氧气，生活中的很多灭火装置也确实是这样做的。

太阳散发出的光和热是地球最基本的能源来源，是地球生命的基本保障。然而宇宙中是没有氧气的，那么，在没有氧气的宇宙中，太阳是怎么燃烧的呢？

我们看到太阳会下意识地觉得它在燃烧，其实，这只是一种错觉，真正的太阳虽然从望远镜上看像是在燃烧，但它并没有真正进行燃烧反应，它只是发出了光热而已，就像灯泡一样，没有燃烧却一样能发出光和热。

为什么会发生这样的现象呢？这是因为太阳的内部发生了氢－氦聚变反应，这个原理其实和氢弹爆炸是一样的。核聚变会产生上亿摄氏度的高温，因此太阳就会发出巨大的光和热。

既然氢弹和太阳都是核聚变反应，那么为何太阳可以缓慢地“燃烧”，而氢弹却是在一瞬间爆炸呢？这主要是因为太阳太大了，太阳不是所有部分都在聚变，它的聚变也是逐步的、过程性的。太阳每秒把 600 万吨氢转变成氦，产生的能量只有 22 亿分之一到达了地球，即便如此，地球每秒接收到的太阳能仍有 1.757×10^{17} 焦耳之巨。也就是说，太阳每秒钟照射到地球上的能量相当于 500 万吨煤产生的能量。

太阳每秒产生 22 亿个 5000 万吨级的氢弹的能量，它确实是在时时刻刻

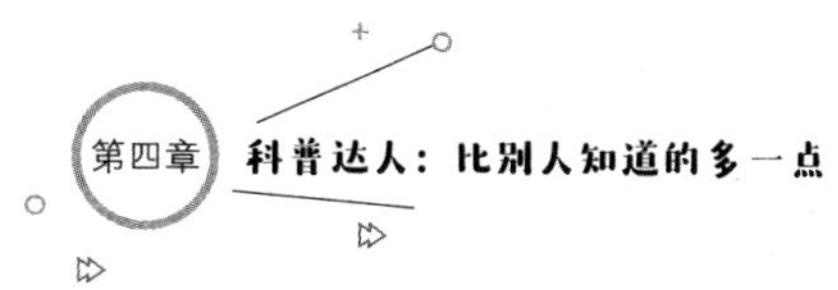

地进行核聚变，只是因为太阳实在太大了，它的聚变过程要持续70亿年，而人类历史相对于这个漫长的过程来说实在是太短暂了。

12. 你真的知道手术前不能吃东西的理由吗

在进行大型手术之前，医生会要求病人不要进食，甚至是不允许摄入流食和水，很多人恐惧手术的一大原因就是恐惧断食，但手术为什么一定不能进食呢？很多人理解不了这个问题，尤其是急诊室里大出血的患者渴得受不了，有家属会认为医生太不近人情，觉得偷偷给病人喝口水也没什么，然而在医生看来，这是非常要命的。

人的食道和气管在咽喉部之前共用一个通道，这就是人能用嘴呼吸的原因。而手术前禁止吃饭和喝水主要就是为了防止在麻醉或手术过程中患者出现呕吐反应，而这种呕吐反应在麻醉后，在气管插管、吸痰管吸痰及拔出导管时随时可能发生。如果在进食或大量饮水后进行麻醉手术，则胃内容物还没有消化进入肠道，极可能会反呕出来，这样不仅会影响手术的正常进行，更重要的是这些呕吐出来的东西在病人麻醉状态下很容易返流进入气管或肺，引起致命的窒息或者吸入性肺炎，严重的甚至危及患者生命。

常人受刺激的时候会反胃，甚至会呕吐，从食道里出来的液体或固体容易呛到气管，一个意识清醒的人会通过反射性的咳嗽把异物从气管里咳出来。可是手术时，医生正精细地切除某个部位，局部麻醉的患者突然咳嗽，医生就很难完成精细的手术了。更何况，大多数进入全身麻醉状态的病人是不会咳嗽的，那么他呛到之后就只会发生一种情况——直接憋死。所以，从患者安全的角度考虑，手术之前是绝对不可以进食的。

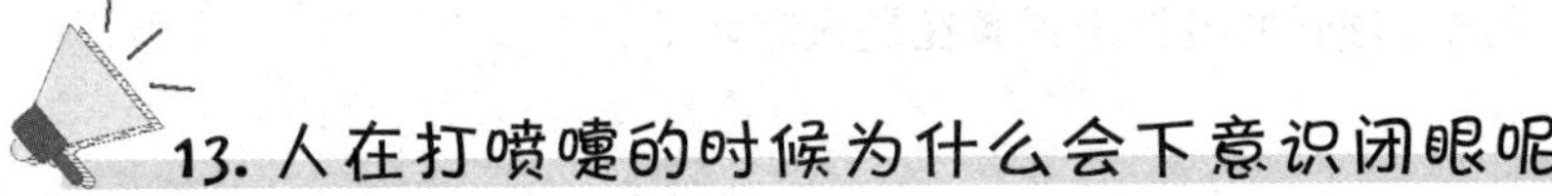

13. 人在打喷嚏的时候为什么会下意识闭眼呢

打喷嚏是一种生理反应，人的鼻腔在受到刺激的时候会调动肺内的气体将导致刺激的异物喷出去，这个过程就是打喷嚏。

有些人在打完喷嚏之后，会觉得神清气爽，但也有人会因为打喷嚏而头疼，甚至还有人流下鼻涕和眼泪，给人一种“痛哭流涕”的感觉。

其实，打喷嚏出现各种情况都是因人而异、因事而异的。觉得舒服的人可能是因为异物已经排出，而觉得头疼的人可能是因为喷嚏导致的神经性头疼。但是除去这些每个人都不太相同的地方，我们在打喷嚏的时候都会做一个相同的动作——闭眼，这到底是为什么呢?

曾经有一个传言，人在打喷嚏的时候从胸中喷出的气体非常多，如果睁开眼睛可能就会把眼珠给挤出来。而且据说这个事情在 19 世纪曾经发生过，一位女性在打喷嚏时睁开了眼睛，从而造成了一颗眼珠半脱位，但其实这只是一个谣传而已。人打喷嚏不睁开眼睛的原因只有一个，那就是不舒服。

在打喷嚏的时候，人的面部肌肉会发生变形，为了能够给鼻腔足够的压力，面部肌肉会尽量向眼角鼻梁的方向聚拢，在打喷嚏的瞬间释放这种压力。如果将眼睛睁开的话，人就会受到这种压力的影响，产生一些不适感，例如会流眼泪，或者感觉眼珠外凸。每个人的肌肉群和鼻腔大小都不一样，所以感官也不一样。

综上所述，打喷嚏睁不睁眼，全看个人习惯，有的人可能会睁眼，有的人可能不会。打喷嚏的过程速度很快，我们并不能做全面调查，大部分人打喷嚏闭眼，也只是大部分人拥有相同的习惯罢了，但睁眼打喷嚏是不会把眼球挤压出来的!

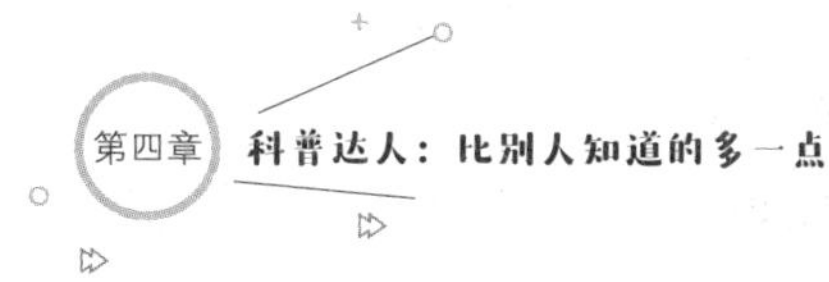

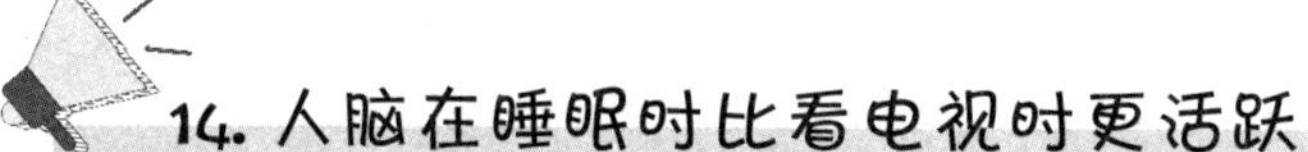

14. 人脑在睡眠时比看电视时更活跃

我们在长时间的工作和学习之后会感到疲累，此时缓解疲劳的最佳方法就是睡眠。每天晚上睡觉，早上起床继续工作学习，起床的时候会觉得身体更加轻松，于是我们就会觉得睡觉是为了“休息”。但是你知道吗，其实你在休息的时候，大脑却一直在工作，而且睡觉时大脑的工作强度甚至比看电视的时候还要高！

人在进入睡眠状态之后，身体开始进行有序的休息和修复，此时体温开始下降，体内器官活动开始进入低潮期。但大脑却没有停止工作，科学家通过研究发现，人的脑电波在睡眠时与睡醒状态下没有任何区别，这代表大脑依然在紧张地工作着。这个时候，大脑最喜欢做的一件事就是趁你不主动用它的时候，对你在白天存储的信息进行整理。

再进一步的研究发现，睡眠状态下的大脑运行也可能受到外部信息的影响。法国一个大学进行了一组试验，试验是给参与者播放两组单词，一组是在清醒状态下播放，一组是在睡眠状态下播放，然后过一段时间进行测试，测试的结果是参与者无法分清哪组单词是在清醒状态下记住的。这代表人在睡眠的过程中，依然可能记住来自于外部的信息。也就是说，即使身边的人睡着了，你也千万不要说他的坏话，因为他的大脑很可能会帮助他记住你的恶意。

而看电视时则不然，研究发现，当人沉浸在电视节目当中时，大脑高功能水平的活动会暂停，例如掌管分析推理的部分会停下来休息。与此同时，脑部最大的皮层组织——视觉皮质会高度活跃。于是，大脑进入了某种介于休息与工作之间的状态，此时大脑虽然摄入了大量的信息，但却不去处理信息。因此我们能够得出一个结论，相对于不动脑地追剧，看似在休息的睡眠状态中，大脑其实更活跃。

15. 游戏中，马里奥所吃的蘑菇其实是毒蘑菇

时至今日，日本公司任天堂已经成为游戏界的代表，但凡提到电子游戏，任谁也迈不过任天堂这个坎。任天堂的成功，得益于旗下各种优质的游戏机，也得益于公司开发的各类游戏。《超级马里奥》系列游戏，从任天堂涉足家用游戏开始，就一直出现在旗下各类游戏机上，是任天堂名副其实的“一哥”，更是很多电子游戏爱好者的童年记忆。

在游戏中，让角色变强的主要途径就是吃宝箱里的蘑菇。马里奥吃掉蘑菇就能变得更大更强。相信读者在玩《超级马里奥》的时候，也不止一次幻想要是现实生活中也有这么梦幻的道具就好了。但你是否知道，马里奥所吃掉的蘑菇在现实生活中真的存在，只不过它非但并不奇幻，而且还是一种毒蘑菇。

游戏中的蘑菇其实大有来历，红底白点，虽然经过卡通化处理，但从它妖艳的颜色还是看得出这分明就是著名的毒蝇伞。毒蝇伞历史悠久，名字来源也很直接，因为它能够吸引苍蝇叮食，然后毒杀它们，加上它伞状的外观，便得名毒蝇伞。

那么我们就奇怪了：既然这个毒蝇伞有毒，为什么设计者还要让它出现在超级马里奥的世界中呢？首先，红底白点的色彩较为鲜明，在游戏中非常好看。其次，毒蝇伞虽然有毒，但却也有着很多故事。

毒蝇伞含有两种神奇的物质：蝇蕈（xùn）素和鹅膏蕈氨酸。这两种神秘的物质进入人体之后，会在人体内产生剧烈的反应，其中鹅膏蕈氨酸在人体内

会转化为蝇蕈素，后者有强烈的致幻作用。蝇蕈素与乙酰胆碱受器结合，导致人的神经兴奋，会让大多数人的视觉变得扭曲，看东西忽大忽小，还会让人无比兴奋、快乐，然而当幻觉散去，留下的就是人流着口水失忆的场景。

毒蝇伞这种致幻效果对不明就里的人而言，就是一趟“奇幻之旅”，自然有人愿意一而再再而三地吃下去，而完全不顾及可能带来的成瘾后果。正因为如此，在历史上，毒蝇伞曾经不止一次作为毒品的替代者，甚至在现代的某些国家，毒蝇伞依旧被当作致幻商品出售。

转回头结合游戏中那些巨大的管道，体形甚至比主角还大的乌龟，上天下海的奇幻场景，结论昭然若揭：设计师在设计这款游戏的时候，就将马里奥设定为一个爱吃迷幻蘑菇的人，为了逃避现实吃下蘑菇，而变大变壮只是他产生的幻觉而已！

16. 如何在夜晚判断空中飞过的是“空客”还是“波音”

漆黑的夜空中，一点光亮在闪耀，学生抬起头望着天空说道：“自然界的造物主真是太神奇了，那不知道是来自多少光年之外的光亮，闪耀着，被地球上的我们看到了。教授，据您看那颗闪耀的是什么星？”

教授说道：“自然真的很神奇，不过看那颗‘星星’的位置，据我有限的知识推测，那应该是一架飞机。”

这个小笑话告诉我们，夜晚的空中一闪再闪的不一定是星星，还有可能是飞机。而经常坐飞机的读者应该了解，现在世界范围内的主流客机是美国的波音和欧洲的空客。熟悉飞机的人很清楚这两家公司的特点。波音的飞机结构复杂，更加擅长长距离飞行，所以远程航班多用波音公司的飞机。空客的飞机结构相对简单，多使用电子传动和计算机，更注重飞行安全性和乘坐舒适度，是短程或者中长程航班经常使用的飞机。

有很多人都说，波音和空客，就像是汽车界的悍马和奥迪，一边拥有“美系车”的狂野，一边拥有“德系车”的沉稳。马路上疾驰的汽车，我们可以通过观察它的商标，分辨出它的车型，但是在空中翱翔的飞机却因为距离限制不能通过“商标”分辨出来，那么有没有什么办法可以分辨出它们呢？还真有！判断它们的方法就是看灯光闪耀的频率。

飞机在夜间航行为了保证安全，都会在机身安装几组照明装置，其中一组叫位置灯，就是人们常说的三色指示灯，分别为左红右绿尾白，这组灯是不会闪烁的。

而闪烁的灯光是防撞灯，是为了给其他航行器观察躲避用的。防撞灯一共有五个，其中两个红色灯，分别位于机身背部和腹部，三个白色灯分别位于两个大翼翼尖和尾椎处。不同的航空公司，防撞灯闪烁的频率也是不同的。

如果防撞灯是闪一次就停顿，然后又闪一次再停顿，并且一直保持此频率，那么它肯定是波音系列飞机；如果闪两次停顿，然后再闪两次又停顿，并且一直保持此频率，那么它肯定是空客系列飞机。

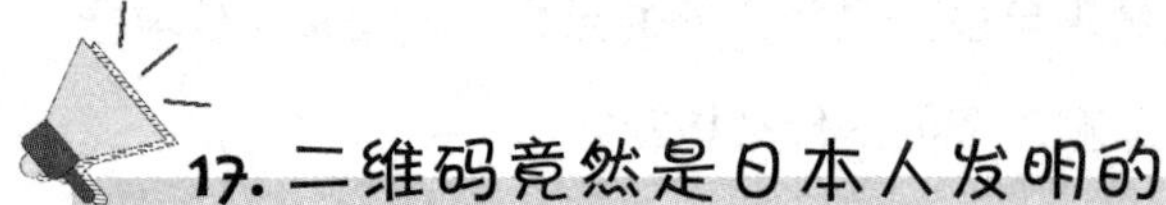

自从电商平台在国内大热，带动起无现金支付的热潮，二维码成了我们生活中不可或缺的伙伴。无论在大型超市，还是在街边小卖部，甚至是在街道上卖早点、卖水果的流动摊，我们都能够看到扫码支付的身影，有人甚至因此称移动支付为中国的“新四大发明”之一。

目前，移动支付最发达的国家确实是中国，但如果把移动支付看作中国的“发明”，这其实是一种误会，因为二维码这项移动支付的核心技术其实是日本人的创造。

二维码的发明者名叫腾弘原，他来自日本 Denso Wave 公司，这家公司是日本电装株式会社旗下的子公司。日本电装于 1949 年从丰田汽车公司独立出来，但主要业务仍然是给丰田供应汽车零配件。

由于高精度的汽车零配件需要匹配很多信息（原料来源、产地等），而传统的条形码信息容量很有限，如何在零件标签上存储更多的产品信息就成了日本电装需要攻克的难题。Denso Wave 作为日本电装旗下负责信息技术的子公司，承接了这项攻关任务。腾弘原带领团队进行了两年的研究，终于将标签上的一维码升级成二维码，信息储量一下增加了 250 倍！

和条形码相比，最初的二维码由不同颜色的色块承担不同的记录功能，大幅提高了信息容量。过去的条形码只能存储 20 个日文字符，很难满足大数据信息的需要，而新的二维码可以存储 5000 个日文字符，足够将好几页说明书浓缩在零件标签页上。在此基础上，Denso Wave 公司做出了今天常见的黑白二维码。

如今的二维码可以转换为数字、图像、二进制字节和日文汉字等多种形式，由智能手机的传感器扫描后进行解读。虽然是依靠个人才智和公司的支持发明了二维码，但腾弘原和 Denso Wave 公司却大度地放弃了专利权，所以现在二维码才会在世界范围内发展得如此迅速。

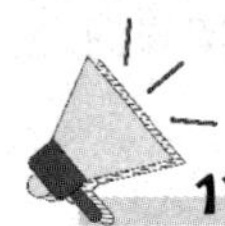

18. 人类舌头承受的压力远大于它的主人

中国有句成语叫“三寸不烂之舌”，指人能言善辩。舌头的一个功能是说话，另一个功能则是吃饭。有了舌头，我们才能够尝遍人间美味；有了舌头，我们才能感知中国味道。然而你是否想过，小小的舌头居然承载着比你本人还大的压力。

首先，舌头有着惊人的灵活性，它似乎永远不知道疲劳。人的舌头总共是由四块肌肉构成，它可以完成翻转、伸缩等各种高难度动作，在任何情况下都活动自如。

由于舌头的肌纤维相对二头肌更多，所以舌头可以工作很久，且不会力竭！舌头也因此被科学家公认为人体内仅次于心脏的第二强健肌肉群。

舌头不光要尝尽“酸甜苦辣”，更要随时担忧来自我们身体本身给予的伤害——咬舌头。牙齿作为我们身体中最为坚硬的组织，承担着咀嚼食物的重任。但是“常在河边走，哪有不湿鞋”，尽管我们的大脑和神经能够调节我们咀嚼的节奏，避免牙齿伤害到自己，但还是会有“失调”的情况出现，这种时候，舌头就成了第一受害者。

要知道，每每被牙齿咬上一口，舌头就要承受相当于汽车撞击我们肉体一样的强大力量！最重要的是，人的一生会有多次舌头被咬的情况出现，这么一想，舌头还真是“多灾多难”！

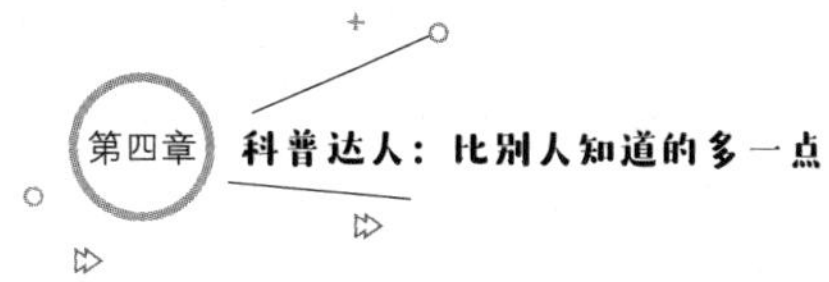

19. 人的脸皮越活越厚竟然是有科学依据的

日常生活中，我们经常听到“厚脸皮”这个词。它一般都是用来形容人不知羞耻、肆无忌惮地占别人便宜还不惭愧。如果有人被用这个词来形容，一般情况下，他都会感到愤怒。但大家是否知道，一个人的“厚脸皮”越来越厚其实是有着科学依据的。

婴儿时期，我们有小手、小脚、小脑瓜，随着年龄的增长，它们都会慢慢变大。而脸皮也是一样，随着年龄的增长，我们的脸皮也会越来越厚。

人的脸皮跟身体其他部分的皮肤厚度相差无几，一般表皮的平均厚度在 0.05 毫米到 0.3 毫米之间，真皮的平均厚度在 0.3 毫米到 2 毫米之间。除去皮下脂肪不看，我们可以把脸皮看成表皮与真皮厚度相加的和。

根据科学统计，九个月大的婴儿的脸皮厚度约为 0.04 毫米；等长到青春期时，人的脸皮厚度则一般为 0.07 毫米；而在中年时，人的脸皮厚度已经增长到了 0.1 毫米。

人接触外界越多，皮肤使用得越多，其厚度就会越厚。更有甚者，在一些经常摩擦的部位还会形成死皮，也就是我们所说的老茧。

所以，今后如果有人讥讽你说“你的脸皮怎么越来越厚了”，你就用科学的方式回击他：因为经历得多了，这都是岁月沧桑留在脸上的痕迹。

20. 为什么四六级考试中必须使用 2B 铅笔涂卡呢

我们在学校里经历过各种各样的考试，在考试之前，老师一定会事先提醒我们做好准备工作，尤其是答题铅笔不能带错，一定要用 2B 型号的。为什么涂答题卡一定要用 2B 铅笔呢？难道读取答题卡的机器对于铅笔还有特殊爱好？其实还真是这样的。

我国的各类考试中，但凡涉及有涂写答题卡的环节，使用的制式铅笔均是 2B 型号，这是因为 2B 铅笔刚好是最适合用于涂写答题卡的铅笔。

2B 标准以下的铅笔，因为石墨含量过低，很容易造成读取设备无法侦测到足够强的亮度反差；而 2B 以上的铅笔由于石墨含量过高，笔芯质地很软，涂抹以后会在答题卡上留下很多石墨残屑，在答题卡的搬运过程中，这些石墨残屑会扩散出去，并在摩擦下出现在不该出现的地方。在阅卷时，答题卡摞在一起，由 2B 以上的铅笔涂抹的答题卡很容易在叠放时污染到上一张答题卡的背面，此时对被污染的答题卡就有可能造成误判。

制式铅笔以 H 和 B 为两种代号，其中 B 代表着黑度，H 代表着硬度，字母前的阿拉伯数字代表着两方面的程度，如 10H 就是最硬的铅笔，而 6B 就是黑度最深的铅笔。每一个型号的铅笔都因为其黑、硬程度的不同而各有用途，如 2B 铅笔一般用于涂写答题卡，HB 铅笔是正式的书写铅笔，而素描铅笔多选择 6B 至 2H 之间，10H 这种特殊的铅笔则多用于工程上面。

21. 如何在“核爆”中逃生

一提到核武器，我们首先想到的就是“人畜顿时化为齑粉”的惨状。在我们的观念中，遭受核武器攻击是没有任何幸存的概率的，然而事实真的如此吗?

人类历史上一共实战爆炸过两枚核武器，就是美军用来轰炸日本广岛的“小男孩”和轰炸长崎的“胖子”。两枚原子弹共造成十余万人丧生，也让两座城市顿时化为焦土。然而，即便是面对如此具有毁灭性的武器，这两座城市还是有人幸存了下来。

譬如一名叫山口强的船舶工程师，当广岛原子弹爆炸时，他的所在地离原子弹爆炸中心点约 3 公里距离，但却侥幸活了下来。之后返回长崎老家的他又遭受了一次原子弹攻击，但依然没有死，这可以说是万中无一的奇迹了。

在原子弹爆炸中幸存，当然不可能仅仅依靠奇迹，考证山口强的经历，我们或许可以得出一些逃生的方法。

首先，如果人是在开阔地带第一时间接触到核爆，那么是绝对没有办法生还的，炙热的火焰和冲击波就能把人吞噬。而山口强之所以能够存活，是因为他身处于坚固的建筑物中，虽然建筑物也发生了倒塌，但他幸运地没有被砸死。

所以，原子弹的第一逃生法则是寻找坚固掩体。冷战期间，很多国家都修建了深入地下数十米的地铁交通轨道，这些其实就可以当作躲避核武器的岩体。

如果像山口强那样，在核爆的第一时间没有死亡，为了避免辐射带来的另一轮伤害，要尽量背对爆炸方向，趴在地上闭上双眼。

这一阶段过去后，如果发现自己仍然活着，就要以尽可能快的速度向远离

核爆中心的方向逃生，在逃生的过程中要尽量捂住口耳鼻，减少放射性尘埃进入身体，并尽可能寻找军用的核防护装备。逃脱核爆现场后，要及时去医院检查我们承受的辐射量，接受放射病救治。

即便有这一套逃生技巧和上天眷顾的运气，但只要经历过核爆，人依然很难真正做到安然无恙。以山口强为例，他的运气让他躲过了死神，却没有让他躲掉病魔，在这之后，他和很多日本核爆幸存者一样患上了严重的癌症。而很多人最终也在癌症的痛苦中缓慢地死去，和原子弹遇难者一样成为战争最后的牺牲品。

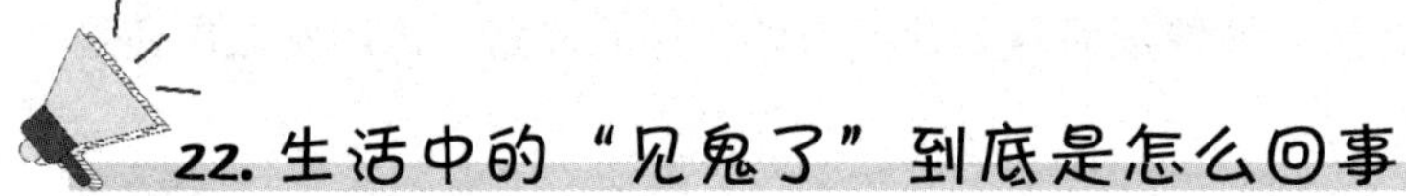

22. 生活中的“见鬼了”到底是怎么回事

喜欢看恐怖片的读者可能都有过这样的经历，在刚刚看过恐怖片之后，会有一段时间的“神经错乱”，甚至会有一种“见鬼”的感觉。

譬如，夜里看完恐怖电影，刚好一个人回家。深夜独自行走在光线昏暗的街道，哪怕平时胆量再大，你也会感觉到害怕，你甚至会有种身后有人跟着的感觉。于是你会不自觉地回头看，以便确认一下身后是否有人。然而后面越是没人，你内心的不安就越是严重……

这种不安越来越强烈，于是有那么一刹那，你居然看到了类似恐怖片里的画面，你发现自己“见鬼”了。那么，“见鬼”到底是怎么一回事呢？我们眼前看到的那些奇怪的东西究竟是否存在？

其实我们所看到的这些奇妙的情景，都可以用科学来解释。有一项科学实验就是专门针对“见鬼”的现象来做的。实验人员使用强度为 0.1 ~ 1 个微特斯拉的电磁场，对准参与者右脑或两个脑半球，结果发现有 70% ~ 80% 的受试者在 20 分钟内被诱发出“眼前出现鬼神的感觉”。

研究发现，人的大脑有一个颞顶交界区，这个区域主管人的自我意识，它能整合听觉、视觉、触觉等身体各感官的信息，综合之后得出自己身在何处、在做什么。刺激人的大脑颞顶交界区，会让人出现背后有人在盯着自己的感觉。

而且，人的脑部对倒三角形特别敏锐，在模糊的环境中看到倒三角形，很容易将其拟化成人的脸，这在光学上被称为轮廓诱导现象（或类像、拟像现象），加上图形或光影的巧合，就会让人产生所谓的幻想性错觉。

以上两方面是导致人在日常生活中“见鬼”的重要原因，除此之外，还有一个比较罕见的原因是疾病。

生活中有些号称自己有“阴阳眼”的人，如果不是巫医、骗子，则可能是邦纳征候群患者，这种疾病常发生在白内障或视网膜病变的人身上。他们的部分视野因无法接收光线而缺损，只能靠脑部创造影像来填补，因此会让他们产生出“见鬼”的错觉。

我们生活的世界是不存在鬼神的，现阶段虽然有科学尚未解释的事情，但科学尚未解释不代表科学无法解释，更不代表科学解释不了就要听任迷信去解释。需知，人类进步的过程就是一个不断破除迷信的过程。

23. 天气差真的有可能影响心情

“只要心里有太阳，到哪里都是阳光普照！”这句稍显鸡汤的话很多人都读过。它教人在任何情况下都要保持乐观。只要你有乐观的情绪，就总能发现人生中美好的一面。然而在生活中，我们发现的却往往是相反的情况，本来挺不错的心情，却因为“没有阳光”而变得消极了。

早上起床后推开窗户，你看着窗外阴霾的天气，心中是否会有一丝压抑?实际上，我们的心情还真的会受到天气的影响。天气好，人的心情就会比较好;天气不好，人的心情就会变差。这其实是一种很正常的心理现象，是季节性情绪失调在作怪。

季节性情绪失调，英文名为“Seasonal Affective Disorder”，简称是“SAD”，一般也叫作“冬季忧郁症”，常见于30岁左右的已婚女性和一些年龄偏大的男性，尤以性格内向型居多。

大多数的SAD患者在一年中的大部分时间都有良好的健康状态，但冬季会感到忧郁的症状。同时，有些冬季忧郁症患者对天气的变化也会产生非常强烈的反应。在热带，SAD即便存在也很少见，但在北纬30度以北或者南纬30度以南，SAD的存在十分显著。尤其是在一些高纬度国家，如北欧等地区，SAD患者的发病情况更是非常普遍。

当然，并不是所有被天气干扰到心情的人都患有冬季忧郁症。生理学家表示，这种“抑郁情绪”并不一定是精神疾病，仅仅是一种生理状态，只有当抑郁程度过于严重时，才可以被判定为精神疾病。

因此，如果你发现自己或身边的人经常会因为天气变化而抑郁，你就要多了解一些与冬季抑郁有关的知识，正确认识这种季节性情感障碍，既不要盲目给自己贴上“精神病”患者的标签，又要予以足够的重视，根据症状表现来判断、检查、治疗，并进行合理的心理疏导。

24. 男性一辈子的“高潮”时间只有16小时

在传统观念的影响下，中国人在谈到与性有关的话题时总是避之唯恐不及，

我们总是刻意为性蒙上一层纱。

但实际上，性这个话题并不尴尬，它是一门非常有趣又有用的科学。尤其是对成年人的生活而言，性更是决定幸福与否的重要因素之一。

既然谈到了性，我们就不得不提性高潮。当经过性刺激之后，身体和心理会产生对于性的愉悦反应，这就是性高潮。男性和女性都有可能产生性高潮，但是男女产生性高潮的时间却相差很多。

生理学的一个研究发现，一个能够活到 80 岁的成年男性，在常规性行为的前提下，其一生的性高潮时间加起来也只有 16 小时左右。如果分配到每一天，也就是 2.02 秒而已。

看到这个数字，不知道大部分男性读者是否会觉得心酸，要知道 2 秒钟能干的事情实在太有限了。一阵风在身边吹过，眼睛眨了两下，你的性高潮就结束了。这是否会让男性觉得在性这方面的投资实在是有点吃亏?

从投资的角度来说，为了这短短的 2 秒钟确实有些不值得。但反过头来想，正因为这种感觉足够让人痴迷，我们才会用看起来明明非常吃亏的方式去获得短短的 2 秒钟，这就足以证明性的伟大之处了!

25. 乳腺癌并非女性专有，男性也会得

癌症是困扰现代医学的一种非常严重的疾病，它初期发病较为隐蔽、不易察觉，晚期就会迅速扩散无法控制，所以对癌症患者来说，一旦发现往往就像遭了晴天霹雳。不过，也有一些癌症有较高的被治愈概率，乳腺癌就是一种这样的癌症。

乳腺癌一直是女性发病率最高的癌症之一，虽然治愈率颇高，但患者要付

出很大的代价。但是读者是否知道，其实不光女性会患上乳腺癌，男性也同样有发病的可能！

虽然男人的乳房没有大多数女性的醒目，可是不要忽略他们也是有乳房的。乳腺癌在男性恶性肿瘤中属于罕见病例，约占全部乳腺癌患者的 1%。正因为极其罕见，所以男性乳腺癌被发现的时候，基本都是处于晚期的。

医学界对于乳腺癌发病的主要原因到现在还没有定论。有些医学家认为，体内雌性激素分泌过度旺盛可能会导致乳腺癌。因此，如果男性摄入雌激素过多，就会“激活”乳腺，造成乳腺发育。男性的雌激素持续维持在较高水平，则可能会诱发乳腺癌。

有一项研究表明，男性体重超出正常体重的 20% 时，脂肪细胞就会把雄激素转化成雌激素，乳腺癌患病的风险就会相应提升。简单地说，就是肥胖会增加乳腺癌的发病概率。有些患有肝功能障碍的男性，或长期乱服保健品的男性，因为体内分解雌性激素的能力减弱，也非常容易引起雌性激素上升，进而诱发乳腺癌。

虽然概率比较小，但是男性同样存在患乳腺癌的风险。所以，一旦男性的胸部发生了什么变化，一定要及时去医院进行检查，不要羞于启齿。比起羞耻，还是疾病更让人感到恐怖！

26. 电击大脑真的能删除痛苦的记忆吗

在许多科幻小说或影视作品中，我们常能看到这样的场景：主人公掉入某种阴谋陷阱之中，或者被不法组织控制，于是被施行高科技洗脑。主人公的记忆被洗掉了，而反派进行高科技洗脑的方式就是电击。电击大脑真的能够删除痛苦的记忆吗?

现代医学已经对人的大脑和大脑运行方式做了深入的研究，研究发现，人的大脑一旦有了某种记忆，就会将其永久地储存在那里，旧的记忆可以在我们的大脑中再次浮现出来。因此，只要在大脑提取记忆的过程进行干扰，譬如在适当的时机进行电击，就可以把指定的记忆破坏掉，阻断记忆的再巩固。

也就是说，我们只要能够对被电击者进行充分的了解，便可以运用电击的方式，将他们大脑中一些不愿意再想起的痛苦记忆删除。

荷兰专家柯罗斯曾经在 40 名志愿者身上进行电击实验，发现在进行电击疗法之后，很多志愿者表示郁结在心中的痛苦已经被忘记，但是美好的事物却不受影响。

虽然有实例可以证明电击对消除记忆可能有效，但科学家至今仍然无法完全解释其中的原理，也不赞同将其运用到临床领域，因为现阶段的科学研究并不能准确地探究出大脑的记忆存储模式，也不敢肯定电击实验的结果是否纯属偶然。电击可能真的有助于清除记忆，但其中最具有科学性的解释，只能等待未来的科学研究来解答了。

第五章

神奇的大自然：不看不知道

1. 为什么很少看到黑色的花

我们的世界被多种多样的颜色所装扮，比如热情的红色、高贵的紫色、幽静的蓝色等。而我们常见到的花多数是用粉色、红色和紫色等颜色装点的，我们很少可以见到黑色的花。

当然，自然界中也有黑色的花，像黑牡丹、墨菊等。因为物以稀为贵，所以黑牡丹和墨菊成了精品。

至于黑色的花少的原因，主要有以下几个。

第一，花的颜色与光的波长有着微妙的联系。每种颜色都有它的热量，而热量因光的波长而异。比如热量比较高的红色、黄色等，它们光的波长相对来说就比较长，所以它们就能够抵抗住强烈的光，可以在太阳下健康成长。而冷色系的颜色，比如绿色、蓝色，它们的热量就比较少，它们的光波就比较短，不能忍受太阳的强光，所以一般生长在比较阴暗的地方。

而黑色在色系中，属于中间系。这种颜色的热量非常高，它可以承受所有的光波。这样的特征就导致黑色的花很容易受伤，所以，在大自然的“优胜劣汰”法则中，黑色的花就渐渐被淘汰了。

第二，自从被子植物出现后，昆虫也繁殖起来，很多植物靠昆虫传粉受精才能繁殖。浅色的花在绿叶的衬托下很醒目，容易被传粉的昆虫所辨认。而随着被子植物的产生，昆虫也不断繁衍。由于大部分被子植物是靠传粉授精来繁殖的，所以在众多花色面前，由绿叶相衬的浅色花系，最能引起众多昆虫的注目。

蝴蝶在红色面前有很高的辨认技巧，而蜜蜂最为敏感的颜色就是黄色和白色。相比之下，黑色的花不太醒目，所以在自然选择中，白、黄、红色就变多了，黑色的花却不太容易吸引昆虫，难以完成传粉受精的过程，不利于传宗接代。从这个角度来看，黑色的花也容易被淘汰。

第三，花的颜色与花瓣中的化合物息息相关。在植物的细胞液中，普遍含有一种叫作花青素的化合物，花的颜色与这种化合物有很大关系。

除此之外，还有一种被称为胡萝卜素的色素。这种色素所表现出来的颜色有红色、黄色等。而我们看到的白色的花，是唯一不含色素的颜色。

综上所述，我们之所以看不到黑色的花，可能是因为至今为止，含有黑色化合物的植物，已经在物竞天择下逐渐被淘汰的结果。

2. 会“行走”的植物

俗话说：“树挪死，人挪活。”在我们的印象中，别说植物会“走路”，有时就是带着土壤给植物搬个家，都可能让它们命丧黄泉。但是世界上却有这样一些神奇的植物，它们时不时地就来场“说走就走的旅行”，并且这样会“行走”的植物竟然还不止一种。

首先要说的就是一种在美国东部、西部地区生长的植物，它的名字叫苏醒树。苏醒树的特征是，如果生长在水分很多的地方，它就开心地在此扎根；如果生长的地方十分缺水，它的根就会逃离此地，然后卷成一个球，随风而行，直到遇到有水的地方，它才会落下来，并且停留在此处，然后把根插入水中，开始它新的生活。

然后要说的是步行仙人掌，它生长在南美洲。人们都说苦难是人生一笔宝贵的财富，从小就生活在艰苦的沙漠环境下的步行仙人掌，它们努力把自己的根发展成会“行走”的“脚”。步行仙人掌的根是一簇簇的软刺，它们扎根于土壤之中吸收着水分，当土壤中的水分无法满足它们的生存时，软刺就会在风的推动下，一步步缓慢地移动，直到找到适合自己生长的地方，才会停下前进的“脚步”。

还有一种叫作风滚草的植物，它生长在戈壁，常常被人们叫作“草原流浪汉”。在我国的北方也有这种植物。每当旱季来临，它们就蜷缩成一个球，在风的作用下顺势拔出自己的根，然后“随风奔跑自由是方向”，一滚就是几公里，有时甚至可以在冰天雪地的冬天滚上几十公里。直到第二年万物复苏、春暖花开的时候，放荡不羁的风滚草才会扎根安家，在暂居的土地上重新生根发芽，结束流浪汉一样漂泊的生活。

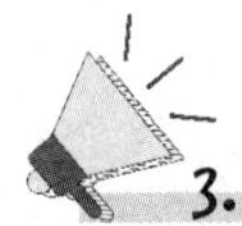

3. 树木中的“大长腿”——世界上最高的树

我们知道世界上最高的山、最长的河，但是你知道世界上最高的树有多高吗？现在，我就来给大家介绍一种堪称树中“大长腿”的树——杏仁桉树。

杏仁桉树，桃金娘科，主要生长在澳大利亚的草原上。它们高耸无比，就像一位顶天立地的巨人，被称为“树木世界里的最高塔”。它的平均高度都超过百米，最高的竟达 156 米，也是植物界吉尼斯纪录的保持者。156 米到底有多高呢？美国的自由女神像是 93.1 米，英国的大本钟高 96 米，如果非要说跟什么东西比较接近，那么就是相当于 50 层楼那么高。如果从树顶向下看的话，地面上的人就像蚂蚁那样大小。

跟普通的树木不同，杏仁桉树的树干不会“节外生枝”，而是笔直地向上生长，直到最顶端才会“开枝散叶”，它的树干从下到上，都是笔直的，只有在最顶端才能看到它“开枝散叶”的结果。据说这样有利于避风。当然为了能够茁壮成长，杏仁桉树不仅有高耸粗壮的树干，还有粗大稳固的树基，树根深深地根植于泥土中，吸收营养和水分。

据统计，杏仁桉每天都要蒸发掉约 500 公斤的水（这个水量大概是一个人两年的饮水量），一年累积下来居然高达 175 吨之多，简直就是一个抽水机啊。人们利用杏仁桉的这个特性，常常把它种植在沼泽地区，用它强大的吸水功能使沼泽变成可以开垦的土地。

除此之外，杏仁桉树的树干可以用来做很多东西，其叶子也可以用来制作桉叶油，它还可以净化空气，维护生态环境的平衡，给我们生活带来了很多便利。

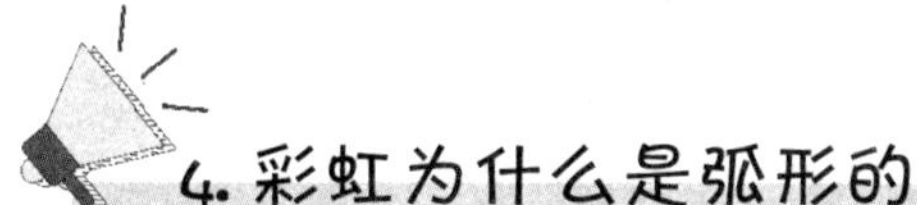

4. 彩虹为什么是弧形的

雨后晴空，一架七彩虹桥高挂天空。在生活中，很多人都会被这种绚丽的景象吸引，不由自主地停下脚步静静观赏这种由光现象引发的美景。

古代的人们对于彩虹的神奇无法理解，因此常常赋予它一些神秘的色彩。他们认为，彩虹是嫦娥因为寂寞而在天上歌舞时挥起的彩绸。在令人向往的神话故事里，彩虹就是一位使臣，连接着天上、人间。

对于现在的我们来说，彩虹已经不再神秘，但是依然有人好奇彩虹的形状为什么是弯的。

雨后的天空中悬浮着很多小水滴，这时，阳光会以不同的角度，进入这些小水滴，在小水滴里的阳光还会变换角度折射或反射出来。

由太阳光中各种颜色的光的折射率不同，反射角也不同，所以不同颜色的

光就分散开来，在天空中形成彩色光带，这些彩色光带就是彩虹。

假如在水滴里的阳光，折射和反射了两次，就会形成霓。霓在虹的外面，色彩要稍淡一些，颜色排列和虹相反。

太阳光中的某一种颜色的光射入水滴的某一点时，如果角度合适，射出光线的方向相对于太阳光方向偏转角度最小。在这点附近的同颜色光线射出水滴后方向几乎平行，这个方向上这种光线最集中，在其他方向射出时，则会散得很开而观察不到。

彩虹本身是圆形的，只不过由于地平线遮住了一部分，我们看不到完整的彩虹，所以我们在地面上看到的是弧形的彩虹，但是在高山山顶或飞机上可以看到完整的彩虹。

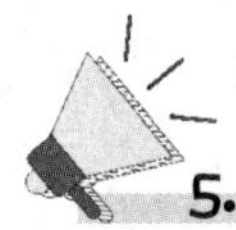

5. 为什么泥土会有不同的颜色

“面朝黄土背朝天”这句话形容的是农民耕作的辛苦，可是为什么要用“黄”这个颜色呢？还有歌中唱的“我家住在黄土高坡”，我国的所有土地都是黄色的吗？

要了解土壤的颜色，我们先要知道什么是土壤。土壤就是地球陆地表面的疏松层。它拥有一些肥力，植物可以在它里面生长。

地球诞生于40亿年前，可那时候还没有土壤。土壤的形成是一个漫长又复杂的过程，其中涉及物理、化学、生物各个方面的共同作用。

我国季风区土壤类型及颜色由南向北和由东向西随气候纬向和径向变化产生有规律的变化，从海南岛到黑龙江，气候由热带的温热变成寒温带的湿冷，土壤颜色也由棕壤、红壤变化为黑土、暗棕壤。

从山东到新疆，气候由温热变成干冷，土壤颜色也相应由棕壤、褐土变成棕钙土、棕漠土。

这种颜色变化受很多因素的影响，即使是同一处土壤，表层的 10 厘米和其下面 20 厘米的土壤也不一定完全一样，主要的影响因素是金属和有机质。

土壤由 45% 的矿物固体、25% 的空气、25% 的水和 5% 的有机质组成。有机质中还有很多物质，比如碳水化合物、木素、含氮化合物等。而土壤能种植植物，靠的就是这 5% 的有机质。

土壤就像是一个循环利用的小世界，土壤中含有大量的微生物，上面还长着很多植物、动物，它们向土壤索取营养。当这些生物死亡时，它们的营养又回归到土壤里面了。

土壤中的有机质含量越高，土壤的颜色就越深。东北地区气候寒冷，人类未大量开垦之前动物不活跃，所以只见生物以身养土，土壤中的有机质却没被利用过，有机质就越来越多了，土壤也就越来越黑了。

相比之下，我国南部地区拥有高温多雨的气候，地表风化和成土作用都十分积极，那里的土壤经过雨水的充分溶解，很多二氧化硅等物质都被冲走，只有氧化铁和氧化硅因为流动性小，没有被冲走，聚集在土壤里了，所以，土壤的颜色就变成了氧化铁的颜色，成了红色。

在一些纬度比较高的地方，气候一般都比较温和、干燥，降水量往往小于蒸发量，风化作用不强，土壤的状态为弱淋溶。在这里，雨水只会冲走一些易溶物质，而冲不走铁、铝等物质。这里的土壤中含有由钙和植物生产的碳酸钙，这些碳酸钙在土壤中不断堆积后，就会形成棕色。

6. 风到底是从哪里来的

炎热的夏天，我们最期待的就是一阵舒爽的风，但是这风是怎样形成的呢?

太阳的辐射造成地球表面受热不均，引起大气层中压力分布不均，空气沿水平方向运动就形成了风。由于太阳的辐射，会引起地球表面受热不均匀，从而导致大气层中的压力分布也不均匀，空气随着水平方向流动，风就形成了。

风的形成是空气流动的结果，风能利用主要是将大气运动时所具有的动能转化为其他形式的能。风就是由于空气流动而产生的，当大气运动把自身的动能，转变成其他形式的能量时，就会形成风能。

赤道和低纬度地区，太阳高度角大，日照时间长，太阳辐射强度强，地面和大气接受的热量多、温度较高。在赤道和低纬度地区，日照因为太阳高度角比较大，所以比较长。而地面和大气受强辐射阳光的影响，热量就多，温度就很高。

反之，在高纬度地区，日照时间就比较短，地面和大气所接受的热量相对比较小、温度较低。

南北之间的气压梯度，就是因为高纬度和低纬度之间产生的温度差异形成的。这种气压梯度，会让空气做水平运动，风就会沿着梯度，从高压处向低压处吹。

大气的真实运动是由两种力共同影响的结果。这两种力，一种是上文所说的气压梯度，另外一种是地转偏向力。地转偏向力是由于地球在自转时，由于空气水平运动而产生偏向的力。

而地面风除了受这两种力的影响之外，与地形、海洋也有一定的关系。比如山峰和海峡就能使气流的运动方向发生改变，风速也会随之变大；相反，丘陵和山地，能让风速变小。因此，在空间分布中，风向和风速就显得比较复杂。

海陆差异对气流运动也是有一定影响的。冬天时，由于大陆的气温比海洋低，气压比海洋高，风就会由大陆向海洋吹去；反之，夏季风向就会相反。所以，我们把这种风叫作季风。

在山区，有两种风，谷风和山风。

谷风是白天由于热力影响，导致从谷地向平原或者山坡吹起的风。因为白天山坡受热快，这时的温度比山谷上方同高度的空气温度高，坡地上的暖空气这时会由山坡向谷地上方流去，而谷地的空气就会沿着山坡向上，来弥补失去的空气。

而山风是晚上从平原或者山坡向谷地吹起的风。在晚上，因为辐射，山坡热度就会消散，由于热度降温速度快于同高度的空气，冷空气就会随着坡地向下流动，进入山谷了。

7. 会改变性别的树，你见过吗

我们人类从成为受精卵的那一刻起，性别就已经确定好了。但是其他一些动物的性别却可以在生长的过程中发生改变。比如黄鳝，它先是雌性的，后来慢慢会变成雄性。既然有些动物会变性，那么植物中有会改变性别的吗?

答案是肯定的，而且会改变性别的植物还不止一种。

北美洲的红枫树就有着神奇的变性本领。红枫树属于槭树科，它喜欢暖和湿润的气候，能忍耐干旱，适宜在排水性好、肥沃松软的土壤里生长。

红枫在树木中非常名贵，经常被人们作为观赏性盆栽。它目前可以分为三

种：美国红枫、日本红枫和国内原产红枫。

美国波士顿大学的植物学家曾对红枫树进行过观察，用 7 年时间记录 79 株红枫树的性别变化和开花数量。

根据结果显示，在 18 株雌性红枫中，有 6 株产生了一些雄性花序。在 59 株雄性红枫中，有 4 株可以产生雌性花序，剩余的雄性红枫一直保持着雄性；最后还有两株雌雄难辨的红枫，每年会在雌性和雄性之间自由转换。

按常理推断，雌雄同株的植物体积应该比性别正常的植物大，因为它们需要更多的能量来产生这种性别变化。但事实却不是这样，和其他植物相比，雌雄同株的植物反而比较小。根据植物学家们的猜测，这些雌雄难辨的植物，它们的性别在成长过程中存在不正常性。

除了红枫树，在温带和亚热带地区，有一种生长在小溪旁边或者潮湿的树木中的植物，它的名字叫印度天南星。它的性别，在植物中也是不正常的。

印度天南星的性别有三种，分别为雄性、雌性和中性。这些不同性别的印度天南星，可以在三种性别中互相变化。

科学家们发现，印度天南星的性别和体型大小有着密不可分的关系。超过 398 毫米的印度天南星，大部分的性别为雌性；而低于 398 毫米的植株多为雄性。

植株的高度在 100 ~ 700 毫米之间都可能发生变性，但 380 毫米却是雌株变为雄株的最佳高度。因为雌株在开花结果时需要消耗大量的营养物质，只有高大的植株才能满足这种需要，所以大型植株都是雌性。

8. 一种可以结出面包的树

张小娴有一本小说叫《面包树上的女人》，很多人都以为面包树只是作者虚构的，其实真的有面包树。

人们叫这种面包树为猴面包树，还有人叫它猢狲木或者波巴布树，它属于落叶乔木科。猴面包树拥有很大的树冠、形状各异的树杈和像足球一样大的果实。由于它的果实非常甘甜，并且汁水非常多，所以受到猴子、猩猩、大象等很多动物的喜爱。

猴面包树生长在非洲、大洋洲北部等地区。它是喜温的热带树种，并且它拥有很长的寿命。就算在十分恶劣的热带草原中，它的寿命也可以达到 5000 年左右。

猴面包树浑身上下都是宝贝。它的叶子经常被当作蔬菜食用，因为在它的叶子中，含有非常多的维生素和钙质，还具有去火退烧的疗效，所以人们经常拿它入药。它的树皮可以剥下来，用来搓绳或织布。种子可以榨食用油，也可以经过烘烤和研磨，做成像咖啡一样的饮料。果壳可制成水瓢或酒盏。

它的树干具有很多水分，木质相对来说比较松软，是制造纸浆很好的材料。在它的果实中，拥有比菠菜多 50% 的钙，具有比较高的抗氧化成分。而且，在它的果实中维生素 C 的含量比橙子多了 3 倍。因为它富含营养，所以人们还称它为超级水果。

猴面包树一年向人们提供三次成熟的面包果实。它的果实是长条的椭圆形状，可以生吃，还可以烤着吃。等把它烤到金黄色的时候，把它掰开，它乳白色的果肉瞬间就会释放出阵阵香气，它的味道酸中有甜、松软可口，很像商店

里卖的面包。除了烤着吃，它还可以用来做果酱或酿酒。

猴面包树适合作为行道树、庭园树木种植。在我国南方，人们在一些公园中，种植了一些猴面包树，用来观赏。

9. 会“跳舞”的草

在西双版纳，有一个关于傣族姑娘的美丽传说。这个傣族姑娘叫多依，她的舞蹈跳得特别好，大家看到她的舞蹈都会沉浸其中。

后来有一个可恶的大土司看上了多依，将她抢了回去，让她天天给他跳舞。多依誓死不从，跳了澜沧江。

百姓们把多依的尸体打捞上来，神奇的是，后来人们在多依的坟墓上，发现了一种很美丽的小草，而且这种小草只要一听见音乐，就会随之起舞。

这个传说的真假已经无从考证了，但是这种跳舞草却是真实存在的。

它的学名叫舞草，它是一种直立小灌木，盆栽有 70 ~ 100 厘米高，很喜爱阳光。舞草主要分布于中国、印度等地。

舞草的生长与自然环境中的各项因素都有着密切的关系，它适宜在 20 摄氏度到 28 摄氏度的温度中生长，如果没有合适的生长环境，就需要将种子妥善保存，等到条件适当的时候再使用。

在生长过程中，要让舞草的各个部位充分接触阳光，增加光照时间，否则会发生徒长现象，使得植株细长、瘦弱而易倒。

舞草的叶片对声波的感知很强，因为在它的叶片两侧有很多线性小叶。它很容易在声波的刺激下连续摆动枝叶，如同跳着舞的曼妙少女一般，具有很高的观赏价值。

当气温不低于22摄氏度时，特别是在阳光下，受到70分贝左右的声音刺激，它的叶片会不断地上下摆动。

舞草不同于一般的观赏植物，我们可以欣赏其随着环境变化而自由舞动的美丽身姿。

除了观赏，舞草还有药用保健的价值，整株皆可入药。它可以舒筋活络、治疗骨折。用它的鲜叶片泡水后再洗脸，可以使皮肤美白细腻，起到美容的效果。

10. 长颈鹿宝宝也要上幼儿园

在非洲草原地带，有一种被人们称为“长着豹纹的骆驼”的动物，它们的名字叫作长颈鹿。长颈鹿在站立时，身高有6～8米长。就连刚出生的小长颈鹿，身高也可以达到1.5米。因此，长颈鹿成为全世界陆地上最高的动物。

生活在野外的长颈鹿，它们的寿命在27年左右。而生活在动物园里的长颈鹿，寿命可以超过29年。长颈鹿的眼睛是棕色的，可以四周旋转，而且十分突出，并且由于身高很高，它们往往可以看得非常远。如果有危险靠近，它们的大长腿就开始发挥作用了。

长颈鹿的奔跑时速可以达到70千米，但是因为心脏小，它们不能长时间奔跑。长颈鹿一般依靠树叶吸取分水，它们每天可以吃63千克树叶。所以，只要有足够的树叶，长颈鹿就可以一年不喝水。

虽然长颈鹿的观察能力很强，眼睛甚至可以看到身后的东西，但它们很少发出声音，因此很多人以为它们是哑巴。但实际上它们有声带，它们也会叫。

长颈鹿的声带构造有些特殊，而且长颈鹿发声时，需要依靠肺部、胸腔、膈肌一起用力，所以我们一般听不到它们的叫声。由于脖子长，这几个器官离得很远，所以长颈鹿叫起来很费劲。但是，在小长颈鹿寻找自己的妈妈时，它们就会发出“哞哞”的声音，就像小牛的叫声一样。

长颈鹿属于群居动物，有时也会和斑马、鸵鸟、羚羊等动物混居在一起。

它们很少睡觉，晚上通常会站着，将脑袋靠在树枝上假寐一两个小时，因为躺下睡眠有时会让它们在面临危险时，很难逃跑。

长颈鹿有时也会以一种方便站起来的睡姿躺下睡觉，以便在紧急情况时，可以快速站起来逃跑。

因为长颈鹿们往往是几个家庭生活在一起，所以这个大家族中可能会有好几个小宝宝。白天的时候，小宝宝们会集中在一个地方，像人类小朋友上幼儿园一样，会有一个成年的雌性长颈鹿负责照看它们。

“幼儿园”一般会在一个小山丘上，这样其他长颈鹿妈妈就可以看到它们的宝宝在幼儿园里表现得怎么样了。

管理幼儿园的成年长颈鹿会经常轮换，但是目前我们还没有发现长颈鹿们是怎么决定谁去值班的。

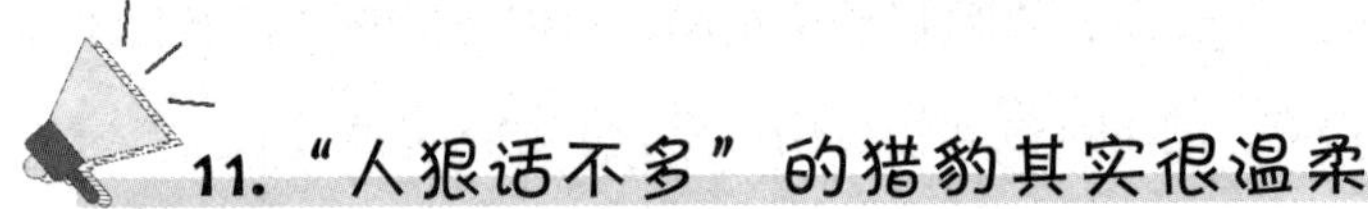

11.“人狠话不多”的猎豹其实很温柔

在草原或者沙漠上，生活着一种世界上跑得最快的动物。它们就是猎豹。猎豹是食肉动物，主要吃羚羊等。

猎豹又被称为印度豹，属于猫科动物，一般生活在非洲地区，它们的寿命一般在 10 ~ 15 年之间。

猎豹身长 1.5 米左右，体重 50 ~ 80 千克，雄猎豹的体型要稍大于雌猎豹。

它们腿长、身体瘦、脊椎骨非常柔软，特殊的身体结构使猎豹的奔跑速度非常快，时速可以到达 110 千米。

草原上的小动物们看到猎豹都避之唯恐不及，这种凶猛的大型猫科动物让人望而生畏。

同为凶猛食肉猫科动物的还有狮子、老虎，它们看起来都很威武，但是我们常听到狮子大吼、老虎咆哮，却几乎没有听到猎豹号叫过。

你以为它是“人狠话不多”，但其实这位彪形大汉却有着一副甜美的嗓音。它的叫声和猫咪很像，都是“喵喵”的。

除了叫声，猎豹的性格也并不是很张扬，除了捕食，它们一般不会因为其他事情打架。

猎豹很少有杀死同类的记录，这点在大型猫科动物中非常少见。它们既不会因为保卫领地，也不会因为保护食物而互相残杀，甚至连求偶也不是靠暴力来争夺交配权的。

就算是两只陌生的猎豹见面，大多时候也只是会互相打量，很少打斗。

有时候，两三只猎豹一起结伴而行，它们也经常会接纳陌生猎豹的加入。

除了对自己人手下留情，猎豹也很少杀死其他捕食者，它们清楚一旦受伤会大幅度降低捕猎成功率。从这点出发，它们往往不会主动“找麻烦”。

在与人类的交往中，人往往给猎豹留下友好、无害的印象，所以它们不会无缘无故地攻击人。与固有印象相比，实际上它们要温柔很多。

12. 企鹅结婚前还有求婚仪式

在迪拜的滑雪场里，发生了一件奇妙的事情。一只叫作斯皮蒂的雄企鹅，和一只和它一起生活了 3 年的雌企鹅——小喷嚏谈起了恋爱。

2015 年情人节前夕，滑雪场经理发现斯皮蒂在墙角徘徊。工作人员以为它身体不舒服，很是担心。直到后来，工作人员发现，斯皮蒂原来是在为寻找求婚礼物而苦恼。

最后，斯皮蒂经过不懈努力，找到了一块鹅卵石，并且靠这份礼物，成功博得了小喷嚏的欢心，最终有情鹅终成眷属。

经理说这其实并不奇怪，因为斯皮蒂是一只巴布亚企鹅，这种企鹅十分懂得制造浪漫。而且，在巴布亚企鹅的世界里，它们都尊崇一生一代一双人，一生只会与一只企鹅生活在一起，十分忠贞。

企鹅能在零下 60 摄氏度的严寒中生活，它们像身穿燕尾服的绅士一样在地上走路。一到了水里，它那短小的翅膀就成了一双有力的“桨”，游泳速度可以达到每小时 25 ~ 30 千米，一天能游 160 千米。

在企鹅家族中，巴布亚企鹅被称为游泳冠军。当它们在浅海处寻找食物时，一旦发现有人过来，它们就会利用游泳优势，快速逃走。

企鹅们的世界比人类见到的还要有秩序，它们总是成群结队地生活，甚至在一起繁殖后代。

无论是哪种企鹅，它们都严格地遵循一夫一妻制。它们和自己的配偶默契地生活在一起，彼此之间感情深厚。

平时，夫妻俩会一起出去觅食，日出而作，日落而息。一旦有了宝宝，雄企鹅就自己出去觅食，承担起照顾全家的重担，雌企鹅则在巢中悉心照顾企鹅宝宝。等到宝宝长大离开它们后，企鹅爸爸和企鹅妈妈两个人就在一起相依为命，第二年又开始哺育下一代。

这种一夫一妻制有效地避免了企鹅为了争夺配偶而进行厮杀，使得整个企鹅群都生活得井然有序。

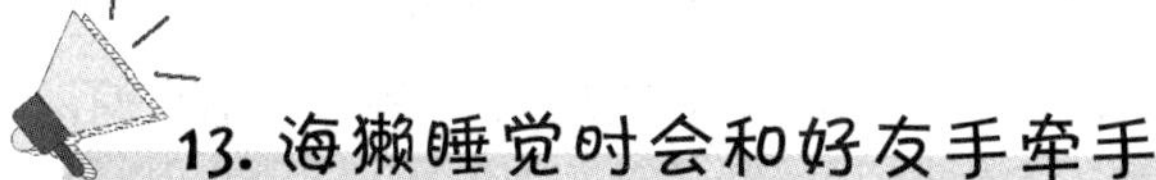

13. 海獭睡觉时会和好友手牵手

在海洋哺乳动物中，有一个很小的种类，它们就是海獭。海獭属于食肉目动物。它们因为长相很萌而受到人们的喜欢，我们在一些水族馆中可以见到它们可爱的身影。

在中国的海域中，我们是看不到海獭的，因为它是一种十分稀有的动物。只有在北太平洋的寒冷海域，我们才能看到海獭，它们经常出现在有很多岩石的海边。

在白天，人们经常可以看到几十只，甚至几百只海獭在海里玩耍或者寻找食物。等到了晚上，它们大部分都会把海藻缠绕在自己身上，或者用手抓着海藻，然后漂浮在海面上睡觉。有时，它们还会在岩石上睡觉。这是因为它们怕睡觉的时候，被海浪冲走或者沉到海底。

有时没有水藻，它们就会求助于同伴，和同伴一起手牵手，避免睡觉时漂到其他地方去。

海獭的小手非常擅长使用工具。海獭一般会随身携带一些像拳头一般大的石头。海獭在海底捕捉到海胆或者其他猎物时，它们不会马上吃掉猎物，而是会先把猎物藏在前肢下面的皮囊里。等到游到水面后，它们就仰躺在水面上，把猎物放在自己的胸部上面，使劲将猎物和自己藏的石头相撞。等猎物坚硬的壳被敲破后，它们就快速地享受自己的成果。等海獭吃饱了，它们还会十分聪明地把剩余的食物藏起来，像个十足的机灵鬼。

海獭们实行一夫多妻制。雄海獭在一个繁殖季中可能会和多只雌海獭进行交配，但是它们的繁殖是一个缓慢的过程，5 年才有一胎，在繁殖季节中，一只雄海獭会和很多海獭交配。但它们平均 5 年才能怀一次宝宝，而且，每次一般只有一个海獭宝宝，因此海獭的繁殖速度很慢。雌海獭的孕期一般为 9 ~ 10 个月，等生下海獭宝宝后，它们会花 6 ~ 12 个月来哺育宝宝们，等过了哺育期，海獭妈妈就会立刻遗弃海獭宝宝。

14. 蜘蛛对吓唬人类没兴趣

很多人虽然从来就没有遇到过有毒的蜘蛛，但对蜘蛛却极端恐惧。

科学家们研究发现，人类对蛇和蜘蛛这样的动物，存在着与生俱来的恐惧感。可能是因为这些动物曾侵犯过人类的祖先，这种恐惧反应在人类的进化过程中也没有退化掉。

当研究人员向几个月大的婴儿展示蜘蛛的图片时，婴儿出现了明显的压力反应；展示同样尺寸和颜色的花时，婴儿的压力反应明显减小。越小的孩子受到的后天影响越小，婴儿也会对蜘蛛感到压力，说明这种恐惧是存在于我们的基因中的。

如果在家里看到蜘蛛，很多女生就会惊声尖叫，很怕它在我们睡着的时候通过耳朵或者嘴爬到我们的身体里。

但实际上，蜘蛛对人一点兴趣都没有，完全不想和人类互动，也不会在人躺到床上的时候故意去吓唬人。

对蜘蛛来说，人类的体型巨大，我们的呼吸、心跳和打鼾等行为都会引起震动，蜘蛛会将这种震动视为警告，所以它不会刻意接近一个睡着的人。

有人惧怕蜘蛛，有人却克服了这种恐惧，不只不怕蜘蛛，还把它当成了下饭菜。

柬埔寨的小孩会带上专门的工具去抓一种毛茸茸、有毒的大蜘蛛。这里有很多人营养不良，这种毒蜘蛛就成了补充蛋白质的重要来源。

这些孩子将抓来的蜘蛛洗干净，挤出毒液，加上糖或盐放在火上烤熟，再配上米饭，一顿午餐就解决了。

其实蜘蛛并没有那么可怕，有时它们也会萌萌的。为了繁衍，雄蜘蛛在求偶的过程中会手舞足蹈，尽力在心仪的雌蜘蛛面前展现着自己。直到雌蜘蛛觉得它跳得还不错，它们俩才可以“入洞房”。

15. 北极熊睡觉时会先给自己做个枕头

在陆地食肉动物中，北极熊是体型最大的物种。一头成年的北极熊身高可以达到 2.8 米，最重的北极熊体重有 800 千克。

在卡通片里，北极熊憨厚可爱的形象，引来了很多小朋友的喜爱。它们睡觉的时候，还会和小娃娃一样，抱着东西入睡，有时在睡觉之前还会用雪给自己堆一个枕头。

北极熊特别聪明，它们经常趴在海豹出没的地方，守冰待豹，而且还会趁海豹爬上冰面时，突然袭击它们。在捕食的时候，北极熊经常使用左手，所以又被人们称为动物中的左撇子。

它们在捕食中，经常利用和白雪浑然一体的皮毛，进行隐藏。但是，为了保证它们黑色的鼻子不会暴露自己，这些聪明的家伙还会用右手捂住自己的鼻子。等到猎物出现时，它们就用左手捕捉猎物，这就是它们“左撇子”称号的由来。值得一提的是，科学家其实已经证实，北极熊的左右两只手是一样灵活的。

北极熊还有另外一个名字，叫作“白熊”，顾名思义，因为我们看到它的毛是白色的，所以它叫白熊。但它的毛其实并不是白色的。它的毛中间是空的，当阳光折射后看起来才是白的。

北极熊利用它们空心的毛，来进行防水隔热。当阳光透过北极熊的毛，照到它们的皮肤上时，它们就会利用它们黑色的皮肤吸收大量的热量。

它们在请求同伴分给自己一些食物的时候，会用碰鼻礼问候对方。如果一只熊有礼貌，就会被允许和同伴分享食物。

北极熊在吃饭时很容易把毛弄脏，没有水的时候，它们会把头和肚皮贴在雪地上，通过匍匐前进的方式来清理污渍，蠢蠢的样子总能萌化你的心。

16. 哪些植物会吃动物

一些恐怖电影中曾出现过食人花。虽然能吃掉人类的花目前还没有被发现，但是我们发现自然界中有很多的食肉植物。它们分布于 10 个科 21 个属，有 630 多种。我们经常看到的会吃动物的植物有很多，比如捕蝇草、猪笼草、瓶子草等。

食肉植物一般生长在比较贫瘠的地方，这种地方的土壤中会缺乏氮元素，但是氮对植物来说是不可缺少的，一般植物会通过吸收土壤中的含氮离子化合物来补充氮。在没有氮元素的地方，植物只能通过消化虫子等方法获得氮。

食肉植物之所以能够消化“肉”，是因为它的内部有一种酶，这种酶相当于人体的消化酶，可以帮助植物把动物体内的营养物质分解吸收。

有一种原产于北美洲的叫作捕蝇草的植物，就会吃虫子。捕蝇草有一个捕虫夹，它长在叶子的顶端，形状像贝壳一样。一旦有虫子靠近捕虫夹，捕蝇草就可以飞快地把虫子夹住，让虫子成为自己的囊中之物。

但是，当虫子连续两次靠近它时，捕蝇草叶片的闭合速度，就会达到0.5秒闭合一次。

捕虫夹就像是一个感应装置，经过连续两次碰触，叶子表面就会接收到从叶的基部传送出来的大约100毫伏的电压。这时，捕蝇草叶片内的水分会很快流失，然后因为叶片内外不等的压力而迅速闭合。

17. 骆驼不是用驼峰来储存水的

骆驼之所以被称为“沙漠之舟”，是因为它可以在缺水的环境中生活很长时间。有些人认为骆驼的驼峰是一个巨大的水袋，骆驼将水分储存在其中，所以能在沙漠中生活很久。

但是科学家的研究发现，骆驼的驼峰中储藏的并不是水，而是脂肪。

人们之所以会产生驼峰中储存是水这种误解，是因为驼峰中的脂肪在代谢过程中，必然存在着氧气的参与，在经过氧化后，脂肪就变成了可以满足生命需求的代谢水。而在吸入氧气的过程中，肺部的失水量和脂肪的代谢水量不相上下。也就是说，驼峰根本起不到固态水储存器的作用，它只是一个能量储存库。

骆驼一次性饮水后，骆驼的瘤胃被分成很多盲囊，这些盲囊就是人们所说的水囊。骆驼喝一次水，它就会在胃里存很多水，这就是它轻易不会渴的原因。骆驼的盲囊可以保存5～6升的水。这些水和骆驼胃里的发酵饲料混合在一起，就变成了又黏又稠的绿色液体。

骆驼盲囊里的这些汁液，含有很多和血液差不多浓的盐分，所以骆驼几乎用不到这些充满盐分的水。骆驼的盲囊不能与瘤胃中的其他部位分开，所以这

些体积很小的盲囊并不能作为储存水的水囊。

另外，骆驼喝水时，喝进去的水只能满足一时之需，它们把体内的液体恢复到正常容量后就会停止喝水。

由此可见，骆驼都是依靠体液中的水分来维持生命活动的。在夏天，骆驼最多可以忍受 25% ~ 30% 的水分缺失。

骆驼的血液中有一种高浓缩的蛋白质，这种蛋白质与骆驼的耐脱水性互相适应。在骆驼非常缺水的情况下，这种蛋白质可以依靠很强的保水特性，维持骆驼血液中的水分。这样，骆驼的存活力就可以被延长。

还有，骆驼依靠面积比较大的鼻黏膜，在呼气时，可以增加水分重复吸收的能力，因此就减少了在呼吸时水分的流失。而且，骆驼在排尿时，也会利用浓缩的尿液减少水分流失。

骆驼在长期进化的过程中，适应了沙漠环境，形成了独特的适应性特征，有效地解决了沙漠动物生存所面临的最突出的水的问题。

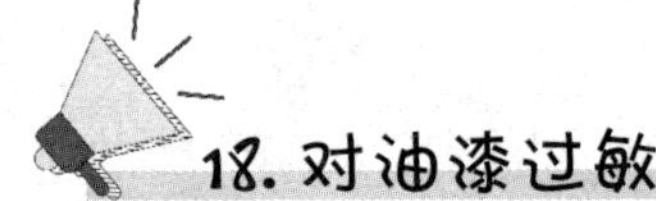

18. 对油漆过敏的人不能吃杧果

油漆中含有的醛类和苯类化学物质对身体都是有害的，一般人可能只会觉得油漆的味道很难闻，可对油漆过敏的人就不仅仅是觉得难闻这么简单了。如果赶上家里要装修，与油漆接触多了，轻度过敏者就会出现皮肤瘙痒，严重的会有呕吐、腹泻等现象。

对油漆过敏与杧果之间有什么关系呢？这点要从杧果的成分开始说起。

享有“热带水果之王”盛誉的杧果，其实具有丰富的营养价值。杧果中的维生素 A 含量丰富，维生素 C 含量比草莓等水果多很多。而且，杧果可以预防高血压、癌症等疾病，很多人还用杧果预防晕车。在清理肠胃、治疗便秘方面，杧果也是一个很好的小帮手。

杧果中还含有一些类似油漆的成分，比如单羟基苯或二羟基苯等。这些物质很容易刺激到皮肤，然后导致皮肤过敏。

对杧果过敏的人，一旦食用杧果，就会出现面部红肿、嘴唇肿胀、口腔起泡等症状。对油漆过敏说明是对相关成分易敏的体质，不只是油漆，只要是容易过敏或是带有强烈刺激的东西都应该避免或者少吃，饮食要清淡一些。

一旦吃杧果过敏了，可以先用水冲洗一下皮肤上残留的杧果汁液，最好是用冰水，因为冰水可以缓解过敏引起的红肿发痒的症状。

建议对杧果过敏的人，可以吃一些抗过敏的药物，或者使用一些抗过敏的外用药物。但是，具体的处理方法，还是要遵照医嘱，千万不可以随便吃药。

过敏症状会持续一两个星期，在此期间最好不要使用化妆品，要多喝水促进排泄，症状严重时需要及时到医院检查治疗。

19. 大多数长颈鹿是“同性恋”

科学家的研究发现，同性恋行为不仅在人类中存在，在动物中也广泛存在。据统计，世界上至少有 130 种动物有同性恋行为。动物的同性恋表现在成年的动物求偶时选择同性的行为。

而同性恋动物的典型就是长颈鹿。大部分的长颈鹿都是同性恋或者双性恋。长颈鹿经常用自己的脖子与其他长颈鹿互相厮磨，这其实是长颈鹿在交配前亲热的表现。而且，这样的行为大概会进行一个小时。

因为心脏小，长颈鹿的行为往往都是缓慢而优雅的，同类之间也彬彬有礼，大家对它们的印象也就停留在表面的温文尔雅上。

但是再有礼貌，雄性之间也是会争夺“江湖地位”的，因为身体原因，它们不像狮子那样撕咬，也不像人类那样比房子和车子，它们的办法是用头部互相顶撞。

一般情况下，几个回合就能分出胜负，赢了的长颈鹿可以获得地位和雌长颈鹿，但是两只雄性长颈鹿也有可能在脖子缠在一起的时候就突然产生了感情，于是其中一只就会骑在另一只身上，发生不可描述的一幕。

所以无论是和异性还是同性，长颈鹿的脖子绕在一起耳鬓厮磨时，可能都会触发恋情。

现代科学一般认为，同性恋是由于受到基因和心理两个方面的影响。有个观点说，基因决定你成为同性恋的概率，而环境决定你究竟会不会被触发成为同性恋。

同性恋的基因之所以能够在漫长的生物进化史中被保留下来，首先是因为同性恋不致死，也不会影响生育能力，所以不会被轻易淘汰。另外，同性恋迫于社会和家人的压力，常常也会和异性结婚生子，于是就有了基因被传下去的可能性。

在动物界中，其实同性恋不止在长颈鹿中流行，很多动物都有同性性行为，有的甚至还想着要繁衍后代。

就像天鹅，美丽的天鹅其实大约有 20% 的夫妻是由同性组成的，它们甚至会保持关系很多年。有时，一只雄性的同性恋天鹅，在利用雌性天鹅通过交配生下天鹅宝宝后，就会赶走天鹅妈妈，然后和自己的同性伴侣，共同养育天鹅宝宝。

甚至有的时候，一对雄性同性恋天鹅，会直接寻找陌生的天鹅妈妈，把天鹅妈妈赶走，直接霸占天鹅妈妈的窝和天鹅宝宝。

20. 乌鸦拥有逻辑推理能力

在中国，一些迷信的人相信乌鸦出现是一种不祥的预兆，却似乎从来没有仔细关注过乌鸦的行为习惯。其实鸟类中智商最高的一个类群就是雀形目鸦科鸟类，其中的佼佼者是新喀鸦。这种乌鸦不仅记忆力很强，而且具有发达的社会网络结构，还因为善于使用和制作工具而闻名，其智商堪比众多灵长类动物。

研究人员设计了一个实验，他们向 8 只乌鸦展示了一个它们从没见过的箱子，并把食物放在一扇透明的门后，但这些乌鸦无法直接用喙打开门。

人们发现，当为乌鸦提供一根长棍时，所有的乌鸦都知道把长棍放进箱子的缝中来获取食物。当研究人员把食物放得离乌鸦更远，给它们的工具更短小时，乌鸦无法用单个工具直接碰到食物。其中有一只乌鸦可以把 3 ~ 4 个小零件组合起来，制造出一个更长的工具。

乌鸦们制作一个工具可能会需要几分钟时间，做好工具后常常舍不得丢弃，它们会把工具藏在一个小洞里保管，防止其落到地上摔坏，下次用的时候也方便拿取。

除了新喀鸦，还有很多高智商的乌鸦，比如夏威夷乌鸦、渡鸦、秃鼻乌鸦等。

关于这些乌鸦这么聪明的原因，科学家们给出了可能的解释。

第一，乌鸦的体型比其他鸟类大，所以它的脑容量相对也比较大。而脑容量的大小和使用工具的能力是成正比的。当然，决定智商的还有脑神经元的数量、神经连接和脑皮层的褶皱程度等因素。

第二，这些乌鸦拥有发达的社会网络关系，互相学习的能力很强。

第三，鸦科鸟类在全世界范围内都有分布，它们已经适应了各种复杂的环境。

第四，这些乌鸦都不挑食，昆虫、谷类、果实都是它们的食物。

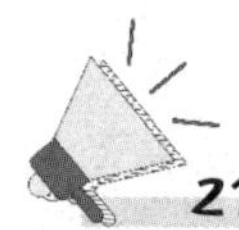

21. 猫咪和同类如何交流

猫咪是家庭中较为常见的宠物。家猫的祖先据说是波斯猫，虽然它们被人类调教了 3500 年之久，但是，猫不像狗已经完全屈服于人类。

猫咪们的样子非常萌，所以受到了很多人的喜爱，我们如果在路上看到了一只小猫，大多数人都会对着它“喵喵”叫几声。这也是因为大多数人都认为“喵喵”是猫语，对着猫咪“喵喵”叫就是在和它打招呼。

实际上，猫咪在和同类之间交流的时候不会发出“喵喵”的声音，“喵喵”不是猫语。这是它们为了和主人交流而开发出来的一种语言。

因为人类之间的交流基本上依赖于语言，这就让我们形成了一个固化思维，认为其他动物也是通过声音去交流的。但其实对于猫和很多其他动物而言，声音只是它们交流方式的一小部分。

成年猫只有在与人相处的时候才会“喵喵”地叫，这种叫声代表了欢迎和问候，或是在抱怨、渴求关爱。成年猫与同类在一起时几乎不会发出这种声音，只有小猫在需要猫妈妈照顾的时候会发出一种相似的“谬谬”声。

研究人员推测，早期的猫不会“喵喵”叫，与人类相处久了之后，为了引起人类的注意，又想起了小时候引起妈妈注意的叫声，才发出特有的“喵喵”声。

猫在和同类相处时，更多的是用鼻子去闻、用肢体语言去表达。

猫的嗅觉灵敏度是人类的十几倍，所以它们很善于用嗅觉去交流。猫的脸颊、耳朵、尾部和脚趾上都存在着分泌油脂的腺体，会在它们碰到的地方留下特有的气味，它们会用这些身体部位去蹭一个地方，将自己的气味残留在物体上，以后便可以通过闻这些味道对物体进行迅速定位，或是感知另一只猫的存在，了解对方的领地和特征。

猫的肢体语言在交流的过程中也起着不可或缺的重要作用。它们的尾巴和耳朵可以摆出各种各样的姿态，眼神和嘴巴作为肢体语言的一部分也都在传递着信息，但是变化没有尾巴和耳朵多样。

猫咪们也会发出声音，最常见的是“咕噜咕噜”的声音。小猫发出这种声音表示被妈妈照顾得舒服，成年猫发出这种声音一般是在打招呼或想引起其他猫的注意。

不同的猫发出的“喵喵”声是不同的，似乎每只猫对人类都有一套自己独特的“喵语”。如果你某天在外面突然听到了一声“喵”，可能是某只猫正在和你打招呼呢。

22. 一下雨就变透明的小花

大自然有无穷的力量，而且很多惊人的现象目前无法用科学来解释，所以人们对大自然的好奇无穷无尽。现在，我要给大家介绍的是一种遇水就会变成透明的小花。

这种花是山荷叶的花，它属于多年生草本植物，高达 50 厘米，主要分布在东亚和北美东部地区，据说原产于日本和中国，非常稀有。

山荷叶是一种非常奇怪的植物，从每年的盛夏开始绽放，一直开到第二年早春。每逢下雨，它的花瓣都会变成透明状态，晶莹剔透，纯洁无瑕。由于此时可以看到花瓣上的纹路的缘故，它又被人们叫作“骨架花”。雨过天晴之后，它的花瓣又会恢复原生的白色。

关于花瓣为什么会遇水变透明，有很多种不同的说法，其中一种是说，主要是因为下雨的时候，水冲走了白色色素。没有沉着的色素，花朵的茎脉和组织完美曝光，肉眼看上去就是透明的了。

还有一种解释称，白色的花瓣内没有植物色素，白色只是花瓣内细胞的空隙或液泡，因为光反射使肉眼看到花瓣近乎白色而已。

山荷叶的花语是“亲情”，这种情感就像山荷叶般纯净、清澈又默默隐藏。空闲的时候，我们可以带上家人一起去山里寻找这种神奇的植物。

山荷叶作为观赏性植物，不仅让人赏心悦目，而且有很多药用功效。比如它的茎可以解毒消肿、治疗月经不调，外用可以治疗毒蛇咬伤的伤口等。

23. 原来竹子不是树，而是草

古人云：“宁可食无肉，不可居无竹。”从古代开始，竹子清雅的形象就被众人赞颂。诗人也经常歌咏它坚韧高洁的品质。据记载，世界上最早培育竹子的国家就是我们中国。竹子与梅、兰、菊并称为“四君子”，与梅、松并称为“岁寒三友”。

竹子的种类非常多，尤其是在亚热带和热带地区，它是非常常见的。在我们国家，竹子是高风亮节的品质的象征，它有着很美好的寓意。

我们看到的竹子多数是那种特别高大的，最高的竹子能达到 40 多米，一般的树木都没有这么高，所以我们常常认为竹子是一种树。

实际上，竹子不是树，而是一种草。但是它和普通的草又有些区别，因为普通的草一般是一年生的植物，第二年就会消亡，然后重新发芽再生长，而竹子却是每年都会逐步往上生长。而且竹子是木质化的，它不像普通的草那样柔软，所以很多人认为竹子是树。

竹子和树的一个根本区别在于树木都是有年轮的，记录着自己的年岁，但竹子却是空心的。

竹子属于单子叶植物，它另外还有一个特别之处，就是会开花。竹子的种类很多，所以它的花不全是同一种颜色的，它的花有黄色的、白色的、粉色的等。

竹子开花有一定的周期，而且竹子和其他植物不同，它一生只开一次花，并且，在开完花后，竹子就会枯黄，然后大片大片地死去。

竹子除了是优良的园林绿化和旅游观赏植物，新生的竹笋还可以食用。由于竹笋具有很高的营养家价值，所以深受人们的喜爱。

竹子全身都是宝，用竹子建的房屋，搭建方便，除了冬暖夏凉，还可以防震。

竹子适应性强，可以在田边地角、房屋前后等地方广泛种植，也可以集中成片地发展竹林基地，不与农田争地，既可以增加收入，又可以美化环境。所以，人们经常在一些环境比较恶劣或者水土流失比较严重的地区，种植很多竹子来保护生态环境。

第六章

神秘的宇宙：让你的脑洞大开

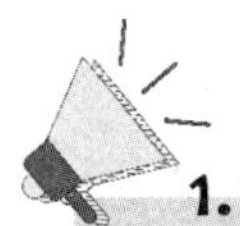

1. 人的身体直接暴露在太空中会发生什么

从古至今，人类对天空的好奇与探索从未停止，直到我们现在终于登上了太空。我们都知道，宇航员在出太空舱之前会穿上特制的宇航服，因为太空中没有重力和氧气，我们无法直接在太空中存活。

但是在一个未知的世界中总会有意想不到的事情发生，如果人体真的直接暴露在外太空，会发生什么事情呢?

科学家们曾经根据太空的一些环境因素进行分析，得出结论：人类直接暴露在太空中会爆炸，身体会四分五裂。因为太空的气压比海底几万米深处的气压都要高，人类的身体是承受不住的。但是这一说法已经被更进一步的科学证明推翻了。

20 世纪 60 年代，科学家们针对这种说法进行了动物实验，把动物放在一个气压很高的舱内，但是动物并没有爆炸，四肢也好好的。虽然它的身体受到了很大的损害，但那种会爆炸的说法是完全不成立的。

苏联的“联盟 11 号”载人宇宙飞船在太空飞行 23 天后，连接轨道舱与返回舱的换气阀门在与空间站对接时被震开，这直接导致了返回舱的空气泄漏，三位宇航员被直接暴露在真空中。仅仅 40 秒，他们就因急性缺氧和体液蒸发而丧生了。

所以人体暴露在太空后的真实情况是，大脑会首先感到缺氧，但人却不会立刻丧失意识，因为我们体内血液中含的氧气会帮助大脑维持 15 秒左右。在这个过程中，如果屏住呼吸，我们就很有可能在 2 分钟内丧生。因为气压下降会导致肺部迅速膨胀，直到最后撑破肺部，让气体进入身体循环系统。所以如果我们突然暴露在真空环境中，要做的第一件事就是把肺里的气体全都呼出来。

另外，如果我们的身体暴露在太空中10秒钟左右，皮肤上就会有汗液渗出，因为这时体内的液体会快速蒸发。由于宇宙中的各种辐射很强，我们会感觉自己的皮肤就像在火上烤一样，但是又不会烧伤皮肤。

虽然太空的温度极低，但在缺少对流和传导的情况下，人体的热量不会那么快流失。在冻死之前，人会先窒息而死。

就算在太空中死亡，因为是真空环境，没有微生物和氧气，所以尸体不会腐烂和降解，即使过了上万年也不会变样。

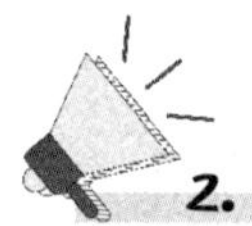

2. 一颗飞行14年的子弹

假如未来发生了太空战争，我们现在使用的枪支在太空中还能用吗？如果可以，那么在太空中开枪和在地球上开枪又有什么不同呢？

因为太空中没有氧气，所以有人认为在太空中是不能使用地球上的枪支开枪的。其实在太空中是可以正常开枪的，因为现代机械里面都有氧化剂。但是，太空的环境跟地球不一样，所以开枪的效果也是不同的。

我们知道，在地球上开枪，如果想要让别人听不到枪声就得加上消声器，但是在太空中就完全没有这个必要了，因为在太空中根本就听不到声音。我们在地球开一枪，因为受到地球引力的作用，子弹如果没有击中目标，那么在自身能量消耗完之后，就会落在地上，但是在太空中，因为是在真空的环境下，子弹是不会受到空气阻力的，所以自身能量会一直守恒。那是不是意味着子弹会在太空中永远飞行呢？理论上是肯定的。

对于这个猜测，美国宇航员于2004年在太空做了一个试验。他向太空中开了一枪。子弹离开后，开始飞向宇宙，因为没有击中任何目标，所以就一直在宇宙中飞行。到 2018 年，已经过去了 14 年，根据美国天文站的观测，这颗子弹依然在太空中飞行。这也许是世界上飞行时间最长的一颗子弹，也是世界上射程最远的子弹，估计以后都不会有人能打破这个纪录。

如果当时这名宇航员是在某颗行星的轨道上发射子弹，并且发射完后该宇航员一直没动，那么子弹射出后受到该行星的引力影响，将围绕行星做圆周运动，飞行一圈后，又会回到原点，最后该宇航员可能会被击中。不过，这个可能性非常小。因为物体之间的相互作用，人在射出子弹时，子弹也会对手枪有个作用力。因为人体的质量远大于子弹的质量，所以子弹被射出的瞬间，人在子弹后坐力的作用下会“飘”走，而不是停留在原地。

如果没有在行星的轨道上发射，那么子弹将在太空中沿直线运动。如果子弹在飞行过程中遇到太空垃圾、太空尘埃的阻碍，速度可能会慢慢减弱，变成太空垃圾；也可能在经过某颗行星时，受到较大行星的吸引力，最后会一直围绕该行星飞行。

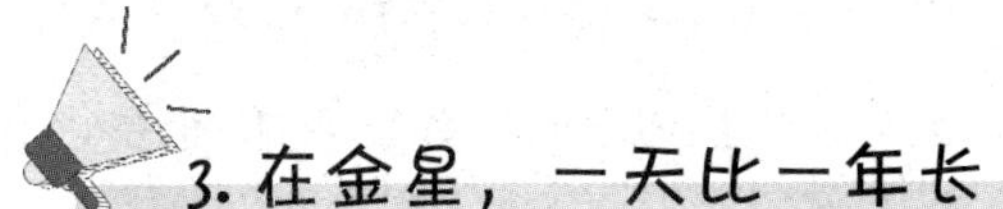

3. 在金星，一天比一年长

金星，又被称作“地球的双胞胎”。为什么金星会有这个美誉呢？因为它在很多方面都与地球非常相似。比如它们的表面都很年轻，且被浓厚的大气层覆盖，不同的是，覆盖金星的大气层是硫酸云，而覆盖地球的则是臭氧。

从大小来看，二者几乎是相同的，并且内部构造也差不多。在太阳系中，金星 1 年有 224.7 个地球日，与我们的一年天数大致相同。但金星的一天，却相当于地球的 243 天，可以说，在金星上待一天，相当于在地球上待了 2/3 年。

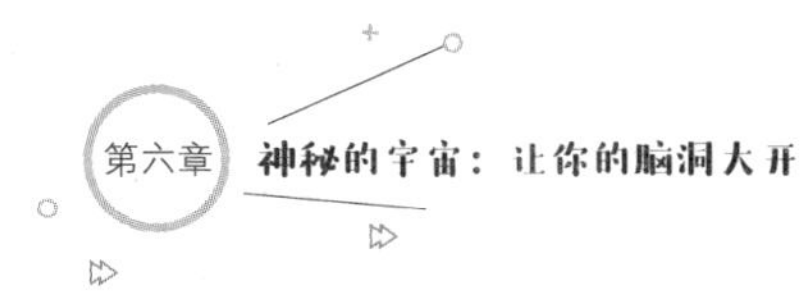

为什么在金星一天的时间，都快赶上地球一年的时间了呢？这是因为金星是太阳系中唯一一个逆向自转的大行星，它的自转方向跟别的行星是相反的，是自东向西转的。如果你在金星上，太阳真的是从西边升起，东边落下。以后再有人说“如果太阳从西边升起”，你就可以回击他了。

金星绕太阳公转的轨道是一个接近于正圆的椭圆形，并且与黄道面几乎重合。它的公转速度大约为 35 千米 / 秒，公转周期约为 224.7 天，但是它的自转周期却为 243 天。也就是说，在金星上，一天比一年还长。这种感觉很奇怪。如果在金星上生活，人就会有一种“一天还没过完，居然就要过年了”的感觉。可能这就是古人所说的“度日如年”吧。

4. 外星的天文学家可能会看到地球上的恐龙

我们看到的万物是光线照射到物体后的反射或者光源自己发出的光。我们能看到自己的手，看到窗外的树的实时状态，是因为这些物体离我们很近。光的速度是不变的，每秒 30 万千米，所以我们周围物品的光传到我们眼睛里的时间几乎可以忽略不计。

但是如果我们看 30 万千米外的地方，我们看到的就是它一秒钟之前的状态，因为 30 万千米外的光传到我们的眼睛中需要 1 秒。

光在一个地球年的时间内能够走多远？光大约能走 94000 亿千米。这一距离就是 1 光年。

所以，我们用望远镜观测到的宇宙图景其实都是过去的景象，距离越远，历史越悠久。或者我们也可以简单地理解为：我们看到的天体影像所在的时间和它距离我们的光年在数值上是相等的。

天文学家们于 1987 年 2 月 24 日，在大麦哲伦星云内观测到了一次奇观，这是一场超新星爆发。大麦哲伦星云距离我们约有 16.3 万光年的距离，也就是说，其实这颗超新星早在十几万年前就已经爆发了。爆炸最初发射出的光子经过十多万光年的长途跋涉，终于在 1987 年年初到达地球。

我们观察其他星球遵循这样的规律，从其他星球上看我们的地球也是一样的。假设外星的天文学家在距离我们 6600 万光年远的地方看地球，他看到的将是白垩纪时期，他会看到恐龙，而不知道有人类的存在。

如果我们的科技发展到可以创造出比光速还快，甚至接近于瞬间移动的交通工具，我们就可以到若干光年之外去观察回顾任何一个时期的地球，做一个时间旅行者。

5. 在太空中，人还会长高吗

尤里·洛玛曼柯是一名苏联的宇航员，在 43 岁那年，他在太空站生活了 326 天。等到回归地球时，他发现自己的身高居然长高了 1 厘米。人在 20 岁左右的时候，身高就已经达到了极限，到了中年之后，一般是不会再长高的，但是这位宇航员为什么又长高了 1 厘米呢?

我们都知道，脊柱是人体的“立柱”，人体就是通过脊柱来保持直立姿态的。它的任务就是承受人体的重量。脊柱由 33 个脊椎体组成，且每个椎体之间都有玻璃样的软骨盘、纤维环和髓核构成结缔的椎间盘，这些组织会对脊柱起到保护和缓冲的作用。

椎间盘在地球的正常重力作用下，会因为人体重量的原因呈现出一定的压缩量，可在太空失重的条件下，体重对椎间盘所造成的压力消失了。椎间盘的压缩会在太空中释放，并且增加椎体间的距离。

虽然椎间盘的扩张是十分微小的，但是把几十个加起来，就会使一个人看上去明显增高很多。一般情况下，人体身高会增加 2 ~ 3 厘米，有的宇航员甚至会增加 5 厘米。但是这种长高的状态对宇航员来说是非常有害的，长期处于这种状态，会使宇航员患上背痛和神经传导功能中断症等，甚至还会导致宇航员发生触觉障碍等。

失重的危害不止以上这些，它还会使宇航员患上心、肾、血液循环等方面的各种疾病，削弱宇航员的免疫功能。所以，科学家们正在研究一种人工重力系统，希望以后可以将这种人工重力系统安装在航天器中，彻底解决失重带来的一系列航天病。

有些对自己身高不满意的人可能会想要去太空增高，可这种想法是徒劳的，因为在宇航员们回归地球后，身高就会在几周甚至几个小时内恢复到以前的样子。

人在太空中除了会纵向变长之外，横向也会发展。

我们知道，太空处在失重的环境，所有重力性的血液压力梯度都会消失，这也会让血液从腿部向头部转移，并且进行再分配。如此一来，宇航员的体液也会随之发生变化，比如头部血管充盈，面部出现一定程度的肿胀，看上去似乎变胖了。

事实上，由于受到太空失重的影响，航天员的肌肉质量也会出现下降，随着体液流失与肌肉质量下降，大部分宇航员在太空飞行后，体重都会比之前轻 3% ~ 4%。

6. 南极和北极，哪个更冷

提到南极和北极，我们眼前都会浮现出冰山连绵、企鹅与北极熊瑟瑟发抖的场景。南极和北极是地球上最冷的地方，虽然两地都很冷，但是温度不可能一模一样吧，南极和北极到底哪个更冷一些呢？

事实是，南极相对要更冷一些，北极冰川的总面积大概只有南极冰川的十分之一。其主要原因如下。

首先，我还得从南极和北极的地质结构说起。南极被海洋包围，是一个绝对的冰雪大陆。这片大陆上常年刮着猛烈的暴风雪，厚厚的冰层常年不化。而北极地区的陆地面积小，大部分都是海面。

众所周知，海水的比热容比陆地大很多，所以北冰洋能吸收更多的热量，就像一个蓄热池。冬天来临时，北冰洋就为北极地区保温，所以北极的平均气温比南极高。

其次，南极的海拔比北极高。因为北极的大部分地区都是海洋，大陆只有一小片面积，所以它的平均海拔与海平面相近。而南极则不同，它的平均海拔高度是 2350 米，其中，有 25% 的山峦都超过了 3000 米，最高海拔更是达到了 5140 米，可以说是世界上平均海拔最高的大洲了。因为南极洲的海拔很高，所以它的空气很稀薄，无法留住太阳辐射的热量。等到夜晚，大部分热量会很快散发掉。

最后，北极有北大西洋暖洋流汇入，而南极周围的西风环流则阻止了外界暖流的汇入。也正因为如此，北极地区的冰雪覆盖率才低于南极，从而导致了南极对阳光的反射率更高，这加剧了南极的寒冷。

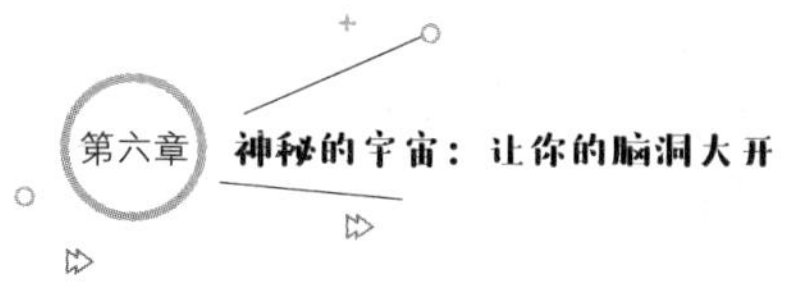

南极境内没有任何一个国家，而北极却有8个国家的领土，它们分别是：俄罗斯、美国、加拿大、丹麦、挪威、芬兰、冰岛和瑞典。

南极和北极也有共同点，就是它们的景色都非常美，但是全球工业化革命带来的气候变暖，让南北极的冰川快速融化，海平面在不断上升，为了保住这份美丽，我们要共同关爱唯一的地球。

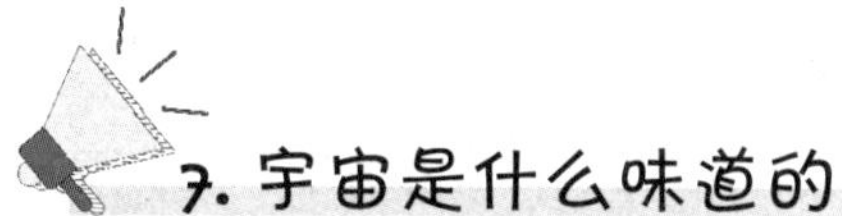

7. 宇宙是什么味道的

宇宙是空间、时间、物质和能量所构成的统一体，可以说，宇宙就是一切时间和空间的总和。一般来说，我们理解的宇宙就是指人们存在的时空的连续系统，其中包括了所有能量、物质与事件。对于这一体系的整体解释构成了宇宙论。宇宙的组成部分如下：普通物质约为4%，暗物质约为23%，暗能量约为73%。

宇宙给人的感觉是神秘、深邃的，但是随着科技的发展，我们已经在一步一步地对宇宙进行探索，而且也有宇航员登上过太空。我们接触到一个想要了解的新事物时，最先对其做的就是用感官去感受它。我们现在已经见过宇宙、听过宇宙，可是各位有没有想过这样一个问题：宇宙闻起来是什么味道呢？

美国国家航空航天局埃姆斯研究中心天体物理学与天体化学实验室的负责人路易斯·阿拉曼多拉博士称，宇宙边缘的地方，闻上去就像是汽车比赛中的气味。这种气味包括发热金属与柴油的味道，同时还夹杂着烧烤的味道，因为这些味道的主要来源是那些快要死亡的恒星。

因为剧烈燃烧，一种名为多环芳烃的化合物产生了，这种化合物是一种气味强烈的物质，并且能让分子永远漂浮在整个宇宙中。这些分子会一直在彗星、

流星与太空尘埃中旅行，其中的一部分甚至会出现在地球上，并参与形成了最初的地球生命。

尽管我们不可能闻到不掺杂质的太空气味，但宇航员在执行任务后，这些味道会通过分子运动黏附在宇航员的衣服上，人们也因此得以了解太空的气味。

而太阳系与外太空的味道不同，太阳系由于含碳多、含氧少的特点，会散发出一种很刺鼻的味道，这种味道更像是一辆车缺氧后产生黑灰并发出的难闻气味。根据宇航员的描述，月球的味道更像是已经失去效用的陈旧火药味。

当然，宇宙的味道并不是单一的，有些尘埃会散发出香甜的糖果味道，有些分子云则会散发出臭鸡蛋味，可谓是五花八门、应有尽有。宇宙深处这些奇怪的味道，还需要科学家们做进一步的探寻。

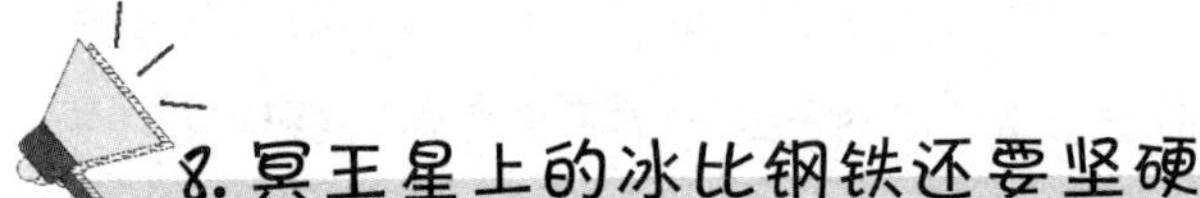

8. 冥王星上的冰比钢铁还要坚硬

在我们的常识中，铁是一种比冰块还要坚硬上百倍的成分，可冥王星的冰却比钢铁更硬。

天文学家克莱德·汤博，于 1930 年发现了冥王星，他将其列为继八大行星后的第九大行星。直到 2005 年，天文学家们才发现阋神星的质量甚至比冥王星的质量还要多出 27% 来。基于此，国际天文联合会在第二年正式出台了关于行星的定义，将冥王星排除在九大行星外，降为矮行星。

冥王星是太阳系内已知体积最大且质量为第二大的矮行星。冥王星与其他柯伊伯带天体一样，主要成分都是岩石和冰。冥王星的轨道周期为 248 年，其轨道特征十分明显，轨道倾斜度超过 17° ，并且有着高离心率。这一点也是跟其他行星不一样的地方。

虽然冥王星被踢出了九大行星的行列，可人们仍不能忽视它在太阳系中的价值。冥王星与太阳的位置较远，其表面温度更是低到零下 238 ~ 零下 218 摄氏度之间。

光从太阳传到地球仅需要 8 分钟，但传到冥王星却需要 5.5 小时，所以冥王星的表面非常缺乏热辐射源，造就了它死一般的寂静和寒冷。

冥王星的表面结满了坚冰，这种冰和地球上的冰区别很大。冥王星的冰中包括大量冰霜与甲烷，出于极低气温的缘故，冥王星上的冰，甚至比地球上的钢铁更坚硬。

冰的硬度和温度呈线性关系，冥王星的温度越低，其冰的硬度就越高。在零下 50 摄氏度时，冥王星上的冰的硬度可以达到莫氏硬度 6，而钢铁的莫氏硬度仅为 4 ~ 5。当冥王星的温度降到零下 70 摄氏度时，其硬度甚至能够超过花岗岩。

当然，我们地球上也有温度极低的地方，在这些地方中，也有着比钢铁更硬的冰。这种冰，就是小说里经常说到的“万年玄冰”。“万年玄冰”的主要成分为冰川，这些冰川经过漫长岁月的积累呈现淡蓝色，内部纯度非常高且坚硬，一般的铁器难以将其打破。

9. 月亮正在偷偷溜走

月亮与地球之间的距离在 36.3 万 ~ 40.5 万千米之间，由于月球围绕地球的轨迹是呈椭圆形的，因此，二者之间的距离实际上是不断变化的。不过月球正在以每年大约 3.8 厘米的速度偷偷地溜走。

为什么月球正在远离我们呢？我们知道任何运动的物体都有维持直线运动

的趋向，也叫惯性，所以做圆周运动的物体也有逃跑的趋向。围绕地球旋转的月球也一样，不过由于受地球的吸引，它不得不继续待在轨道上。

但是地球上的潮汐却让月球离我们越来越远。当月球的引力与地球上的大海相作用时，地球是处于自转活动的。当地球上朝向月球的海平面因月球的引力而升高时，海平面同时因为地球的自转而偏离了月球，于是月球也被拉向了前方。这相当于拉大了月球公转的轨道。

虽然月球轨道每次变化得很少，但是日积月累，也是不小的距离。很多年后，人类看见的月亮可能比我们现在能看到的小。现在月球围绕地球公转一周是 27 天，但是 28 亿年前，只需要 17 天。46 亿年前，地球和月亮刚形成时，月亮绕地球一周只需要 7 天，估计那时如果有人能看见月亮升起，他看到的就一定是个大月亮。

10. 太阳系中最冷的行星是哪个

随着人类科技的不断发展，我们的探索领域已经扩展到了太阳系中的外行星。太阳系中的八大行星按照离太阳的距离从远到近排列，依次是：海王星、天王星、土星、火星、地球、金星、水星。

其中温度最低的行星顺理成章的是离太阳最远的海王星。海王星是我们用肉眼看不到的行星，人们在 1864 年初次观察到它，并使用了罗马海神的名字来给它命名。

和其他外行星一样，海王星也有复杂的卫星系统，目前已经发现的有 14 颗。海王星的一些卫星可能起源于太阳系的其他地方。外太空有许多冰星体，小行星体和其他盐类物质穿行于太阳系的碎片之间。

这些碎片可能会在偶然的情况下相互碰撞，碰撞过后的碎片就有可能进入太阳系，形成彗星。如果碎片被撞向了特定的方向，这个碎片就有可能被行星的引力吸住，变成一颗卫星。

海王星最大的卫星名叫海卫一，大小和月亮相当。它和海王星一样，都是极度黑暗和寒冷的。

太阳系最边缘的行星就是海王星，从它与太阳之间的距离看，它到太阳的距离是地球到太阳距离的 30 倍，1989 年测到的顶端云层的温度低至零下 224 摄氏度。海王星的质量比地球的质量大 17 倍，造成海王星庞大体积的是它表面的成分。海王星的地表充满岩石和冰，且富含水、氨和甲烷。海王星的自转周期为 16 个小时，公转周期则为 165 年。

海王星非常活跃，上面的风暴速度可以达到 600 米 / 秒。在这样的环境下，太空探测仪不能安全地降落在上面，所以人类对于它的探索只能停留在表面。

由于离太阳较远，因此海王星成为太阳系中最冷的一颗行星。它的卫星海卫一，也成为太阳系中最为寒冷的一颗卫星。海卫一不断从地表喷出氮冰和尘埃颗粒，这可能是在海王星的引力作用下产生的。

海卫一如此冷，主要是因为它表面的反光性太好，照在它表面的光大约有 70% 都被反射出去了。

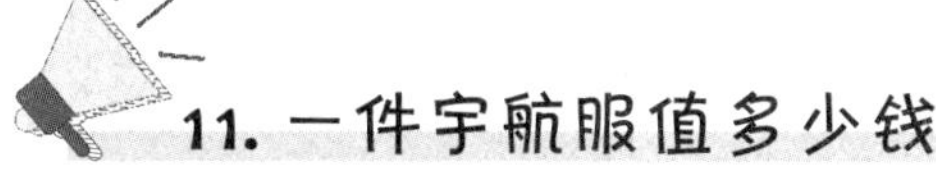

11. 一件宇航服值多少钱

法国著名作家儒勒 · 凡尔纳是 19 世纪最伟大的科幻小说家，他的科幻小说甚至启发了人类的重大发明创造。1865 年，凡尔纳在其小说《从地球到月球》中，描写了大量引人入胜的宇宙航行情节。那个时期，凡尔纳就已经有了穿特殊服装去太空旅行的愿望。

事实上，人类直到 20 世纪 30 年代才开始高空飞行作业，也正是这一时期，人类才开始需要一种特殊的飞行服装。

随着飞机越飞越高，科学家们不得不研究出一种特殊材质的衣服，来帮助飞行员改善呼吸，以适应高空的低气压。

随着海拔的增高，气压也变得越来越低。人体内部组织中的氮会逐渐溶解，继而形成气泡。这种情况会导致宇航员的四肢出现不同程度的疼痛，在严重时，甚至会导致宇航员丧失意识，这种症状又被称作减压病。

到了 20 世纪 30 年代中期，为了给宇航员的服装加压，人们从汽车轮胎中获得启发，将制作宇航服的任务交给了一家轮胎公司。由于技术不过关，当时做出来的加压服是非常笨拙的。在飞行结束后，人们甚至需要剪开加压服，才能将宇航员从中“解救”出来。

20 世纪 50 年代，人们试着将尼龙网嵌入橡胶中，来做加压服的加强层，这样一来，加压服就能变得更加柔软、轻便。1961 年，美国第一位航天员就是穿着这样的加压服进入太空的。

经过无数次更新换代，现如今的宇航服里的上千个零部件都具有自己的生命保障系统。这些宇航服不仅可以保持良好的微气候，还能屏蔽太阳光与宇宙辐射。

制作航天服一共需要用到一千多道工序，非常复杂。一套舱内宇航服一般价值 20 多万人民币，重量为 20 千克左右。一套舱外宇航服的造价通常需要 2 亿人民币左右，重量也达到了 120 多千克。

美国国家航空航天局计划于 2020 年重返月球，到时，宇航员们将身着新一代的宇航服登月。新宇航服在保护宇航员免受伤害的同时，将提供更好的活动能力和柔韧性，并提供长达 120 小时的生命支持，还会装备可与地球直接联系的计算机系统。

12. 每秒喷洒 500 桶酒的彗星

澳大利亚的业余天文学家特里·洛夫乔伊于 2011 年 11 月 27 日发现了一颗彗星，为了奖励他，这颗克罗伊兹掠日彗星就用了洛夫乔伊的名字来命名。

这种彗星的轨道与太阳非常接近，克罗伊兹掠日彗星最早是用 19 世纪的德国天文学家海因里希·科鲁兹的名字来命名的。根据科鲁兹的描述，克罗伊兹掠日彗星其实是一颗巨大彗星分解下来的一部分。

就在发现洛夫乔伊彗星后不久，美国国家航空航天局、欧洲宇航局和日本航空研发机构便开始跟踪这颗彗星的太空轨迹。

彼时，洛夫乔伊彗星正冲向太阳的日冕，绝大部分天文学家都认定，这颗洛夫乔伊彗星一定会遭受到炽烈的燃烧，并且迎接死亡。因为太阳的大气温度高达 110 万摄氏度，克罗伊兹掠日彗星基本是不可能越过的。但令天文观测者们吃惊的是，克罗伊兹掠日彗星顽强地越过了太阳大气，奇迹般地出现在太阳背面约 140012 千米的高空处。

克罗伊兹掠日彗星来自于太阳系形成初期，作为一种冰封天体，克罗伊兹掠日彗星记录着太阳系的原始信息。

如果我们能在克罗伊兹掠日彗星上发现有机分子，就证明太阳系在最初形成时，就已经具备有机分子了。大部分彗星的轨道都是远离太阳的，但仍然会有一些彗星的轨道受到引力干扰，继而进入到太阳系的内侧。

科学家们根据克罗伊兹掠日彗星表面温度在升高后释放出的气体和挥发物，准确地推断出了克罗伊兹掠日彗星上的物质成分。

2015 年 1 月，克罗伊兹掠日彗星在通过近日点的时候，科学家们发现它

每秒喷射出 20 吨的液体。克罗伊兹掠日彗星喷射出的液体里饱含乙醇成分，这些乙醇大概相当于 500 桶酒所含的乙醇量。

克罗伊兹掠日彗星得益于低温环境，它较好地保存了自己的原始环境。通过这颗彗星，科学家们才能一窥宇宙原始时期的面貌。

除了乙醇，洛夫乔伊彗星抛洒的液体中还包括乙醇醛（一种简单的糖分）等 21 种不同的有机分子。在大概 38 亿年前，有大批小行星和彗星撞击了地球。在同一时期内，地球上开始出现海洋。

基于此，一些研究者认为，地球的生命并不是从零开始积累生命体的，这些高级、复杂的分子结构可能随着彗星而来，促进地球上生命的进化。在克罗伊兹掠日彗星与其他彗星上发现的复杂有机分子，也支持了科学家们的这一假说。

13. 到太空中体会“冰火两重天”

自从人类开始探索宇宙的奥秘以来，我们一直对外太空还有没有其他星球适合人类居住这个问题很感兴趣。很多科幻电影中也都有这样的情节，地球资源被人类开发殆尽，为了生存，人类不得不移居到其他星球。

如果想要在现实生活中找到另一个适合人类居住的星球实在不是件容易的事，其中一个需要满足的条件就是气温。那么太空中的温度是多少呢?

太空本身是没有温度的，因为温度是物体的热度或冷度的度量，而热是物体内的分子总动能。本质上，温度是物体的平均热量。

在几乎真空的太空中，每立方米范围内大概只有一个原子，而每立方米的地球大气中含有 10^{21} 个原子。因此，测量真空的温度几乎没有意义。

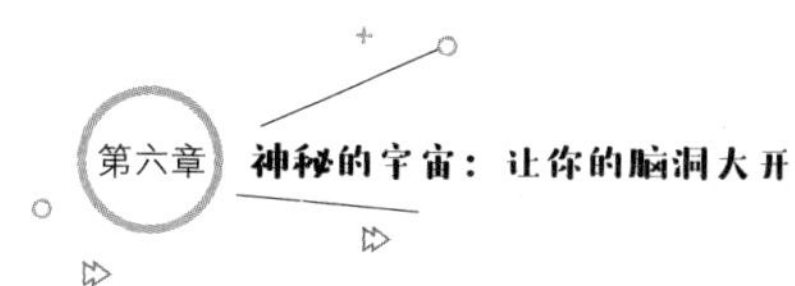

尽管如此，科学家还是尝试测量出了太空的温度是多少，得出的结果大约是零下 270 摄氏度，也就是绝对零度以上 3 摄氏度。

绝对零度只存在于分子和原子完全停止运动时，它是目前已知的最冷温度。

太空中，有很多像太阳一样不停燃烧的恒星，也有不少星星在高速运动，按理说这样的太空应该很热才对，为什么会这么冷呢?

一方面是因为太空不是物体。热传递的方式主要有三种：对流、辐射与热传导。热传导与对流都需要介质，但是太空中是没有这个传播介质的，热传递就基本只能靠辐射，也就是电磁波传导的热辐射，而太阳辐射主要就是通过电磁波和粒子流。

另一方面是因为太空太大了。对整个太空而言，太阳的热量就像是往一脸盆凉水中放一勺热水一样不起作用。如果人们停留在太空中，一旦离开像太阳一样的恒星的热辐射范围，人体就成了一个热辐射源，人体热量会立刻通过太空中的射线向外辐射，人们很快就会冻僵。

太空的温度虽然低，但是如果想要到太空去，只防冻是不够的，还要防热。离太阳越近，对着太阳那一面的温度就越高，处在阴影中的背面就会很冷。

国际空间站的向阳一侧可以达到约 121 摄氏度的高温，而背面一侧的温度却低到了零下 157 摄氏度。

14. 肉眼看不到黑洞，所以黑洞的质量为零

有三种方式可以形成黑洞。

一是当一颗恒星超过某一临界质量时，可能是 20 ~ 40 倍的太阳质量，它的核心耗尽了核燃料，在 II 型超新星爆炸中结束生命，它的核心坍缩成一个

黑洞。

二是在没有任何超新星信号的情况下，一颗巨大的恒星也有可能直接坍缩成一个黑洞。

三是当两个中子星合并或碰撞时，其质量的3% ~ 5% 会被抛入星际介质中，其余的则形成一个黑洞。

从本质上看，黑洞其实并非一个洞，它只是恒星演化后期的产物。一些年老的恒星，经过超新星爆发之后，如果恒星的残骸质量比3个太阳的质量更大，就会在“万有引力”的作用下发生坍缩，最终形成引力极大、密度极高的天体。

黑洞能把自己周围的光和其他物质全都吸引过来，任何接近它的物质都会被它吞没，就像掉进了无底洞。所以人们是看不到黑洞的存在的，只是有很多间接的观测事实表明可能存在黑洞。

既然我们看不到它，那么是不是它的质量就是零呢?

答案是否定的，科学家们已经开发出了对黑洞间接称重的方法。如果我们能了解在银河系历史上不同时期存在的不同行星，我们就能准确推断出今天银河系中有多少黑洞及其质量。

实际上，黑洞的质量没有上限，最小的黑洞质量大约等于10倍的太阳质量，而太阳质量为 2×10^{30} 千克。

就我们目前的估算来看，仅在我们的星系中就有1亿个黑洞，而在宇宙中拥有数千亿个银河系大小的星系。我们对宇宙的探索才刚刚起步而已，随着技术和科学的进步，我们会了解到更多关于黑洞和宇宙的秘密。

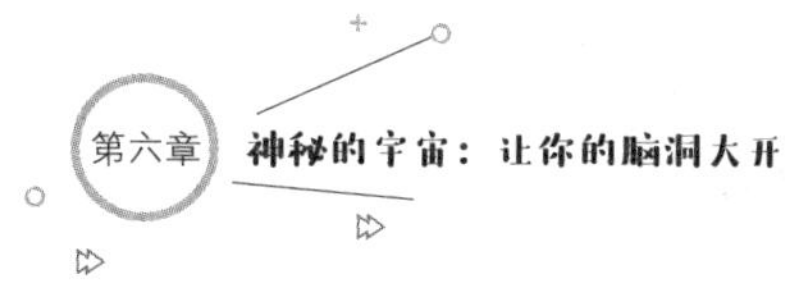

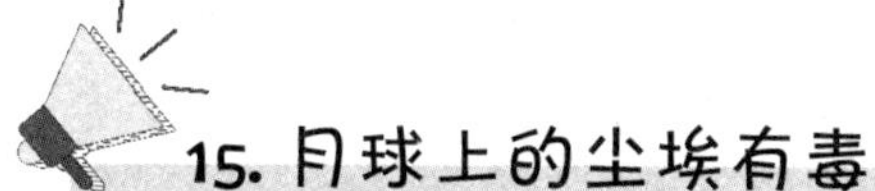

15. 月球上的尘埃有毒

科学家们于 2009 年，在印度的月球探测器“月船 1 号”发回的月球表面光谱中，发现了有关水元素的谱线。据此，科学家认为月球表面的大部分地区是存在水分子的。目前，对于月球上是否存在水资源这个问题，天文学家已经争论了半个世纪。

在月球上发现的水冰将开启人类探索太空的新纪元。美国国家航空航天局科学任务理事会副主任托马斯·佐伯琴表示：月球到地球之间的距离很近，水冰的出现可以使月球成为人类进行深度太空探索的“加油站”，甚至有可能在月球上建立长期基地。

但是，参与“阿波罗”计划的宇航员曾经报告他们在登月后感到皮肤、眼睛和呼吸道不适，这可能和他们在月球表面上的舱外活动有关。月球尘土黏附在他们的宇航服上，并随着宇航员被带进了飞船内部。

月球表面被一层厚厚的原始尘土所覆盖，这些尘土质地极为细腻，因此它们非常容易被吸入人体，这可能导致各种癌症高发，和人们在地球上吸入空气中的悬浮颗粒物和火山尘埃的后果是一样的。

美国国家航空航天局月球气载尘埃毒性咨询小组从“阿波罗”计划后就开始对这种尘埃的性质展开了研究，结果发现，1% ~ 3% 的土壤对人体有害。

月球土壤中的多数微粒应该能被人咳出来，可小于 2.5 微米的颗粒会附着在肺部组织上，继而引发炎症。纤维瘤是一种疤痕组织，这种疤痕组织会滋生在这些微粒周围，取代在肺部帮助氧和二氧化碳转换的细胞。这就是硅肺病和石棉沉着病的发生过程。

更糟糕的是，月球上的有毒微粒中有一种是由玻璃组成的，这种玻璃含有金属铁粒，体积非常小。可怕的是，如果人体吸入了这种玻璃，玻璃就会直接穿过肺脏进入到血液循环中。当进入血液循环的铁粒足够多时，人体就可能会出现与一氧化碳中毒相似的反应。

为了更好地对月球进行天文学研究，也为了宇航员的健康考虑，科学家们已经提出了几种设想来清除月球表面上这种对人体有害的尘埃。相信不久的将来，月球上的有毒物质就可以得到清理了。

16. 太阳系的边缘有什么

我们总是幻想有一天能离开地球，冲出太阳系，遨游于浩瀚的宇宙中，那么在太阳系的边缘有什么呢?

天文学家于 2005 年，在太阳系的边缘发现了一个新天体。这个新天体的个头与冥王星相似。于是，经过天文学界的探讨，太阳系曾经的第九行星——冥王星被降级为矮行星。2016 年，研究人员发现柯伊伯带上六个冰冷的小型星体都有椭圆的轨道，并且在同一方向点出现轨道偏斜。研究人员推测，引发这种现象的可能就是太阳系的第九大行星，它的出现可以给太阳系边缘的那些小行星和海王星以外异常冰冷的现象做出解释。

斯考特·谢泼德是美国的一名天文学家，他在太阳系的边缘发现了一颗矮星，这颗矮星呈现粉红色，被命名为 2012VP113。粉红色矮星的直径约为 450 千米，位于比冥王星更靠外的太阳系边缘地区。该星球之所以呈现出粉红色，是因为它主要是由粉红色的冰和岩石组成的，并且围绕着太阳在慢慢地运转。

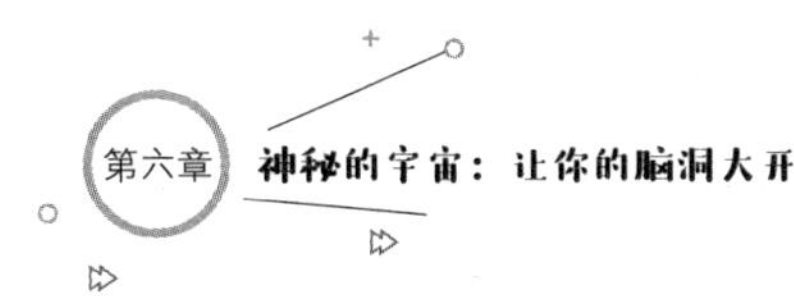

紧接着，科学家在美国天文学会议上宣布，他们又发现了一个太阳系边缘的天体，这颗天体被命名为V774104。它与太阳的距离相同，约为冥王星的3倍，被认为是太阳系中最边缘的天体。这颗天体可能是一颗矮行星，其表面可能会存在一些金属物质，矮星的直径大约在499～998千米之间。

V774104的发现，也证明了太阳系要比我们曾经设想的大得多。

科学家在太阳系最边缘地带，发现了一颗潜伏着的星体，被命名为Dee Dee，它的大小只有谷神星的2/3。因为距离太阳太远了，绕太阳公转的直径非常大，绕太阳公转一圈的时间相当于地球上的1100年。因为距离太阳太遥远，接收到的阳光非常少，表面的温度估计在零下243.15摄氏度，只比绝对零度多一点点。它的表面很暗，人类很难观测到。

整个太阳系被奥尔特星云（也译为欧特云）包围着，星云就像蛋壳一样将整个太阳系包裹在其中。对于奥尔特星云，目前科学家了解得不多。有人说，它就像地球的大气层，将我们隐藏起来，宛如一道天然的屏障，保护着我们不被其他高级文明发现。

17. 宇宙中有声音吗

观看过《星球大战》或者是《异形》的人肯定记得这样的情景，在宇宙的其他星球中，主角与配角双方展开激烈的战斗，火炮声以及飞船的轰鸣声震耳欲聋，场面异常紧张，连坐在电影院里的我们都被轰鸣声所感染。但是，有一个问题值得我们思考：宇宙中真的有声音存在吗?

要想解释这个，我们首先要明白声音是什么。声音是物体振动时产生的声波。也就是说，理论上只要物体振动，就一定能够产生声音。毫无疑问，宇宙中是存在着物体振动的，因此宇宙中是有声音存在的。但是，声音存在不等于我们能够听得到声音。

要研究这个问题，我们首先要清楚声音是怎样传入耳朵中的。人类之所以能听到声音，是因为声波通过介质的传播，这种波动能被人或动物的听觉器官所捕捉。最初发出振动的物体叫声源，声源只是声音传播的第一个条件，还有一个重要的条件就是传播介质。

毋庸置疑，在宇宙中很多情况下都是缺少这种介质的。

宇宙中的物质和物质之间的碰撞是可以产生声波的，但是在目前可以探索的宇宙中，科研人员并没有发现可以传播声音的任何介质，比如空气。这也是为什么宇航员交流的时候，要使用无线电交流。因此，我们可以得出结论，宇宙中有声音，只是我们无法听到。

18. 核武器只能毁灭生物，毁灭不了地球

长崎与广岛的核爆让人类第一次领略到核武器的强大。顷刻间，两座城市便被炸成了废墟，十几万生灵遭到涂炭。如今，世界已经告别了大规模战争爆发的可能，但各个国家之间的军事博弈一直没有停歇，对核武器这种威力巨大的毁灭性武器的研究也从没有停下，且现代核武器的威力已经远远超过了早期的原子弹。

虽然拥有核武器的国家都承诺核武器只用作军事威慑，但是战争真的发生，又有谁能保证这种武器不被投入战场上呢？于是有人产生疑问，不主动投入使用核武器的理由，难道是因为核武器的巨大威力会毁灭地球？其实并不是，核武器的威力再大也无法毁灭地球，它只能用来消灭生物。

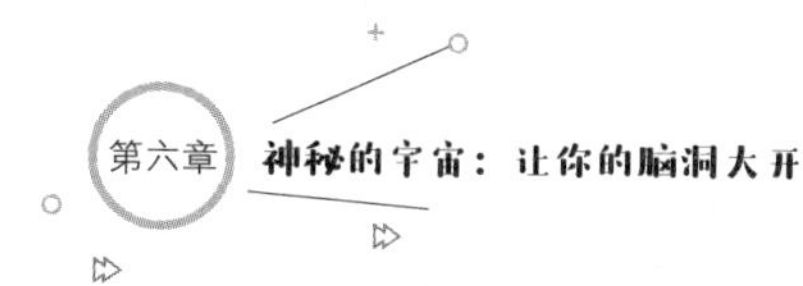

一定有人认为，核武器强大的爆炸力在积攒到一定程度的时候，能够炸毁地球。但是非常幸运，直到目前为止，还没有科学的方法能计算出想要炸毁地球到底需要多少能量。而就科学家的预判来看，似乎人类还没有也不可能掌握能够摧毁地球的能量。地球如果被毁灭，则只能是遭到了地外大天体的袭击。

而且，原子弹本身的破坏力，虽然惊人，但没有达到真正的毁灭性效果。目前，有过实验记录的威力最大的核弹是苏联制造的“大伊万”。“大伊万”就是赫赫有名的“赫鲁晓夫炸弹”。“赫鲁晓夫炸弹”在设计时，其重量为 1 亿吨。后来，由于当时实在无法找到实验场地，科学家们才将其改为 5000 万吨 TNT 当量。

在这场爆炸试验中，爆炸的中心地带厚 3 米、方圆 15 ~ 20 千米的冰层都遭到波及。修筑在爆炸地的工事更是消失得无影无踪。在实验场地中，坦克的炮塔被毁，其他物体也横七竖八地躺在地上，早已看不出最初是什么模样。但值得一提的是，当所有地表物质都消失后，土壤表面只是留下一个大坑，并没有受到什么影响。

所以，虽然核武器的威力很大，但却不足以毁灭地球。这些导弹只能毁灭生物，毁灭人类自己。而且原子弹在爆炸后，会留下大量的核辐射。也就是说，某个区域一旦被引爆，就几万年都不能再住人了。因此，人类不打核战争，从本质上是对自己的保护，而不是在保护地球。

19. 土星和木星上会下“钻石雨”

下雨是地球上经常发生的自然景象，其科学原理是云层中含有的水分过多，无法在空中继续以蒸汽的形态存在，于是就开始凝结成为水珠，进而降落在地面，形成降雨，所以地球上雨的最主要成分是水。

钻石是目前已知的矿物中硬度最高的天然矿石，因为开采难度巨大，且数量稀少，所以价格十分昂贵。但是读者可能不知道的是，同为太阳系中的行星，有两个星球却可能会把雨和钻石这两种完全不搭边的东西组合到一起。也就是说，有两个星球可能经常下“钻石雨”。

美国的天文学家的研究发现，土星和木星是会下“钻石雨”的！

值得一提的是，这些“钻石”并非是小碎钻，它们的尺寸是非常惊人的。科学研究发现，木星与土星都是气体行星的一种，而大气研究数据也显示，土星和木星上到处充满了“亮晶晶”的结晶碳。这是为什么呢？

原来，土星和木星的大气中都含有甲烷，强闪电可把甲烷变成煤灰形态的碳，煤灰在沉降的过程中固化成石墨，然后在高温高压的作用下变成钻石。根据科学家保守估计，通过这样的过程，土星上每年都能产生 1000 吨的钻石，有些钻石的直径，甚至能够达到 1 厘米！

然而，土星和木星的核心温度太高，“钻石”落下之后，无法保持钻石形态，会化为液态，这实在是让人觉得有些可惜。不过，即便在这两座星球上“雨滴”可以保持钻石的形态，从地球前往土星和木星也是非常困难的。看来这种奇妙的景观，只“可远观而不可亵玩”。

20. 如果宇航员在太空遇难，遗体会被怎样处理

提起宇航员这个职业，不少人都会发出羡慕的啧啧声。可这个职业的选拔非常严苛，能入选的人简直是凤毛麟角。虽然这个职业如此让人羡慕，却充满了危险性。比如说遇到陨石的袭击，哪怕是一些微小的陨石颗粒，可能都会在

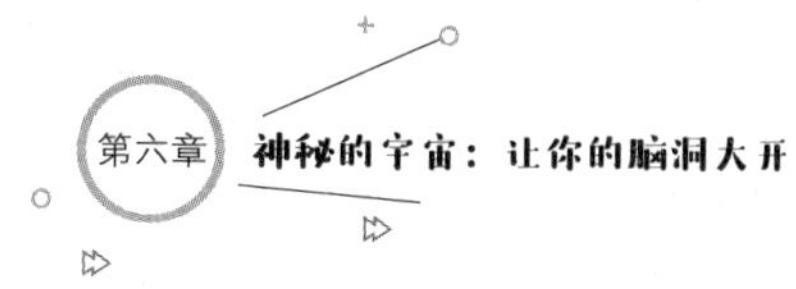

宇航服上留下一个小孔，很快宇航服内的气压就会跟宇宙气压一样，宇航员体内的血液开始沸腾，器官和皮肤很快水肿。不需要 60 秒，死亡就会降临。

意外总是经常出现在我们身边，宇航员自然也有各种各样的危险。如果宇航员在太空遇难，他们的尸体又该如何处理呢？答案有两个：一直在太空中漂浮着；进入大气层后被烧毁。

一般情况下，宇航员必须将尸体放置在气舱内，存储在阴冷的地方。

美国国家航空航天局对太空遇难的宇航员预留了一套叫冷冻埋葬的方案，就是把尸体冻住，然后再分裂成无数碎末。在宇宙中，机器手臂让尸体漂浮在舱外密封的大袋子里，几个小时过后尸体就被完全冻结，然后机器手臂会强烈震动，于是里面的遗体就会变成碎末，一个 100 千克重的宇航员会瞬间变成不到 30 千克的碎末。

如果宇航员在火星遇难，则可以用机器人将他们的尸体埋在火星上。

21. 两块金属在太空中相遇会发生什么

如果有两块相同的纯金属，表面都没有被氧化，在太空中把它们放在一起，会发生什么呢？它们会合为一体，就如同被焊接住一样，这个现象被称为“冷焊”。冷焊现象已经在太空中被证实了，不过为什么会产生这样的状况呢？

这是因为在太空的真空环境中，两块金属表面的原子之间并没有任何物质将它们隔离。当两者相遇时，这些金属原子并不能“分清”彼此之间的区别，以为是与自己在同一块金属上的原子。这样，金属原子间的作用力就会重新构建起来，并牢牢锁住对方，完美地结合在一起。

为什么地面上不会发生这样的情况呢？因为在大气中，氧气是一种随处可见的气体，地球的金属都难逃“被氧化”的命运。在氧化过程发生后，金属表面会形成一层或薄或厚的氧化层，这个氧化层恰好能将金属原子分隔开来，如此一来，冷焊现象也就不会出现了。

但是太空中的国际空间站与飞船对接时，为什么没有发生这种现象呢？比如我国发射的“天宫一号”和“天宫二号”都要与“神舟”飞船对接，为什么它们在对接时不会产生冷焊现象呢？主要是因为它们的接触面是经过特殊处理的，一样是有氧化层和特殊涂层，并且中心往往还有橡皮垫等工具相隔离。

第七章 健康小博士：健康生活大爆炸

1. 肥胖会传染吗

相信很多人都发过减肥的誓言，郑重其事地制定减肥计划，立誓不再碰蛋糕和巧克力，下定决心每天跑 1 万米……

然而，减肥计划好做，坚持下来的人却寥寥无几，大部分人还是在美食或懒惰面前妥协了，还理直气壮地说："我凭本事长的肉，为什么要减掉？"然后，他们继续心安理得地"放飞自我"。

然而，你应该想不到，你身上的肉有时候并不是靠你自己的本事长的，因为它很有可能是别人传染给你的。

1971 年，耶鲁大学开启了一项调查研究，研究内容是对 10000 多名参与者进行长达 32 年的追踪调查，每隔两年就记录一次参与者的体重，并计算出身体质量指数，如果身体质量指数超过 30 就被认定为肥胖。除此之外，研究者还详细掌握了参与者的其他信息，包括参与者的社交网络、详细住址，以及全部一级亲属和至少一个好友的信息。

研究结果表明，将年龄、性别、经济水平等因素排除后，当兄弟姐妹中的某个人变得肥胖时，其他人变肥胖的概率会增加 40% 左右。更让人吃惊的是，当一个人的朋友变胖时，他自己发生肥胖的概率会增加 57%；如果是同性朋友，肥胖的概率还会增加。而且这种影响似乎不会因相隔两地而消失，即使两个人的居住地点相隔千里，这种影响仍然是存在的。

如果肥胖真的是能够传染的，那么它是怎么做到这一点的呢？追踪调查结果表明，肥胖的传染是通过改变人的行为和生活习惯，以及对可接受体重或体形的认知而发生的。

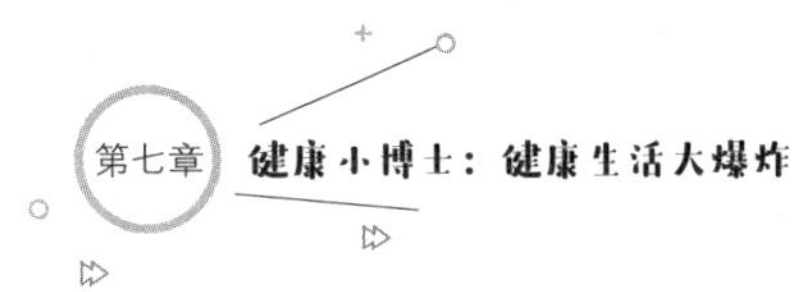

譬如，当你和亲戚朋友长时间待在一起时，受其中肥胖者的影响，你就会不自觉地增加饮食量。你会吃得更多，摄入的脂肪和糖分更多，久而久之，肥肉就慢慢地长出来了。

除了吃之外，个人的生活方式也会受到朋友的影响。比如喜欢宅在家里，不喜欢运动，这些都是导致肥胖的因素。

除此之外，腺病毒 -36 的传播也是导致肥胖传染的一个重要因素。

腺病毒 -36 会让人体内的干细胞变得肥大，生成更多的脂肪细胞，降低身体内的瘦素水平。研究显示，在肥胖人群中，有 30% 的人体内存在腺病毒 -36，而瘦人当中只有 5% 的人体内存在腺病毒 -36。因此，身边的胖人越多，你感染腺病毒 -36 的概率也就越高，你也就越容易变胖。

当然，尽管肥胖会传染，但并不意味着你要去和胖子绝交，因为导致肥胖的根本原因还是自身的意志力。如果你能抵制住美食的诱惑，经常锻炼，则你迟早会和肥肉说再见的。

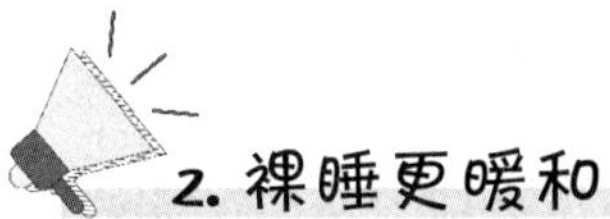

2. 裸睡更暖和

南方的冬天没有暖气，因此到了冬天，很多人喜欢在睡觉的时候多穿一层衣服，认为这样睡觉会更暖和。然而实际上，穿着衣服睡觉并不会增强保暖的作用。相对于穿衣服，裸睡反而会更加暖和。

裸睡更暖和，这听起来匪夷所思，但实际上确实如此。这是因为人体本身就是一个热量源，当人体直接和被子接触时就会形成一个温暖的恒温环境，人体散发的热量在被子的作用下形成一个保温层，如果穿着衣服睡觉就会阻挡热量的循环，反而会让热量在衣服和被子之间消失。

大家知道，被子本身是没有温度的，它之所以能够保温是因为吸收了人体散发的热量。而且被子还能起到隔热的作用，可以有效防止人体热量的流失。当人体和被子直接接触时，被子会吸收人体散发的部分热量。过了一段时间，当被子吸收了足够的热量，而人体又在不断产生热量，这时被窝里就会逐渐暖和起来。这时，裸睡者的体表温度也会随之升高，而被子会阻止人体内热量向外散发，所以裸睡会比穿着衣服睡觉更加暖和。

除了更加暖和外，裸睡其实还有很多其他的好处。

首先，裸睡可以消除衣服对身体的影响，会营造一个没有束缚的睡眠环境。没有了衣服的束缚，身体可以得到充分的放松。

其次，裸睡还可以有效缓解失眠。没有衣服的束缚，在身体放松的同时，也可以让精神得到放松，有助于人体进入更深层次的睡眠中。另外，裸睡还可以有效缓解和改善紧张不安的情绪和头疼、腹痛、腰背疼痛等疾病，也可以促进血液循环和神经末梢循环，从而改善冬天睡觉时手脚冰凉的情况。

再次，裸睡时的皮肤代谢也会加快。穿着衣服睡觉，尤其是紧绷的内衣，会阻碍人体排汗，时间长了，人体分泌的杂质就会堆积在毛孔当中，如果得不到及时处理就会引发各种皮肤病。因此，裸睡不仅更加暖和，而且有助于身体健康，所以只要没有特殊的问题，请大家还是尽量选择裸睡吧！

3. 眼睛也怕“吵”

生活中经常会出现各种各样的噪声，噪声会给人带来极大的影响，影响人的听力、交谈以及思考。但是很多人不知道的是，噪声还可以影响人的视力，也就是说，眼睛也是怕“吵”的。眼睛是用来看东西的，受光线的影响比较大，噪声属于声音，声音为什么会给眼睛带来影响呢？这主要是由于眼睛和耳朵之间存在微妙的内在“联系”。

噪声在影响听觉器官时，也会在神经系统的作用下“波及”视觉器官，从而降低人眼对光亮的敏感程度。

研究表明，当音量达到 90 分贝时，视网膜中的视杆细胞区别光亮的敏感度就会降低，从而延长人识别弱光的反应时间；当噪声达到 95 分贝时，人的瞳孔就会放大；当噪声达到 115 分贝时，人眼对于光亮的适应性就会降低 20%。所以，噪声会在一定程度上给眼睛带来影响。

除此之外，如果眼睛长期受到噪声的影响，就会出现眼疲劳、眼痛、视物不清、流泪等问题。这是因为噪声干扰了人体对维生素 A 的吸收代谢，导致眼部代谢失衡，降低眼睛对光亮的敏感性，进而造成眼部诸多不适症状，甚至会影响到视力。

因此，当我们经常在有噪声的环境中工作，或者是生活中经常接触噪声时，我们就要多吃一些新鲜的水果和蔬菜，补充维生素，以此来作为非正常消耗的补偿，维持眼睛的正常功能，预防和减少噪声给视力带来的危害。

从音量来讲，人在不同的分贝下对于声音的感受是不同的：低于 15 分贝的声音，我们很难听得到；超过 40 分贝就很难入睡；60 分贝的环境容易让我们焦虑不安；100 分贝已经接近可以忍受的极限了；音量超过 130 分贝就和喷气式飞机的引擎声相当，即使是很短的时间也会让耳朵疼痛。警方在营救人质时所使用的闪光震撼弹就是通过这个原理发明出来的，震撼弹爆炸时会产生 170 分贝的噪声，即使歹徒没有直视震撼弹，也会被强大的噪声震晕。有趣的是，目前世界上嗓门最大的人能喊到 129 分贝，刚好达到能够让人忍受的边缘。

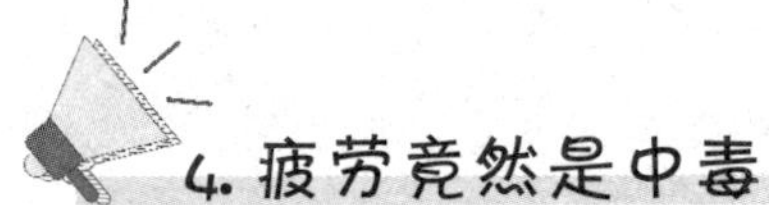

4. 疲劳竟然是中毒

现代社会的生活节奏越来越快，熬夜加班、学习已经成了常事，这也会让人时常处于疲劳的状态。当结束一天的工作和学习时，你经常会感到很疲劳，此时你会认为是身体太累导致的疲劳，然后提醒自己快点去休息。但实际上，很多时候的疲劳并不是因为身体劳累导致的，而是一种中毒的现象。

研究发现，人体内有一种特殊的物质，当人运动后，这种物质会明显增加。该物质随着血液到达身体的各个部位，会让人产生腰酸腿疼的感觉，研究者称这种物质为“疲劳毒素”。

那么，这些“疲劳毒素”到底是什么呢？我们需要从人体科学的角度来解读。当人体运动过度时，体内的葡萄糖、脂肪等营养物质不能被充分氧化为二氧化碳和水，而是会产生大量的乳酸、氨、尿素、二氧化碳，因此这种“疲劳毒素”就是乳酸、氨、尿素、二氧化碳的总和。“疲劳毒素”进入细胞内部后，会降低细胞的活力和清除毒素的能力，从而让人体产生疲劳感。

科学家曾经做过一个实验：让一只狗不停地进行运动，直到累得睡着为止，然后抽出狗体内的血液，提取其中的“疲劳毒素”，将其注入一只正常狗的体内，第二只狗竟然会因为“疲劳”而立刻入睡。

如果人类长期处于疲劳的状态中，“疲劳毒素”就会导致机体内各处的免疫系统功能减退。免疫系统是人体预防疾病的系统，如果其功能下降，人体就容易生病。比如过度疲劳后很容易感冒，这就是免疫力下降导致的。

另外，“疲劳毒素”对于肝脏的影响是非常大的。肝脏是人体重要的解毒器官，很多“疲劳毒素”都要通过肝脏解毒、代谢。当肝脏中的“疲劳毒素”

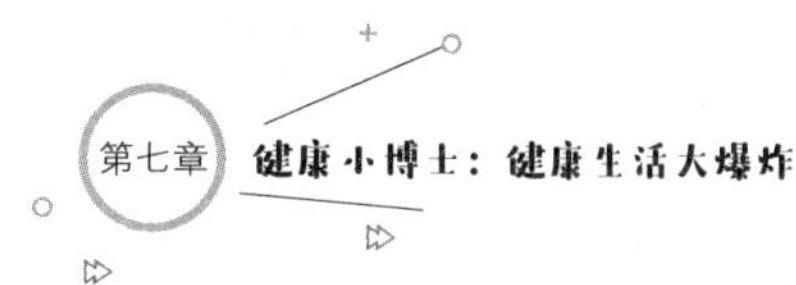

越来越多时，它就会诱发肝细胞凋亡或者被动死亡，从而导致多种疾病。

虽然“疲劳是一种中毒现象”这种说法听起来很吓人，但是只要我们保持良好的生活方式，就可以有效地“解毒”。解除疲劳的最好方法就是休息，休息可以大幅度降低“疲劳毒素”的产量，并且加快人体分解它的速度，就能让疲劳得到有效缓解。

因此，我们在平时的工作和学习中，一定要注意劳逸结合，这样才能加强人体机能，远离疲劳，远离疾病。休息时也要注意质量，譬如很多人很早就上床睡觉，但是第二天早上醒来却还是腰酸背痛，这就是没有得到有效的休息。

除了良好的休息，我们还可以从饮食方面缓解疲劳。我们可以多吃一些富含维生素 A、维生素 C、维生素 E 等抗氧化的天然食物以及一些富含铁质的食品，这些营养可以保护人体的免疫系统，有效改善疲劳、无力等症状。

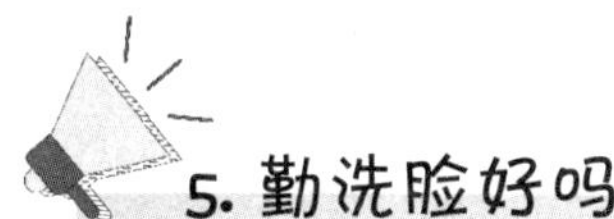

5. 勤洗脸好吗

小的时候，几乎所有的教育都要求我们成为一个讲卫生的人，“勤洗脸，勤洗手”是讲卫生最基本的要求。也正因为如此，现实生活中很多人都认为洗脸的次数越多就越能达到清洁皮肤的作用，但事实真的如此吗?

皮肤是人体直接接触外部环境的组织，洗脸的确可以达到清洁面部皮肤的目的，但是，如果洗脸的次数过多，就会减少面部的一层保护层——皮脂膜。

皮脂膜的作用是阻挡外界对皮肤的刺激，抑制细菌生长和减少皮肤脱屑等。皮脂膜受到空气的污染，会影响到皮肤的卫生，导致皮肤变得干燥、污秽，通过洗脸，我们可以洗掉这些污秽。

但是如果这些皮脂膜不断地被洗掉，就会降低皮肤的防御能力。此时，如果皮肤再经常受到外界的刺激，就会让皮肤受到损伤，失去光泽和弹性，这样皮肤就很容易出现皱纹，久而久之就会患一种叫作“摩擦性黑皮症”的疾病。

一旦患上“摩擦性黑皮症”，就算你再小心翼翼地洗脸，原本美丽的肌肤也很难恢复。因此，为了保持光滑美丽的肌肤，我们就需要正确地洗脸，避免皮脂膜受损。

洗脸的次数不宜过多，洗脸也须因人因时因地而异。在炎热的夏季出汗较多，可以视情况来定洗脸的次数，一般在冬季、春秋和秋季以每天两次为宜。

6.“熬夜”会让人变笨吗

玩游戏、刷微博、看网剧……对当代中国青年来说，睡眠拖延已经成了一种习惯，每每说一声“要睡了”，接下来的行为却不一定是关灯睡觉。青年人晚睡是一种普遍现象，熬夜也并不罕见，一般人觉得晚睡一点无伤大雅，但科学家给我们带来了不一样的说法。

2017 年诺贝尔生理学或医学奖公布了获奖名单，而获奖的研究证明了一件事——熬夜真的会让人变笨变丑！

三位诺贝尔奖获奖者杰弗里·霍尔（Jeffrey C. Hall）、迈克尔·罗斯巴什（Michael Rosbash）和迈克尔·杨（Michael W. Young）通过研究生物钟，解释了植物、动物以及人类是如何适应这种生物节律，并同时与地球的自转保持同步的。

三位科学家研究发现，人类身体活动也是有着昼夜周期性变化的，而当人体的昼夜节奏发生紊乱时，人就容易患上内分泌代谢类的疾病，例如肥胖、糖尿病、高血压、高血脂等，也会增加罹患严重脑部疾病的风险，如阿尔茨海默病。

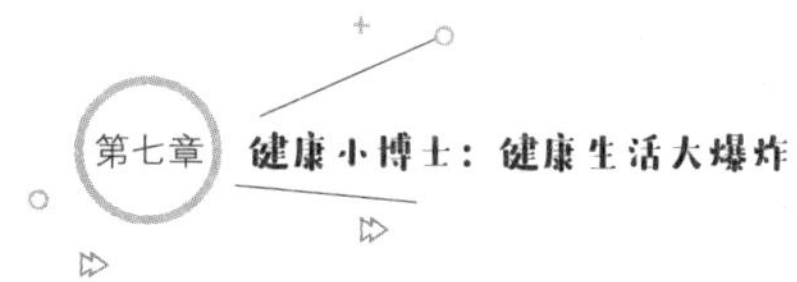

与此同时，另一例来自新西兰奥塔哥大学的研究也证明，熬夜会让人变得更丑、更胖。研究人员随机选择了 244 名儿童进行跟踪调查，他们每半年对儿童们的身高和体重进行测量，然后进行比对分析，结果显示那些睡眠时间较少的孩子到 7 岁时往往更为肥胖，平均睡眠时间每减少 1 小时，孩子的身体会增加约 0.7 千克脂肪。

近些年，各国都在展开关于睡眠与身体的研究。越来越多的证据证明，过度熬夜可能会破坏人的免疫系统，危及人的神经系统，给人的身体带来各种各样的损伤。说一千道一万，熬夜绝对不是一个良好的习惯，不仅会让人变丑，而且会让人变笨，所以对于当代人而言，保持一个良好的睡眠习惯是非常重要的事情！

7. 梦游的人是在做梦吗

在描绘神秘现象的书中，我们总能读到这样的内容：一个人在家里老老实实地睡觉，第二天醒来却在数千米之外的某地，让他觉得又神奇又惊悚。后来，研究人员经过调查才发现，这人有“梦游”的习惯。

梦游在我们日常生活中并不罕见，只是在很多时候，梦游的人没有被人发现就又恢复到睡眠状态了。但是有个问题很值得我们一探究竟，那就是：梦游到底是怎么回事？梦游的人是真的沉浸在自己的梦里吗？

“梦游”总给人一种“以梦为前提”的错觉，其实这是一种误解。我们的睡眠并非是简单的“睡觉和做梦”的组合，而是有一个比较复杂的循环周期。

睡眠的一个周期分为快速动眼期和非快速动眼期。在快速动眼期，人的眼球会快速运动，同时身体肌肉会放松下来，这个时候人比较容易做梦。

非快速动眼期是人真正进入睡眠状态的环节，在这个时期里，人大脑的活动会下降到最低，身体能够得到完全的舒缓。而这个时期又分为 4 个阶段，第 4 个阶段就是一般医学上说的深度睡眠期。

从快速动眼期到走完非快速动眼期的 4 个阶段，这是一个睡眠周期，这个周期时长约为 1.5 小时，每个人每晚需要经历 4 个这样的周期，但只有第一个周期能够达到真正的深度睡眠期，而梦游大多就是发生在这个深度睡眠期。

在这个阶段，人其实是不怎么做梦的。梦游者的行动真的很多，轻者自言自语，重者甚至跳下床走动。不过梦游者通常记不起来梦游期间发生的事情，因为这时的大脑基本不具有记忆功能。所以，所谓的梦游其实是与梦无关的。

8. 经常接吻有利于长寿

爱情是人生中最神奇的东西之一，它会让人陷入一种朦胧、迷糊的幸福状态，甚至会影响人的思维方式和行为方式。

人表达爱情的方式有很多种，其中最具有代表性的就是接吻。但你是否了解过，接吻除了能够表达爱意，还有很多其他的好处，譬如，长寿？

首先，接吻是一项“力气活儿”。在两个人接吻的过程中，人身上的很多肌肉都要被牵动，例如舌头、嘴巴、脖子、面部等，这些地方的肌肉平时一起运动的机会并不多，而接吻恰恰给它们来了一次“总动员”，所以，经常接吻的人会看着比较年轻。

其次，接吻能促进人体分泌大量的激素物质，从而增强免疫系统。每个人口中都含有大量唾液，接吻的时候，一旦接吻对象口中加入了不同的唾液，人体内的微生物群就会产生反应，刺激免疫系统产生抗体，这个过程被称为“交叉免疫”。除了提高人的抵抗力，交叉免疫还能够加快人的分泌系统分泌激素，有强身健体的作用。

当然，接吻最重要的还是心理调节。接吻会让人的血液循环加快，让人处于亢奋的状态。在这种状态下，人的压力会降低，自信心、活力等都会得到加强，人对于自我的控制力也会增强。

所以说，无论从哪个角度讲，接吻都是一项有益身心的活动。为了让自己更加年轻健康，还是赶快脱单为好！

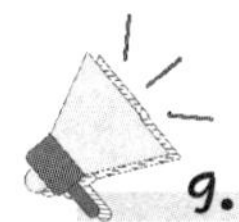

9. 拔掉一根白发会长出十根吗

相信很多人都听过这样一句话：“伍子胥过昭关，一夜白头。”人的头发会在一夜之间变白，这实在匪夷所思，科学也无法证明有这样的事情存在。但是，人的头发会随着年纪的增长逐渐变白，这却是每个人都有的常识。

当头上出现第一根白发时，很多人都会暗自觉得有些酸楚——看来自己也到了长白发的年龄。为了逃避这种酸楚，人们就想到把白头发拔掉，然而此时总会有身边人劝阻：“千万不要拔白头发，拔了一根会长出十根！”真的是这样吗?

“拔一根长十根”是口头转发数量极高的谣传之一。其实，白头发并不是越拔越多，而是产生白头发的分泌系统失衡状态会越来越严重，进而给人产生错觉，感觉白头发越拔越多。

实际上，每根头发都有自己的生长周期，拔掉白头发只会缩短这根白发的寿命，并可能在这个毛囊里长出新的白发。正常情况下，头皮毛发的数量其实在出生期就已经确定了，一般人有9万～10万根头发。因此就拔头发这事来说，

白发与黑发在本质上并无区别。

其实仔细一想也能知道，要是拔一根长十根，那脱发的朋友不就乐坏了？所以不要相信这种谣传，如果不想有白发，可以尝试以下三种方法。

第一，不要熬夜。充足的睡眠可以促使头发和皮肤进行正常的新陈代谢，晚上是最佳代谢期，熬夜会打乱新陈代谢的节奏，进而让你长出白发来。第二，多吃维生素 E 和维生素 B 含量较高的食物，如黑木耳、黑芝麻、大豆等。第三，合理洗头，尽量不要用脱脂性强或碱性洗发剂。洗头的次数也不宜过多，水温也不宜过高。

上述三种方法虽然不会让你青春永驻，但能够帮助你保持头发乌黑亮泽。

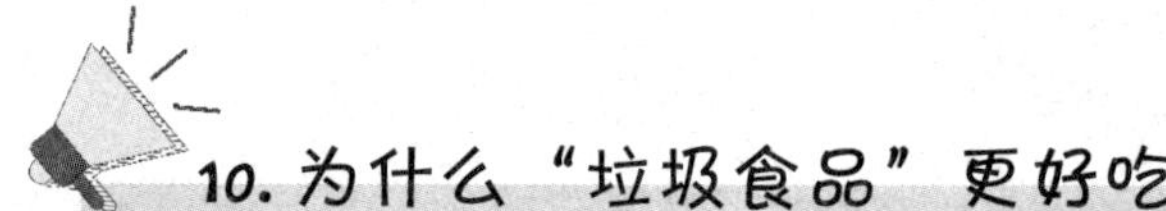

10. 为什么“垃圾食品”更好吃

每次遇到喜欢的衣服没有你穿的尺码时，你都痛下决心要减肥，要与那些“垃圾食品”说再见，但是过不了几天，你就受不了了。健康的食物简直难以下咽，你无比怀念那些美味的“垃圾食品”。为什么你就是戒不掉那些毁灭你好身材的“垃圾食品”呢？为什么你会觉得“垃圾食品”更好吃？

其实“垃圾食品”并不垃圾，里面含有丰富的能量。这些丰富的能量是我们祖先的最爱。

我们人类的祖先为了获得足够的能量生存下去，曾经经历了太多长久的苦难。为了生存，他们不仅要看老天的脸色，还要防备其他动物的攻击以及同类的掠夺。为了生存，他们进化出了更喜欢高能量食物的味觉，有了这样的天赋，就可以用最少的食物获得最多的能量，也就多了一份生存的希望。你看，喜欢吃“垃圾食品”其实是自然选择的结果。

在漫长的进化中，人类大多处于严重的食物匮乏状态，真正解决温饱问题也只是最近几十年而已。我们的身体仍然保留着祖先食物匮乏的记忆，于是我们还是偏好那种高能量的“垃圾食品”。所以，我们更喜欢吃那些“垃圾食品”，不是因为我们贪吃，而是因为我们很好地继承了祖先强大的基因。

真的很让人难过，我们祖先这个强大的基因让他们在那些恶劣的年代生存下来，却让我们在这个食物丰富的年代不断地变胖。为了能够改变现状，为了不再发胖，我们只能依靠强大的毅力去吃那些我们并不喜欢的粗粮、蔬菜等“健康食物”。可能若干年后，当我们的身体适应食物丰富的状况时，我们就不用再减肥了。

11. 那些经常健身的人后来都怎么样了

欧美影视剧中的硬汉男主角都拥有一副壮硕的身体，看起来精神饱满，英俊潇洒。生活中有很多人也希望自己能够拥有同样强健的体魄，进而选择去健身。尤其是当今社会，越来越多的人意识到身体健康对于生活质量的重要性，于是纷纷开始加入“强健体魄”的队伍中。在都市生活中，健身成为一种风尚。那么，健身真的是有百利而无一害吗?

从健康的角度讲，健身确实是有助于身体健康的。健身最大的功效在于调动身体机能，让身体处于一种压力的状态下，进而增强体魄。现代人最大的问题在于身体机能的下降，主要原因就是运动强度不够，因而导致一系列健康问题，最突出的就是身体抵抗力下降，所以，运动能够从一定程度上增加个人对疾病的抵抗力。

同时，参与健身必然会让人保持一个良好的作息习惯和规律的饮食习惯。

这些习惯一旦形成，就会给人的生活带来非常大的帮助。

有很多人在健身之后，不仅生活习惯变得更加优质，而且健康得到了非常大的改善。例如被称为“力量训练大师”的美国宗师级健身者路易·西蒙斯，1972 年他在不使用任何器材的前提下，进入世界力量健身者的前列。2002 年的时候，年近 50 岁的他仍然在 220 磅（约 100 千克）组比赛中位居卧推排行榜的第六名。要知道，参赛的人大部分都是 20 多岁的小伙子。

西蒙斯不光在高龄的情况下拥有足够强健的体魄，同时身体状况也一直非常好，几乎没有任何比较大的疾病，这可以看作健身有益健康的典型。

健身虽然有益身心，但我们不要盲目与冒进，否则反而会给身体造成伤害。久不运动的身体，各方面技能都有所降低，想要重新调动起来必须有一个循序渐进的过程。如果一下子进行得太猛，身体承受不了那么大的压力，就会出现各种状况，最常见的就是肌肉拉伤和骨骼损伤。

所以，对当代人来说，科学健身不仅仅是应该的，而且是必须的。如果能让健身成为你日常生活的一部分，养成自觉性终身运动的习惯，则通过努力所带来的收益一定能换回甚至高于所支付的健身票价。

12. 相由心生与肌肉记忆

我们中国有句古话叫作“相由心生”，说的是一个人的内心世界决定着他的外在形象。这句话乍听起来有些道理，一个内心猥琐的人在生活中经常会表现出一种谄媚、无耻的劲头，一个内心豁达的人在生活中也会表现得沉稳、大度。

然而，在生活中，我们也经常能够看到这样的情况：一个道貌岸然的人，其实有着无比肮脏龌龊的内心；一个外表丑陋的人，内心却无比善良。那么，“相由心生”到底还成不成立呢？其实，从科学的角度讲，相由心生是有一定道理的。

一个人的价值观、心态、喜怒哀乐等情绪经过长久的积累会影响外貌。最简单的解释就是，一个人的心态会影响他的生活状态，而长期处于一种生活状态中的人，样貌就会在不经意间发生改变。

情绪稳定、心态平和的人，脸庞也会看着温柔一些。一直处在隐隐压力下，对周遭有抵触情绪，会使人的“失控”点越来越低。过度纠结一件事，就会慢慢让人变得面目狰狞起来。

科学家发现，人有42块表情肌，它们起自颅骨的不同部位，止于面部皮肤，分布于面部孔裂周围，如眼裂、口裂和鼻孔周围等，它们通过牵动面部皮肤来显示喜怒哀乐等各种表情。而且，人的肌肉是具有“记忆性”的，我们称它为“肌肉记忆”。肌肉记忆会在一定程度上塑造肌肉的状态。

当一个人动怒时，情绪可以通过脸部肌肉呈现出夸张、凶恶的表情，肌肉也会记住这种表情；当一个人处于抑郁状态，或考虑问题过多时，面部就表现出一种愁苦、颓丧的表情，肌肉也同样会记住这种表情，因而长期处于这种表情中的人自然容易憔悴、衰老。

一个经常笑的人，面部肌肉会在悄然的情况下记录下“笑”的肌肉张弛程度，久而久之就能令面部显得有活力，所以“笑一笑，十年少”还真的是有科学依据的。而“相由心生”虽然不可以用来解读人的样貌，但微表情上面的学问却能实实在在地反映人的心态的。

13. 如何才能消除喝咖啡引起的口臭

在繁重的工作压力下，很多人会用喝咖啡的方式来放松、提神。久而久之，对一些人而言，喝咖啡就成了生活中必不可少的事情，如果不喝就会觉得少了点什么。但突然有一天，你发现你的同事都开始对你敬而远之。明明你们没有什么矛盾，为什么会发生这样的事情呢？原来是你突然有了口臭，而口臭的原因就是长时间饮用咖啡。

长时间饮用咖啡会带来口臭，关键这种口臭自己一般感觉不到，很多咖啡爱好者对此苦恼不已。为了解决这个问题，医学家给大家提供了方法。

医学家通过研究发现，咖啡导致口臭的罪魁祸首是口干。咖啡引发口干症，导致口腔中唾液不足，当唾液不足时，口腔就会滋生大量细菌，进而导致口臭。所以想要解决这个问题，最简单的方法就是保持唾液分泌。

唾液会很自然地清洁人的口腔，而促进唾液分泌的方法也很简单，可以吃个苹果或一些芹菜，因为这些粗糙的食物中含有很多水分，会增加唾液的分泌，这往往会对抑制口臭有不错的效果，对保持口腔的清洁起着很好的作用。

所以，在日常办公的时候，你尽量在身边摆放一些水果，这样大量饮用咖啡之后，可以适当吃一些水果润润嘴，让嘴里多一些口水。口水多了，你的口臭问题就迎刃而解了。

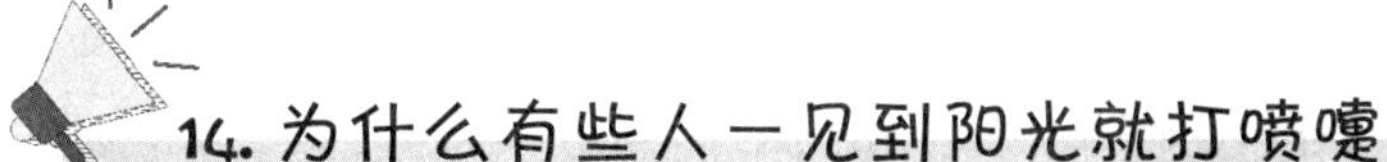

14. 为什么有些人一见到阳光就打喷嚏

打喷嚏是哺乳动物特有的一种自然的反应，它的原理是通过刺激鼻腔黏膜，让动物用喷嚏的形式将鼻腔内的病毒和细菌喷出，从而达到保护自身免受病毒侵袭的目的。

打喷嚏的人我们每天都能见到，而且我们每个人也都遇到过打喷嚏的情况，例如感冒的时候就会不自觉地打喷嚏，还有罹患花粉症的人也会打喷嚏。然而在生活中，我们也能看到这样一种人，他们往往在看到强烈的太阳光时就会打喷嚏，这又是怎么回事呢?

其实，有些人看到强光会打喷嚏是一种遗传症状，这种遗传症状有一个学名，叫作体细胞显性遗传性强迫性日光视神经喷发综合征。

在正常情况下，喷嚏通常是鼻腔受到刺激引发的，三叉神经感受到鼻腔的刺激，将信号传递到大脑，大脑发出打喷嚏的信号。而见到强光就打喷嚏，是因为这类人控制头部感觉和运动的神经与视觉神经有可能存在交叉反应，当强光突然进入视网膜后，他们的瞳孔会快速收缩，一些神经信号可能被错误地传导到三叉神经，大脑因此发出错误的喷嚏指令，“光喷嚏反射”就发生了。

这一现象和目前已知的任何病症都没有什么联系。那到底为什么会产生这样的遗传呢？有一个比较有趣的解释是，当人类处于进化初期，还在洞穴中居住时，如果在洞穴打喷嚏，通风不畅，大量病菌就会在阴暗的山洞存活。于是自然演化就让人有了走出山洞再打喷嚏的习惯，因为在阳光下，病菌会很快被杀死。

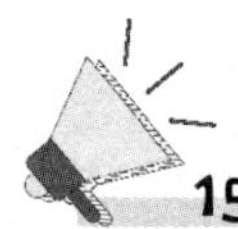

15. 为什么我们的口腔容不下智齿

很多人都有过智齿疼的经历。去医院检查，医生看看我们发炎的智齿，总是会提出一个一劳永逸的解决办法："要不拔掉算了！"

好好的牙齿为什么要拔掉呢？医生给我们的解释是：这智齿留着用处不大，还可能经常因为它而牙疼，拔掉是利大于弊的。既然用处不大，那么我们为什么要长智齿呢？既然长都长了，那么为什么还经常会犯病呢？其实，这是因为我们的口腔没有给智齿留下足够的空间。

现代医学一般认为智齿是人类进化的残余物，也就是说，在人类进化的早期，智齿是有实际用途的，只是因为人类进化得过快，智齿的使用条件消失了，而它还存留了下来。智齿导致牙疼的原因，其实就源自于此。

因为人类进化得过快，人类对于食物的选择越来越精细，颌骨所需要负载的压力相应减少，导致颌骨骨量不断减少。但是，人类牙齿的体积并未随之减小，最终使牙齿萌出的位置不足。

大多数人类在青春期时，颌骨的发育基本上就已经趋近于成年了，此时，如果这个人的颌骨较大，智齿的生长还不是很大的问题，但如果此人的颌骨并不是很大，就没有足够的空间让智齿长出来。智齿的生长受到了限制，所以只能朝其他方向发展，或者是只长出一部分，又或者是全部都被埋在颌骨里面。

因为生长的空间受到了限制，所以智齿只能朝邻近的牙齿生长，从而与第三颗磨牙形成了一个角度，并且会对第三颗磨牙造成挤压。

智齿造成的疼痛会以以下三种形式展现出来。其一，当智齿正常生长时，牙龈会有疼痛感，这并不是牙疼，忍一忍就会没事。其二，当智齿横向生长时，触及旁边的牙齿，受到挤压之后，牙齿必然会感到疼痛。其三，智齿长在牙肉里，对肉进行撕裂，这也是智齿牙痛最难以忍受的一种。

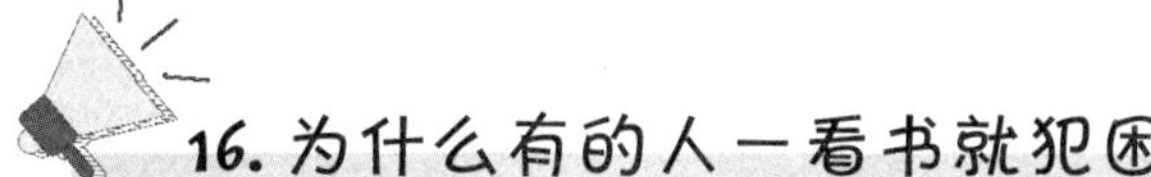

16. 为什么有的人一看书就犯困

这个时代变化太快了，为了不被社会抛弃，给自己充充电吧。当你拿起书本后，你发现还没看几页，就已经与周公相会了。为什么一看书就容易犯困呢?

从心理学的角度分析，这是一种条件反射形成的不良习惯。其实看书与睡眠根本风马牛不相及，只是因为与无关刺激建立了联系，就形成了相应的条件反射。

如果你已经很疲劳了，但觉得自己今天不能不看书，于是勉强坚持看书学习，结果拿起书后，疲劳就开始在全身蔓延开来，最终意志屈服于疲劳，你拿着书睡着了。这样多次反复之后，看书与睡觉这两种毫无关系的活动就联系起来了。经过不断强化，这种联系慢慢就固定下来，以后你看到书就想睡觉。有的人一看书就想睡觉并不是因为疲劳，而是因为对书不感兴趣或看不懂书，抑或是对学习本身就反感等，从而形成了这种抑制性条件反射。如果看自己感兴趣的书或者读自己觉得有意思的书，你还会犯困吗?就像上学时，我们看到课本就头疼，但是读金庸的武侠小说却感觉不到时间的流逝一样。

想要解决看书犯困的毛病，我们就必须消除抑制性条件反射，建立起兴奋性条件反射，也就是要培养浓厚的读书兴趣。人只要产生了兴趣，就会自觉积极地行动起来，从而改变抑制性条件反射。在培养自己的读书兴趣时，我们要先看自己感兴趣的书，并且要合理安排看书时间，要劳逸结合，并做到以下几点。

一、疲劳困倦时不看书。人在疲劳时，大脑皮层会自动进入抑制状态，这时不要勉强自己看书学习，以免无意间养成不良习惯，可以适当休息一下再看，效率会更高。不要执着于花在书本上的时间，而是重视看书的效率。

二、饭后不要马上看书。人在进食后，大脑的血液流量相对减少，如果此时看书，效率并不高，而且还容易形成抑制性条件反射。

三、睡觉前最好不要看书。有人喜欢把看书当作催眠，如果真的养成这种习惯，则以后你真正想要看书学习时，你会发现自己拿起书就想睡觉，已经无法好好读书了。

四、剧烈活动或情绪过于激动后，不要马上看书。因为大脑皮质神经的兴奋和抑制的相互诱导规律，我们的大脑皮质出现兴奋之后，随之就会产生抑制作用。如果剧烈活动或情绪激动之后马上看书，则容易产生抑制性条件反射。

17. 一个人能搬动多少现金

“你问我能搬动多少钱？你给我一百个亿，我搬给你看看！”

如果有一天，一位超级富豪跟你说，你一次能拿走的现金就全都属于你了，你到底能搬动多少现金呢？

现在我们以第五套人民币中崭新的 100 元为计算对象。100 元人民币每张长 15.5 厘米，宽 7.7 厘米，厚约 0.1 毫米。

1 万元人民币，也就是 100 张 100 元的人民币，其厚度约 1 厘米。这根本就是小菜一碟，一只手就能拿走了。

10 万元人民币，也才 10 厘米左右，放在黑塑料袋里一提就走了。不要问我为什么是黑塑料袋，因为电视里都是这么演的。

100 万元人民币，这个感觉不少呢，不过也就 10 个 10 万元那么多，如果

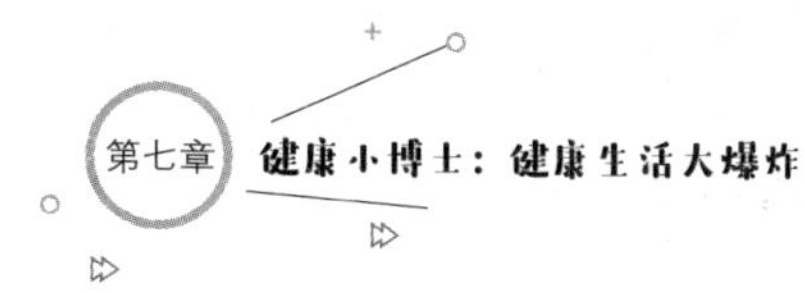

码成“现金砖”，那么能有长 31 厘米、宽 38.5 厘米、高 10 厘米那么大。也不是很多，一个背包就能解决了，这点重量背在身上简直毫无压力!

如果是 1000 万元人民币呢? 你还能背得动吗? “只要能背走就属于我的话，我肯定能背动! ”我们先来看看 1000 万元人民币是什么概念：它能码成长 77.5 厘米、宽 77 厘米、高 20 厘米的“现金块”，一个麻袋应该是可以装下的。没事，一袋大米我都能扛动，一袋钱更不在话下……

那么 1 亿元人民币呢? 先来算算 1 亿人民币能码成多大的“现金块”，能码成长 1.55 米、宽 0.77 米、高 1 米那么大。这个用什么东西装得下呢? 嗯，看来得弄个运钞车了。

我们继续，10 亿人民币有多大呢? 10 亿人民币能码成长为 3.85 米、宽为 3.1 米、高为 1 米的“现金块”。想要把这么多钱运走，还是很费劲的，估计运钞车也会表示很为难。

那么如果是 100 亿人民币呢? 能码成长 7.75 米、宽 7.7 米、高 2 米的巨大“现金块”，嗯，这估计可以装满一间大屋子了。

不过想要把钱搬走，除了考虑体积，还得考虑重量。1 万元人民币的重量大约为 115 克，1000 万元的重量为 115 千克，能搬多少，就看你的力气了，自己算吧。不过一般成年人扛起 100 千克就会觉得比较吃力了，折算成人民币大约有 870 万元吧。

18. 打屁股戒酒法

有人说酒是个“好”东西，可以让人身心愉悦，能让人忘记烦恼，忘记忧愁。于是，一些人为了缓解压力和痛苦开始喝酒，没想到最后却喝酒成瘾，误了终生。酒的危害其实我们都知道，但是喝酒上瘾后，就像吸毒一样真的不好戒掉。有什么好的戒酒方法吗？

俄罗斯的生物学博士斯佩兰斯基教授提出了一个新的戒酒方法，叫“打屁股戒酒法”。据说 19 世纪时，在俄罗斯和德国的民间就有用枝条抽打身体来治疗神经性疾病的偏方。

从心理学角度来讲，人之所以吸毒、酗酒，主要是因为对生活失去了兴趣。而从医学角度来看，人之所以会成瘾，是因为患者体内有一种叫内啡肽的激素减少导致的。

斯佩兰斯基在研究了一些“民间偏方”后发现，如果对患者进行适度的抽打就可以激活患者体内的内啡肽受体，进而产生内啡肽，这样患者就能慢慢恢复对生活的兴趣，从而减少对酒精的依赖。

不过，你下手的时候一定要注意分寸，这类抽打与施虐行为是完全不同的，是带有明确医疗目的的。

斯佩兰斯基建议在进行“打屁股戒酒法”时，抽打的力度为中等，不要用很大的力气把人往死里打。有科学家建议，患者应接受 30 次治疗，每次让一名体格中等的人用棍棒在患者的屁股上打 60 下即可。

这样的戒酒方法是不是很简单？但是会有人愿意花钱去挨打吗？

19. 免疫力是越高越好吗

看看市面上的一些健康食品，大多强调可以提高人体免疫力，免疫力真的是越高越好吗？

免疫力是人体自身的防御机制，扮演着平衡身体机能的重要角色。我们都知道如果免疫力太低，身体就会失去防御，就容易生病，最严重的就是艾滋病。艾滋病会让人体的免疫力丧失，这时一场小小的感冒就可能夺去人的生命。

人之所以不发病，主要是因为人体对外部环境的影响和变化有平衡的能力。但是如果免疫力过高，身体的这种平衡就会被打破，免疫系统就会出现紊乱，就会出现免疫系统攻击身体器官的疾病，像一些过敏反应（如花粉过敏、青霉素过敏）、自身免疫病（如类风湿关节炎、系统性红斑狼疮）。

所以一定要明确的一点是，身体中任何的物质或机能都应该遵循平衡概念，免疫力也一样。如果过度提高免疫力，则只会造成更多疾病，损害人体的健康；当然，免疫力过低也不好。

研究发现，免疫力的强弱跟人的个性有关。研究人员对 84 名研究对象对乙肝疫苗的不同反应现象进行了实验。结果发现，那些个性抑郁紧张、心理压力大的人，对乙肝疫苗的反应程度较低，也就是说他们的免疫能力较差。而那些个性乐观、积极快乐的人的免疫力较高。该研究还发现，在有精神压力的情况下，人们的免疫力会普遍下降。想要提高免疫力，减压、保持心情愉悦就好。

20. 唱歌跑调也是一种“病”

去KTV唱歌时，你有没有发现有的人唱歌很投入，感情很到位，动作很热情，就是一句都没在调上，但是他们并没有意识到自己已经“跑”远了，还陶醉在自我的歌声中。这就是“失歌症”的典型表现，也被称为“五音不全”。

医学界有关专家表示，大约有 4% 的人患有失歌症，而且令人沮丧的是失歌症还有较强的遗传性。

英国《自然神经科学》杂志表示：“唱歌跑调也是一种病，这类人可能还伴有方向感不好、整理能力差、沟通能力差等表现。”原来唱歌跑调还有这么多的“并发症”？

一个人为什么会患上失歌症？可能是因为大脑左半球颞叶前部发生病变，于是患者部分或全部丧失了原本具有的认知音符和歌唱、演奏、欣赏乐曲等能力，无法感知音乐。英国《自然神经科学》杂志的一项研究表明，唱歌跑调可能是由于大脑回路缺陷造成的。

研究人员通过核磁共振弥散张量成像技术，在检测大脑右颞和额叶间的联系时发现，弓状束参与链接发音感知和发音控制。经过检测，在发声不准的人中，他们的弓状束一般体积较小，纤维含量低，并且在右半脑中检测不出弓状束分支，研究人员推测可能是弓状束分支完全缺失或者变形。从这个科学解释来看，唱歌跑调确实是一种生理缺陷。

来对照一下失歌症的表现，看看你是不是也有这种“病”。

一、拥有正常的听力、智力和记忆力，只是完全无法感知音乐，觉得大多数曲子听起来都差不多。

二、不能准确地唱出一首歌（不过他们自己基本意识不到，还以为自己唱得还不错）。

三、觉得音乐就像用扳手敲击水管一样让人不舒服。

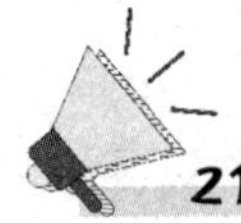

21. 人的表情也能遗传

我们常听人说“这孩子笑起来跟她妈妈一模一样”“他生气的样子多像他爸爸”。这是孩子在有意识地模仿父母，还是遗传造成的？难道说除了长相能遗传，连喜怒哀乐也能遗传？

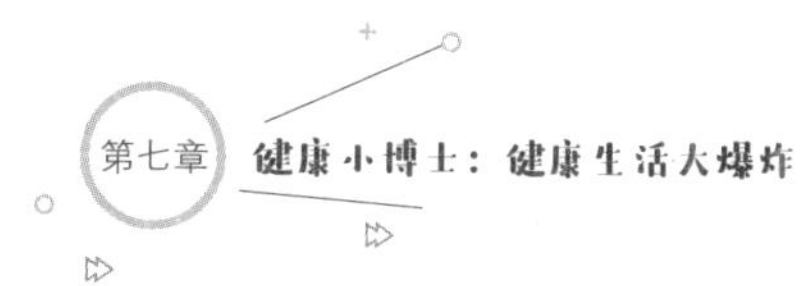

针对这一问题，以色列科学家专门进行了一项特殊的调查研究。以色列的研究员吉利·培勒在研究时决定用盲人来做测试，因为盲人看不见自己父母的面部表情，这样就排除了孩子模仿父母的可能性。

培勒挑选了 21 名来自不同家族的盲人志愿者进行实验。这 21 名志愿者都是天生失明的人，他们从来没有见过自己的家人。这 21 名志愿者的 30 名亲属也一起参与了实验。

研究人员让这些志愿者回忆那些令他们快乐、愤怒、悲伤或厌恶的事情，并拍摄下他们的表情；此外，也做一些测验，在测验中会出现一些意外的事情，进而观察并记录他们专注、惊讶的神情。在此期间，志愿者亲属的种种表情也都被一一拍摄记录下来。

最后的测试结果表明，这些盲人志愿者的喜怒哀乐与他们的家人非常相似，特别是表达消极情绪时的面部表情最像。一些盲人亲属特有的表情，像吃惊时竖起眉毛、生气时紧咬嘴唇、思考时喜欢伸舌头等小动作，盲人志愿者也有同样的小动作，但是与非亲属的表情特点差别较大。

为了进一步验证测试结果的正确性，研究人员又把志愿者的表情特征输入计算机，让计算机来分析他们的血缘关系，结果识别率竟然高达 80%。

专家指出，人体中一些基因影响其面部肌肉构造、神经分布和思维过程，进而可能影响人类面部表情的某些特点。换句话说就是，人类的一些面部表情确实可以遗传。

22.“灵魂出窍”是一种什么感觉

什么是灵魂出窍？最简单的解释就是：“感觉自己的灵魂离开了自己的肉

体，在自己的肉体之外活动。”具体解释可以参考《西游记》中的神仙。在现实中，真的有灵魂出窍这种事情吗？

人们在死亡的边缘挣扎时，会感觉自己脱离了肉体慢慢飘起，然后看到自己的身体以及抢救自己的医务人员，有的被抢救过来恢复知觉后，还能够清楚地描述当时的情形。不过抢救时，濒死者其实已经被判断为失去知觉，甚至脑部活动也停止了，但他们就是能够准确地说出在他昏迷期间发生的一些事情。

20 世纪 70 年代，美国一位病人（她因车祸陷入濒死状态，后又被抢救过来）说：

“当时在事故现场有很多人，我在人群中发现了自己的身体，不过我却对它毫无知觉，感觉自己就是另外一个人，一个与自己无关的物体……后来我认出她就是我的身体，不过并没有什么亲切感。”

真正死亡的人在临死时到底会看见什么，没有人知道。在《神经学》杂志上，美国神经生理学家凯文·纳尔逊医生发表了最新的研究结果，指出那些濒死的人出现“灵魂出窍”的现象，实际上是心理上的分裂。

幸存者的觉醒系统增强，产生超强的警惕性，并且会感到周围的东西都在加速，图像也很清晰。这种非病态的心理分裂通常出现在人们受外伤时。也有研究表明，人们在脑部缺血时也会出现这种感觉。

科学家解释道，真正的灵魂出窍是不存在的，出现这种情况其实和“鬼压床”（快速动眼睡眠障碍症）差不多，都是因为身体沉睡了，而大脑却在活跃导致的，以至于人们以为自己“灵魂出窍”后能看到东西。

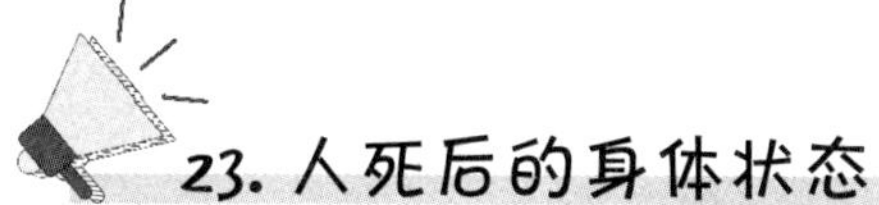

23. 人死后的身体状态

自从我们来到这个世界，每一个人都难逃一死。当死亡真的来临，我们的身体会呈现什么状态呢？毕竟死后我们再也无从得知，只能在生前先了解一下。

第一阶段，人死后心脏会停止跳动，呼吸停止，血液也停止循环，身体所有部位都处于静止状态。人死后，由于身体得不到热能补足，体温开始慢慢下降，8 小时后体温就会变得与周围环境一样。四肢会伸直，变得僵硬。皮肤会因为血液的凝结而变色，脸部也没有血色，嘴唇发紫，头发伸直，瞳孔增大，眼球也因为失去血液变成扁平状。大脑开始死亡，脑细胞会被酶分解成一团普通物质。脚部发青。这些都是人死后 24 小时内发生的变化。

第二阶段是排空。人死后 8 小时，尸体开始变得柔软，全身开始出现尸斑，尸体的腹部会出现一块绿色，叫“尸绿”。这时，尸体中的微生物开始消化人体，因为消化时会产生气体，尸体便会膨胀得很大，叫“巨人观”。气太多了，就会把肠道里的东西，从口、鼻、肛门中排出，进而把身体排空。

第三阶段是腐烂。如果在炎热的夏季，尸体腐烂的速度会加快，首先眼睛、鼻子、肛门等地方因为细菌的入侵而出现虫卵游动，接着尸体的皮肤开始慢慢腐化，最后形成肉泥，留下背部。经过一段时间后，尸体就变成了一堆白骨，最终归为尘土，回归大地！

人生短暂啊！

24. 催眠术能治病吗

当年《盗梦空间》这部电影让我们对催眠术不寒而栗，片中的陀螺让人印象深刻。世界上难道真的有这样神奇的催眠术？其实催眠术由来已久，其历史与医学一样古老。传说催眠术不仅能激发人的潜意识，还能治愈某些疾病。

用催眠术治病是从 18 世纪开始的。1766 年，奥地利的内科医生麦斯默首次将催眠术运用在医疗上，并改进了之前的“动物磁气说”，提出有关疾病、健康的理论。他认为，地球的万有引力通过一种气体影响着人的健康，这种看不见的气体就是“磁气”。生病就是人体磁场流通被阻碍，如果有外力打通磁场，就能治疗疾病。

当人处于一种“迷失”的临界状态，即催眠状态时，这些阻碍可以被消除，磁气能恢复自然流动。后来麦斯默发明了很多种方法来恢复这种自然流动，被统称为“催眠疗法”，即“麦斯默术”。

后来，随着人们不断地深入研究，催眠术慢慢发展起来。到了 19 世纪 70 年代，科学界也对催眠术产生了浓厚的兴趣。

1885 年秋，弗洛伊德前往巴黎求学，求学期间，他对用催眠术治疗神经失调症产生了浓厚的兴趣。于是 1886 到 1938 年，弗洛伊德开设了治疗精神疾病的私人诊所。开始时，他利用催眠术治病，后来在著名医师布洛伊尔的启发下，开始使用宣泄法，在催眠后让患者畅述内心的郁积，从而达到治疗的目的。此后不久，弗洛伊德又自创了精神分析法（自由联想法），作为分析和治疗精神疾病的根据。

此时，催眠术在科学的殿堂上已经有了一席之地，不过它仍然有很多神奇的现象让科学界无法解释。像被催眠者可以完成平时根本不可能完成的事情，并会出现一些非“常规”的现象。对于这些奇异现象，研究者还无法给出正确的解释。不过一般认为，可能人们平时很难进入潜意识的世界，在催眠的状态下，人的注意力会非常集中，容易被引导打开潜意识的记忆库，进而产生巨大的能量，完成一些平时无法完成的事情。

一些掌握催眠治疗方法的心理医生可治愈很多疾病和精神障碍，像焦虑、抑郁、恐惧、强迫、癔症等，还有睡眠障碍、性功能障碍、高血压、糖尿病、肥胖、慢性疲劳综合征等疾病。

不过在生病时，治疗还是要以科学的医疗手段为主，催眠只能作为辅助。

25. 为什么飞机餐总是那么难吃

长时间的飞机旅行总是会让人难以忍受，除了飞机的颠簸、时差的痛苦之外，还需要忍受难吃的飞机餐。飞机餐难吃，这似乎是所有常坐飞机者的共识，那么，飞机餐为什么如此难吃呢?

事实证明，导致东西难吃的并不一定是飞机餐的制作单位，而是飞机内的环境。当你身处一万米高空的时候，任何食物吃起来都不会那么美味。

飞机餐难吃主要有两方面原因：干燥的空气和气压变化。为保持飞机内部舒适，飞机在起飞之前会将机舱内的湿度降到 12% 左右，但随着高度的不断增加，机舱内的湿度和气压依然会不断变化，在这两种因素的影响下，我们的味蕾敏感度也越来越低。

研究显示，在高海拔地区，人们对于咸味和甜味的敏感度会降低 30% 左右，此时，吃很多东西都会“不知甘苦”。

高海拔降低味蕾敏感度只是影响飞机餐难吃的原因之一，另外一个影响因素则是味道的丧失。味道是味觉和嗅觉的组合，科学家曾经说过："当你把东西放进嘴里时，它散发出的气体会通过鼻咽部往上传导到鼻部的嗅觉受体。"

高海拔除了降低味蕾的敏感度外，还会导致人体内黏膜肿胀，从而影响人的进食体验。就像是吃饭的时候把你的鼻子堵住，此时你怕是连一碗鸡汤都喝不好。

除此之外，飞机引擎不停作响的轰鸣声也会影响飞机餐的口感。相比在有噪声的环境中，食物在安静时吃起来会更甜、更咸。但是，白噪声会增加人们对酥脆的感知度。

所以，长途旅行者以后不要再抱怨航空公司的厨师手艺不行了，或许他们做的食物很美味，仅仅是因为在这个地方变得难吃了而已。

26. 为什么人难过的时候总想吃东西

有人说难过的时候吃点好吃的就好了，难道真的是因为心和胃的距离很近，吃饱了，暖暖的胃也会温暖心，这样心就不会觉得难过了？你有没有过心情沮丧时，拼命把食物往肚子里塞的经历？平时因为减肥不敢碰触的高热量食品，在难过时也被统统塞进嘴里。我们为什么要这样做？情绪是怎样影响我们选择食物的呢？

美国康奈尔大学的学者调查发现，很多人在难过的时候都会吃很多东西，比正常状态下吃掉更多的垃圾食品。

研究人员让志愿者分别观看一部喜剧电影和一部悲剧电影。在观看电影时，研究人员为志愿者提供了热黄油、咸爆米花和无核葡萄等小零食。结果发现，

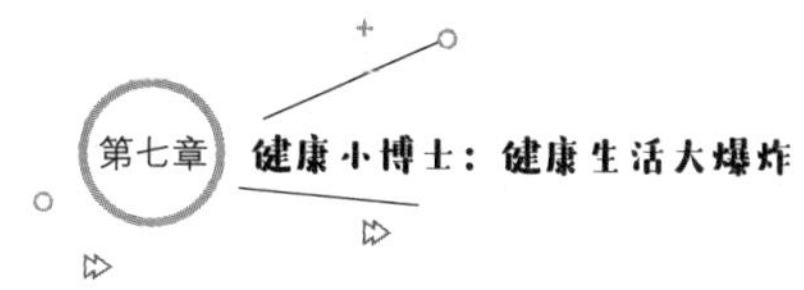

那些看悲剧电影的志愿者比看喜剧电影的志愿者多吃掉了36%的爆米花。不过，那些看喜剧电影的志愿者吃掉了更多的无核葡萄。

研究人员继续研究发现，造成这种结果的主要原因是，人们在感觉快乐时希望能留住这种快乐的感觉，所以会选择一些让人感觉舒适并更加健康营养的食物；而当感觉难过时，人们则希望这种情绪尽快过去，所以就选择那些味道较为浓郁的食物，因为具有浓郁味道的食物能瞬间让人产生满足感，进而化解了负面情绪。

为了进一步研究食物和情绪的关系，研究人员让志愿者去做抄写和阅读的任务。研究发现，那些因为工作枯燥而感到情绪低落的人，他们吃的爆米花是那些觉得工作愉快的人的两倍，这说明了心情愉快的人会自发地减少进食。所以当心情难过时，我们会不由自主地吃得更多。

不过研究发现，当知道更多有关食物的营养知识时，人们即使难过也会尽量控制自己的食量。所以，那些在难过时不能控制自己嘴巴的人，还是多了解一下食物的营养知识吧，这样在难过时，就能吃得更健康了。

27. 为什么吃完冷食会头疼

凉爽的冰激凌是很多人夏天的最爱，很多人吃得乐此不疲，哪怕冰激凌吃多了拉肚子，也不会在夏天放弃这种享受。然而有的时候，一口冰激凌进入喉咙，你会感觉额头和太阳穴附近有刺痛的感觉。吃冰激凌居然会头疼？这真是太匪夷所思了。

其实，吃完冰激凌感觉头疼，这是很多人都有的经历，这种疼痛其实只是暂时性的，它是因为冰冷刺激了口腔黏膜，导致血管收缩，进而产生了头部刺痛的感觉。

人的上颚存在着一组“翼腭神经”，在冰冷的物体进入恒温的口腔之后，人的舌头和上颚的口腔黏膜会一下子受到寒冷的刺激，头面部的肌肉、血管就会收缩，并且引起颞动脉痉挛，同时，也会刺激翼腭神经末梢而引起头痛。

吃冰激凌引起的头疼并无大碍，但是有心脑血管疾病的人，最好不要大口吃冷饮，因为他们的心脑血管比较脆弱，对脑血管突然收缩的承受能力要比一般人低一些。

其实不仅仅是冰激凌，喝冰镇的啤酒、饮料都可能会出现这种问题。吃冰激凌感觉头痛一般是出现在吃下它的 30 ~ 60 秒之内，时间大致维持 10 ~ 20 秒。为了缓解这种状况，研究者提出了两种方法。

第一，吃冰激凌时要尽量慢一些，最好先在口腔内含一会儿，让口腔适应这个温度，再做咀嚼和吞咽的动作。在出现头痛之后，应该立刻停止，然后再喝一些温水。

第二，可以按摩头部。在疼痛部位用手轻轻地打圈按摩，如果头疼得不是特别厉害，几秒内就能得到缓解。

第八章 舌尖上的趣事：不懂这些就白“吃”了

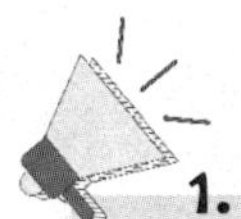

1. 帝王蟹其实不是螃蟹

说起螃蟹，我们嘴里会不自觉地流起口水，虽然剥壳比较麻烦，但是其蟹肉鲜嫩，蟹黄浓香，真的是让人无法自拔。看到螃蟹，手就会不受控制地摸向那个最大的。要说体型大，非蟹中的霸主——帝王蟹莫属了。

帝王蟹主要分布在寒冷的海域，一般在深度为 850 米、水温为 2 ~ 5 摄氏度的地方生活。其生存的最低水温是 1.4 摄氏度，再低就没法活了。帝王蟹主要生长在白令海与阿拉斯加海域一带。

帝王蟹的品种有一百多个，其中最有名的就是堪察加拟石蟹。它们体积庞大，有的蟹腿能长到 1 米，腿上的肉不仅多，而且还非常有营养。其他螃蟹可没这样的特点，吃帝王蟹的腿感觉跟啃鸡腿一样过瘾。帝王蟹的最大体重可达 10 千克，光一只蟹就得几个人才能吃完。

如果没有被吃掉的话，帝王蟹能活到 30 岁，它的生长比较缓慢。通常在堪察加吃到的帝王蟹，身子比成年男子的脸还要大，力气小的姑娘们要双手才能拿起它。吃的时候，蟹壳正好能挡住不雅的吃相，大家可以放心地大快朵颐了。

其实，帝王蟹并不是螃蟹。虽然帝王蟹长得像螃蟹，并且走路也像螃蟹一样“横行霸道”，味道和螃蟹一样鲜美，不过它们的确不是螃蟹。螃蟹是十足目腹胚亚目，而帝王蟹属于石蟹科，是十足目石蟹总科。这就跟波士顿龙虾（螯虾科）并不是龙虾（龙虾科）是一样的道理。

下次出去聚餐或者点餐，记得考考别人，“显摆”一下自己丰富的知识啊。

2. 香蕉是长在树上，还是长在草上

香蕉口感香甜，营养丰富，还能促进肠胃蠕动，润肠通便，润肺止咳，男女老少都能放心食用。古印度和古波斯人认为，香蕉是“上苍赐予人类的保健佳果”。传说，佛教始祖释迦牟尼也是由于吃了香蕉才获得智慧，因此香蕉也被誉为“智慧之果”。

不少人都知道香蕉是长在树上的。香蕉树长于热带、亚热带，一般高度可达 3 ~ 5 米，大一些的香蕉树直径甚至在 20 厘米以上。不过你知道吗，如此高大威猛的香蕉树竟然是草！对，你没看错，所谓的香蕉树其实是巨型草本植物，它的茎秆是软的，由卷起来的叶柄构成。

根据茎秆的形态，植物一般可分为木本、草本和藤本植物。一般木本植物比较高大，茎秆也比较硬；草本植物的茎秆比较软，没有较硬的木质部；而藤本植物的茎秆更加柔软，可以缠来缠去。

别看香蕉树长得高大，其实香蕉的茎是假茎，里面都是由叶鞘包裹起来的，非常柔软，并没有木质部。所以，香蕉树其实属于草本植物，我们吃的香蕉都是长在草上呢！真是好大的一株草啊！

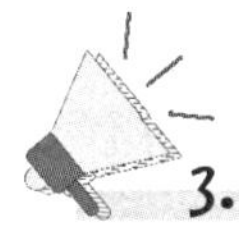

3. 千年不腐——食物中的“木乃伊”

我们去超市购买一些食品时，通常会看看保质期，因为在我们的认知里，凡是吃的食物都会有保质期的。世界那么大，有可以永久保存不会变质的食物吗？还真的有一种食物，虽然不敢说能永久保存，但是保存个上千年不在话下。

有考古学家在埃及金字塔中发现了一坛3000多年前的蜂蜜。这坛蜂蜜保存得非常好，至今都没有变质，也没有干燥成块状，甚至还可以食用。

为什么蜂蜜久放也不会变坏呢？因为它成分特殊。我们知道，在蜂蜜中，糖分含量非常高，纯天然的蜂蜜一般含糖量超过80%。这么高浓度的糖分，让蜂蜜的渗透压非常高，微生物进入蜂蜜后会被吸光水分而死，所以蜂蜜不容易受到细菌的影响，有很好的抗菌效果。

另外，虽然蜂蜜吃起来是甜的，但其实它的酸度很高，pH值在3～4.5之间，一般不耐酸的病原微生物根本无法在这样的环境中存活。

基于以上原因，那些容易让食物变质的细菌在蜂蜜中根本无法存活，所以蜂蜜就不容易变质了。

虽然蜂蜜本身不容易变质，但并不是说所有的蜂蜜都不变质，这与蜂蜜的品质和保存方式有关。现在市面上销售的蜂蜜大多是经过加工的，有的甚至掺假，是不能放太久的。蜂蜜生产厂家一般把蜂蜜的保质期定为2年。

有时你打开一罐存储一段时间的蜂蜜，会闻到一股发酸的酒精味，这可能是因为蜂蜜本身品质不佳，或者保存不当，抑或是没有密封好，从而在潮湿的环境中吸收了水分而发酵变质了，这种蜂蜜不能再食用了。

放置久的蜂蜜是否变质了，我们可以通过以下三个方面去分辨。

一、味道变酸，闻起来有一股发酸的酒精味。

二、变得很稀，可能因为温度的升高让蜂蜜变质。

三、出现一些灰色的泡泡，这表明蜂蜜中的有机物开始分解，发酵冒泡，化为气体溢出。此时，即使蜂蜜还没变质，其营养价值也已经降低。

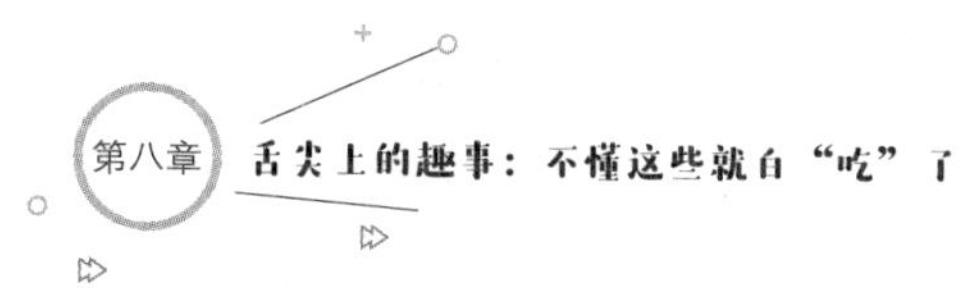

4. 辣竟然是痛觉

很多人都爱吃辣，有的人更是无辣不欢。其实严格说来，辣并不是一种味觉，而是一种痛觉！吃辣的本质是在感受疼痛。火红的辣椒，一口咬下，从嘴唇到口腔，一路火热到食道、胃部、肠道，可谓辣完前面辣后面。

辣是一种混合了“热与痛”的综合感受。通过对口腔的刺激，与食物本身味道的混合，让我们感觉全身舒爽无比，感觉每个毛孔都舒张了，这就是辣。辣是一种对刺激性物质的感受，不过再次强调一下辣不是味觉。

味觉（酸、甜、苦、咸、鲜）是通过作用于味觉细胞上的受体蛋白，刺激味觉细胞以及相连的神经通路而产生的。而辣的感觉却是通过辣椒素等作用于舌头中的痛觉纤维上的受体蛋白而产生的。这个通路也是痛觉的传导通路，所以从神经科学的角度来说，辣是痛觉。

辣椒中产生辣味的物质是一种称为辣椒素的辣椒碱。当我们把辣椒酱涂抹到手上时，手上的微血管会扩张，进而皮肤会发红、发热，局部的代谢率加快，同时痛觉神经会受到刺激，这就是我们平时弄完辣椒后觉得烧手的原因。

虽然辣是一种痛觉，但能带给人们一种征服刺激的快感，所以很多人宁愿忍受胃疼和上火的风险，也要感受辣的“酸爽”。

怎么才能吃辣不上火和缓解辣呢？

吃辣时，主食选择粗粮，因为粗粮中富含膳食纤维，可预防肠胃燥热引起的便秘。最好选择玉米、白薯等粗粮，如果有薏米百合粥，那么去燥的效果更好。

吃辣后容易出现咽喉干燥、嘴唇干裂的症状，所以要多喝水。除了白开水外，还可以喝具有生津润燥功效的青菜汤和番茄蛋花汤。一些酸味水果也能滋阴润燥、刺激消化液分泌、加速肠胃蠕动。像苹果、山楂、柚子、葡萄都有去火的作用，吃辣后可以多吃点。

制作食材时，如果用鲜辣椒代替干辣椒，辣味就会有所减少，也可减少上火。另外，做菜时如果已经放了辣椒，就不要再放花椒、大料、桂皮等热性调料了，否则更容易上火。

吃完辣，如果觉得口腔和胃实在难受，则可以喝牛奶缓解。牛奶因所含蛋白质与人体基本相似，可以修复被辣灼烧的消化道，还能缓解感觉神经受到的刺激。

吃完辣后，来根雪糕或喝杯酸奶是个不错的主意。当然如果不怕长胖，还可以吃些巧克力等甜食，来舒缓辣感。

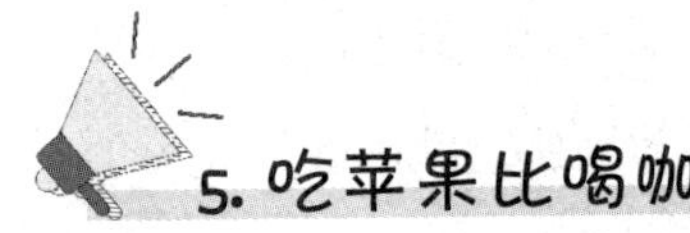

5. 吃苹果比喝咖啡更提神

现代人为了争取一些个人时间，每天晚上都不舍得早睡，结果第二天呵欠连天，只能喝杯咖啡来提神了，但是又担心咖啡因的副作用。

现在告诉你一个好消息，以后不用担心了，因为可以提神的选择又多了一个，那就是有“长寿果”之称的苹果。我们可以一边提神一边长寿，真的是“一果双雕”啊，从此苹果就是我的最爱。

喝咖啡之所以能提神，是因为咖啡里的咖啡因能刺激人体的神经系统，使之更加敏感，可以暂时驱走睡意，提神醒脑。不过这只是短暂性的，等咖啡因的效果消失后，人就会感到更加疲累，于是只能继续喝咖啡。如果过分依赖于咖啡，则一旦突然停止饮用，容易引起头痛、疲倦、情绪低落及脾气暴躁等不良反应。

但是苹果里并没有咖啡因，就不会有咖啡的那些副作用，并且苹果含有丰富的糖类、维生素、微量元素及水溶性膳食纤维和有机酸。苹果中的维生素 C 是心脑血管的保护神，多吃苹果可以降低人们患感冒的概率。空气污染严重时，多吃苹果可以改善呼吸系统和肺功能。所以，苹果是人们公认的健康之果。

虽然苹果没有咖啡因，但是它含有天然葡萄糖，人体消化葡萄糖后可带来提神的效果。苹果还含有丰富的维生素 C，而维生素 C 能帮助身体吸收铁，同时制造红细胞，将氧气运送到身体的各个部分，从而让大脑得以灵活运作。此外，苹果还具有怡人的香味，这种清香有舒缓压力、提神醒脑的功效。

苹果还是一种低热量的水果，热量约 252 千焦 /100 克，想减肥的请了解一下。苹果还能使皮肤润滑柔嫩。

除了苹果，其他能提神的食物还有很多。

杏仁：含丰富的维生素 E、抗氧化物、镁等，可以舒缓压力，消除疲劳。

燕麦：含有大量 B 族维生素，能促进新陈代谢，扫除体内的垃圾，令精神自然变好。

香蕉：富含钾、维生素 B_6 及氨基酸，能帮助人们迅速恢复体力，补充能量，增加血清素，提升情绪，对抑制抑郁症也有帮助。

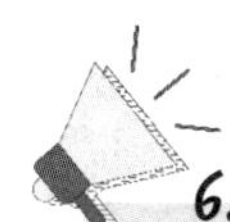

6. 揭开忘忧草的神秘面纱

听到“忘忧草”这个名字，你是不是觉得此物只应天上有，人间能得几回寻？你是不是觉得它即便不是神草，也应该是什么珍贵药材？其实不然，忘忧草就是我们俗称的黄花菜。吃惊吧？我们很多人都吃过的黄花菜居然就是忘忧草。

《诗经》记载：古代有位妇人，她丈夫出门远征去了，她为了排解忧愁就在家栽种萱草。从此，世人就将萱草称为“忘忧草”。而萱草就是我们熟悉的黄花菜。

《本草纲目》记载，忘忧草可“安五脏、利心志、明目”，它的花和根均可入药，能“祛温利水，除湿通淋，止渴消烦，开胸开膈；令人心平气和，无忧郁”。难怪古人认为它能“忘忧”“疗愁”呢。

忘忧草，是百合科萱草属多年生草本植物，民间也称疗愁花、黄草、萱草、黄花菜、金针菜等，是一种具有美容价值、药用价值和营养价值的花卉食品。

不过新鲜的忘忧草不宜食用，因为里面含有秋水仙碱，有一定的毒性，如果大量食用，则容易引起中毒，所以吃忘忧草（黄花菜）时最好选择干制品。

7. 葡萄酒酒标上的年份指的是什么

我们在购买葡萄酒时，通常都会在酒标上看到一个年份，那个“年份”到底代表什么呢？年份对葡萄酒有什么影响吗？

其实，我们通常在酒标上看到的年份指的就是酿造该葡萄酒的葡萄采摘的年份，并不是灌装或者出厂的年份。比如一瓶葡萄酒上面标注的年份是1998，就表示该葡萄酒选用的是 1998 年采摘的葡萄酿造的。

为什么要在葡萄酒标签上标注年份呢？因为葡萄酒的品质跟葡萄质量的好坏有很大的关系，而气候又是影响葡萄质量的重要因素之一。因为每一年的气候都会不同，即便是同一酒庄使用同一葡萄园内的同一品种的葡萄，酿造出来的同一款葡萄酒的口感也千差万别。

为了便于区分不同葡萄酒的好坏，酒庄就在葡萄酒酒标上写上葡萄的采摘年份。通过这个年份，消费者在开启瓶塞前就能得到葡萄酒质量的信息，能清楚该葡萄酒品质的好坏。

什么是好年份呢？好年份的重要特点就是葡萄的成熟度达到了完美的状态。葡萄酒的酿造讲究的是三分工艺七分原料，虽然工艺可以改进，但是葡萄的品质直接影响着葡萄酒的品质，而葡萄的品质主要受大气候、土壤、降水、光照、收成时的天气状况等影响。如果葡萄在生长期水分不足，采光期光照不足或降雨过多，则会成熟度不够，糖分含量和风味物质都不高，最终只能酿出平淡乏味的葡萄酒。

有人以为年份越久，葡萄酒的品质越好。其实不然，葡萄酒品质的好坏主要在酿酒的葡萄，并且葡萄酒有一个适饮期，超过这个期限再饮用，香气和口感都会下降。

还有一些葡萄酒是没有年份的，这些便是无年份葡萄酒。像一些无年份的香槟和起泡酒，因为在酿造过程中混入了不同年份的基酒，所以便不再标注具体年份了。

8. 椰子水可以替代血浆吗

不少人都喜欢喝椰子汁（新鲜椰肉碾磨之后与椰子水混合而成的乳状液），对椰子水（指未熟透椰子内含有的汁液）不感冒，觉得椰子水不好喝。但是你知道吗，如果椰子壳没有破裂，椰子里面的椰子水通常是无菌的，并且其成分与血浆非常相似，据说在极端紧急的情况下，椰子水可以替代血浆，注入人体血管。

据报道，1942 年古巴哈瓦那的医生普拉德拉（Pradera）曾将过滤后的椰子水注射进 12 名儿童的血管，速率为每 24 小时 1～2 升，报告称，儿童并没有出现不良反应。

1954年，艾斯曼（Eisman）、洛萨诺（Lozano）和海格（Hager）三位医生，他们分别在泰国、美国和洪都拉斯给共计157名病人进行了椰子水静脉注射，其中大部分病人位于洪都拉斯，共136人。

在157位病人中，有11人（约占7%）对椰子水产生发烧、瘙痒、头痛和手部刺麻等反应，还有一些病人（数目不详）注射了椰子水的静脉感觉到了疼痛。研究者认为，这可能跟椰子水中的钾含量高有关。

椰子水中钠的含量大约为血浆的四十分之一，而钾的含量比血浆高10～15倍。此外，椰子水中还含有较高的钙和镁，对那些肾功能衰竭和严重烧伤的病人来说，这是绝对不适合的。还有，椰子水的酸性远超过血浆。所以椰子水与血浆并不一样，不能用椰子水代替血浆。

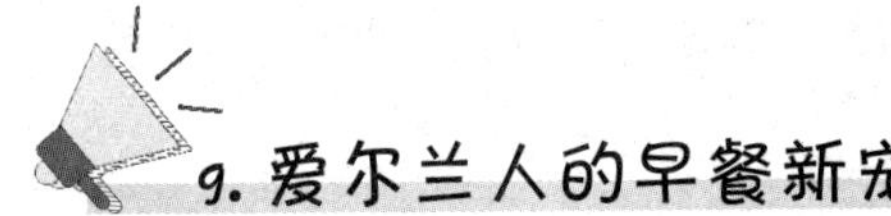

9. 爱尔兰人的早餐新宠——云朵蛋

如果你已经吃够了白水煮蛋，又害怕热量高的煎蛋，那么你可以试试360度拍照无死角，已经俘获了无数主妇和少女芳心的早餐新宠——云朵蛋（Cloud egg）。它的造型非常靓丽，看起来就像蛋黄包裹在云朵中。

不要觉得云朵蛋只有外表好看，它还是一颗很有深度的蛋。首先，云朵蛋的口感很好，蓬松立体的蛋白让云朵蛋比一般手工制作的蛋更好吃。其次，因为云朵蛋是用烤箱加工的，比煎炒的蛋要健康，热量也相对低一些。最后，它其实很容易制作。云朵蛋不像那些精美的甜点那样需要烦琐的制作过程，连不会做饭的人都能熟练掌握。

首先将蛋白与蛋黄分开，然后将蛋清搅拌成蛋白霜（最好使用搅拌器），接着在打好的蛋白中加入葱花或培根粒等辅料，再搅拌均匀，挖出放在烤盘上。

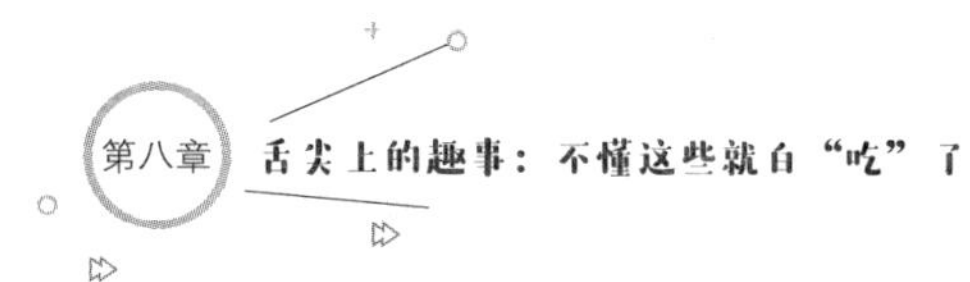

记得在蛋白中间弄出一个小窝，然后放入已经预热的230度烤箱中烤5～7分钟。当蛋白烤至蓬松时，加入事先分离出来的蛋黄，再放入烤箱烤2～4分钟。最后，从烤箱中取出烤好的云朵蛋，根据自己的口味撒上胡椒粉和小葱花，搭配吐司，开启你的美味早餐吧。

10. 多吃巧克力真的能开心吗

巧克力是很多女孩的心头最爱，尤其是伤心的时候，吃完感觉心情真的好了很多。难道巧克力真的能让人开心吗?

巧克力(chocolate，也叫朱古力)，原产于中南美洲，其鼻祖是“xocolatl”，意思是“苦水”。制作巧克力的主要原料是可可豆，其主要成分是可可脂。可可脂中含有的可可碱虽然对很多动物来说是毒物，但是对人类来说，却是一种健康的反镇静成分。人吃了以后有提升精神、增强兴奋的作用。可可里面含有的苯乙胺能调解人的情绪，让人有恋爱的感觉，确实能给人带来好心情。

巧克力中还含有丰富的镁元素，而镁具有安神和抗忧郁的作用，所以很多人吃完巧克力后，都会被巧克力的甜蜜所“诱惑”。

此外，有研究表明，吃巧克力除了可以让人产生开心的感觉之外，还可以“补脑”！美国缅因州大学心理学教授、南澳大学营养学家和卢森堡健康研究院联合研究发现，巧克力中含的可可黄烷醇对人类的大脑有益。摄取可可黄烷醇可在一定程度上降低老化认知能力，还对心理有正面影响。有些司机甚至把巧克力作为提高驾驶能力的精神振奋剂。

巧克力是抗氧化食品，对延缓衰老有一定功效；巧克力有利于控制胆固醇的含量，让毛细血管保持弹性，有防治心血管循环疾病的作用。

虽然巧克力有不少积极作用，但是人们不能把它当作日常“补品”，不可吃得过多，并且在购买时，要注意以下几点。

一、留意“代可可脂”的含量，看反式脂肪酸是否为0。因为可可脂很贵，如果工艺不好，就会产生一定的反式脂肪酸，这个成分对心血管系统有害。

二、看可可的含量。我们可以通过巧克力配料表中白砂糖、可可粉、可可液块、可可脂、奶粉的先后顺序判断出该巧克力是否健康。可可固体含量高的巧克力往往会把比例标识在醒目的位置，一般来说70%以上的就很好了，这种巧克力口感比较适中。如果你买的巧克力可可含量高达90%以上，那就做好“吃苦”的准备吧。

提醒一下，请不要给狗狗吃巧克力，因为狗狗们很难代谢可可碱，可能会因此丧命。

11. 鸡蛋的一端为什么是空的

在吃水煮蛋或咸鸡蛋时，你会发现每个鸡蛋壳内都有一块空的地方，没有蛋液。它有什么作用呢?

其实鸡蛋空头的那部分叫气室，主要有两个作用。当蛋被孵化时，还没有出壳的小鸡也是需要呼吸空气的，小鸡呼吸的就是气室里的空气。鸡蛋壳上有7000多个我们肉眼看不见的小孔（所以保存鸡蛋时不要先清洗），并且大多分布在气室附近。这样外面的空气就能通过这些小孔进入鸡蛋壳内，并贮存在气室里，供还未出壳的小鸡呼吸。

气室还有一个作用，在外界温度的影响下，蛋液的体积会出现热胀冷缩的现象。有了这个气室，当体积增大时，蛋壳就不会被胀破了。

12. 为什么菜市场上没有活的带鱼和黄鱼

去菜场买鱼，你从来没有看到过像鲫鱼、鲤鱼那样可以在水里游来游去的活带鱼和黄鱼吧？这到底是为什么呢？

我们知道，带鱼、黄鱼是海鱼，生活在海里；而鲫鱼、鲤鱼是淡水鱼，生活在池塘、湖泊等淡水里。海水和淡水在盐度和压力方面都是有很大区别的。

研究人员发现海水中的压力要比淡水大得多。带鱼和黄鱼生活在离海面15 ~ 40米的海水中，每天都承受着海水的巨大压力。时间久了，它们已经形成了适应海水巨大压力的内、外部构造，像骨骼薄、肌肉富于弹性等。

终年生活在海水里的鱼突然被捕，离开海水后，外界的压力突然降低，结果鱼鳔里的空气因外界压力的减少而膨胀起来，甚至会超过它所能容纳的体积，进而爆裂。此外，气压的改变还可能引起体内部分小血管破裂、胃翻出口、眼睛突出等现象。这些都可能让带鱼和黄鱼离开海水以后很快死去。

如果精心地挑选几条活的带鱼、黄鱼，马上把它们放入盛有海水的容器内，并保持海水的质量，让容器具有一定的深度，保持适当的水压，则还是能把它们活着运到菜市场的。但是要让它们在菜市场中也能继续活着，除了需要海水，还需要一定的技术和设备，这个造价太高，完全没有什么必要，所以菜场里看到的带鱼和黄鱼都是死的。

可能有人好奇：为什么海鱼不能用淡水来养呢？这是因为淡水的盐度比海水低得多。当海鱼被放到淡水中后，淡水的渗透压比鱼体内的渗透压小，于是外界的水将大量涌入鱼体组织中，海鱼的细胞会充水，血液组织会遭到破坏，循环失调，于是海鱼就会死亡。

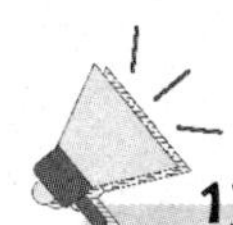

13. 你知道自助餐是谁发明的吗

自助餐是现代年轻人喜爱的用餐方式之一，因为里面菜式种类很多，大家可以想吃什么就吃什么，想吃多少就吃多少，吃起来很随意，所以深得人心。

这种大众喜爱的用餐模式居然是1000多年前北欧那帮维京海盗发明的。

维京人是战斗民族的始祖，在耕地贫瘠的北欧，他们以海上掠夺为生。他们用龙船称霸海洋，四处抢劫，常常依靠突袭船队来获得生活物资。每当维京海盗大有所获时，海盗头目就会出面，大宴群盗，以示庆贺。厨师们为了减少上菜的等待时间（不然会被饥饿的海盗暴打），会把提前做好的冷热菜肴和点心等都端到长条桌上，让众海盗想吃什么就自己拿什么。

这样随意的进餐方式深得海盗们的喜欢，毕竟谁也不用假装斯文地用餐具了，喜欢什么就直接抓着吃，大碗喝酒，大口吃肉，多么欢乐。就这样，自助餐开始流传下来，后来由欧洲普及到全世界。现在，西方不少餐厅还以“海盗”命名。

不同的饮食文化让每个国家的自助餐都有自己的特色：

俄罗斯的自助餐厅像个大食堂，餐桌上摆放着一溜食物，客人们端着盘子，沿着餐桌走一圈，把自己喜欢吃的夹到盘子里，然后到结账处称重。

日本的自助餐就是“回转寿司”，传送带不停地转动，客人们想吃什么，就从传送带上拿下来，最后按照盘子的数量算价钱。

韩国的自助餐不管是种类还是数量都没有中国的多。人们喜欢在自助餐厅里吃蔬菜和水果，因为在韩国，水果要比海鲜和肉类的价格高。

美国的自助餐厅中，汉堡、牛排、炸鸡等食物的种类很多，因为这些是他

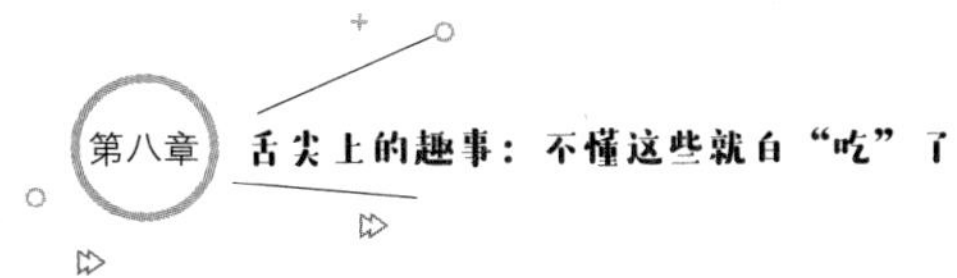

们的最爱。

巴西的自助餐厅里，服务员举着已经烤好的烤肉在餐厅里来回走动，如果你想吃，就叫他过来往你的盘子里切一些。

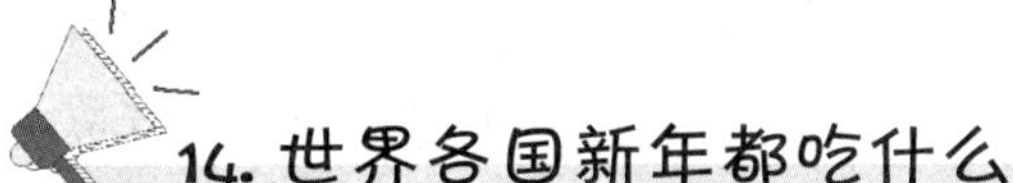

14. 世界各国新年都吃什么

我们中国人素来喜欢寄情于物，美食同样也承载了很多美好的愿望，新年的饺子当然也不例外。饺子的“饺”与“交”谐音，饺子有“更岁交子”的意思，象征着吉祥如意；饺子的外形如元宝，预示着新的一年财源滚滚。

在我们的邻国日本，新年这一天，大家会聚在一起吃荞麦面。这个吃面的习俗是从江户时期流传下来的。长长的面条寄托着人们对健康长寿的美好愿望，还象征着来年的好运气。因为荞麦面很容易断，代表着将今年的所有不顺都斩断，新的一年里都顺顺利利的。

新年的时候，韩国人喜欢一家人聚在一起自己动手制作传统美食。他们把新年吃的食物都叫“岁餐”。“岁餐”中最不能少的就是“五谷饭”，是用芸豆、大豆、小豆、黑豆和大米混合做成的米饭。除此之外，他们还要喝年糕汤。韩国人觉得吃了年糕才算长一岁，不吃就不算长大。

西班牙人会在新年 12 声钟响时吃下 12 颗葡萄，代表着来年的每一个月的运势，甜的话代表美好，酸则相反。那一天的葡萄在吃之前一定要好好选一选，否则连吃 12 颗酸葡萄将是多么悲哀啊！

法国的浪漫是全世界都知道的，过新年时除了鹅肝、奶酪、水果，葡萄酒是肯定少不了的。不过法国人过年喝酒可不仅仅是为了助兴，他们有一种说法，认为新年家里还有剩酒，来年定交厄运。所以，好多人都要在新年前夜把家里

的酒喝得精光，宁可喝得酩酊大醉，也决不剩一滴酒。对一些酒鬼来说，这是一个多好的借口啊！

希腊人会在一年的最后一天，一家人围在一起做新年蛋糕——一种叫作 Vasilopita 的面包。当新年的钟声敲响时，人们就开始切蛋糕。不过在切蛋糕之前，希腊人会先用刀在蛋糕上划三次十字，然后再一块块地切，前四块分别给圣巴西尔、耶稣、圣母玛利亚以及他们的家，从第五块开始按家中长幼次序依次分。有意思的是，希腊人也会在蛋糕里放一枚硬币，谁吃到了这枚幸运的硬币，代表着会在新的一年里有好运！这跟我们中国人在饺子里放钱有异曲同工之妙。

波兰的少女在过新年时，要穿上兔形衣服吃青菜，据说吃了青菜后会万事如意。

匈牙利人在过新年时不能吃禽肉，他们觉得鸡鸭鹅等禽类有翅膀，吃了它，幸福便会“飞走”。

奥地利人在吃新年团圆饭时，绝对不准吃螃蟹，因为螃蟹是横行的，谁吃了它，工作和家庭就会不幸。

虽然每个国家新年时吃的食物各不相同，但都寄托着人们对新一年的美好愿望。

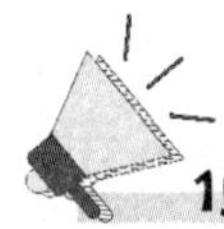

15. 德式巧克力蛋糕并不是德国人发明的

去国外旅游时，大家都会选择一些当地的美食来尝尝。看了美景，再吃过美食，才算是一场完美的旅行。

不过，大家可能对一些“当地的美食”存在一种误解，比如觉得意大利面起源于意大利，或者认为吐司出自法国，认为德式巧克力蛋糕就应该是一道起源于德国的甜点。

其实德式巧克力蛋糕（German chocolate cake）并不是源自德国，它来自美国得克萨斯州。1852 年，一位叫 Sam German 的美国人在自己开的烘焙店里最早发明了这个蛋糕。后来人们为了表示对发明人的尊敬，就用他的姓命名了这款蛋糕，称为“German’s Chocolate Cake”。后来，报纸在报道这款蛋糕时把“’S”漏掉了，于是就成了“German Chocolate Cake”，也就是德式巧克力蛋糕了，以至于很多人都觉得这款蛋糕源自德国。

其实像这样的误解还有不少，像很多人都以为印度咖喱鸡的发明地是印度，其实这道菜的发明地是苏格兰格拉斯哥。这道菜的名字的来历很有趣，据说当时，一名在孟加拉国餐馆用餐的顾客抱怨他吃的咖哩鸡肉口感像印度的天气一样干燥，于是后来便把那道菜戏称为“印度咖哩鸡”了。

虽然墨西哥炸卷饼（chimichanga）是将墨西哥卷饼再油炸一下的料理，不过它并不起源于墨西哥，而是源自美国。据说在美国亚利桑那州，一名厨师在制作料理的过程中，意外地将墨西哥卷饼掉进了油锅中，于是一道新料理诞生了，并广受食客的喜爱。

16. 为什么有人吃香菜吃出了肥皂味

世人对香菜的态度可谓是两个极端：喜欢的人想什么里面都放点香菜，于是有了香菜泡面、香菜薯片、香菜饮料，甚至还有香菜香水。2016 年，“香菜料理”当选为日本年度美食。不喜欢的人恨不得香菜能从地球上消失，国外还有专门抵制香菜的网站，成立了“反香菜联盟”。

调查显示，世界上大约有 1/7 的人不喜欢香菜的味道，受不了香菜的肥皂味或者金属味。为什么人们对香菜的态度相差这么多呢？研究发现，人们爱不爱吃香菜，可能跟体内的基因有关。

通过对香菜叶子的化学成分进行分析，科学家们发现了 40 多种化合物，其中 82% 是醛类，17% 是醇类。这些醛类化合物就是香菜强烈气味的主要来源，对某些人来说，这就像是“肥皂味”。

研究还发现，人们如果反复地接触香菜的气味，可以让大脑慢慢地接受这种气味。通过咀嚼，唾液酶可以加速分解醛类，从而缓解香菜的浓烈气味。

研究人员对将近 5 万名喜欢和不喜欢香菜的人的基因进行对比后发现：那些吃完香菜后觉得有肥皂味的人，都携带一种名叫“OR6A2”的特殊基因。这类基因让人对醛分子特别敏感，而醛分子具有香菜的气味，也就是所谓的肥皂味。所以，不喜欢吃香菜并不是挑食，而是基因在作怪。

17. 为什么有的食物放进微波炉加热会爆炸

微波炉是一种利用微波加热食物的工具，它使用起来非常便利。很多人喜欢用它来加热食物，不管什么食物都往里面一丢。但是请注意，有的食物是不能放入微波炉加热的，否则可能会损坏微波炉，危及人身安全，甚至引发火灾、爆炸。

其一，鸡蛋。有人说可以用微波炉做白煮蛋，千万不要试。

用微波炉加热鸡蛋，可能会导致爆炸。无论是去了壳的鸡蛋，还是熟的鸡蛋，都存在风险。我们平时煮鸡蛋时，热量是从外部传导到内部，而用微波炉煮鸡蛋时正好相反，鸡蛋内部受热产生大量的水蒸气和热量，而蛋壳阻挡了气体的膨胀，所以鸡蛋会炸开。熟鸡蛋也不行，即便把壳剥了，鸡蛋也依然是个密封体，热量在内部不断增加，压力会越来越大，再加上蛋黄和蛋清有不同的热膨胀系数，最后还是会爆裂。因此，食物处于封闭状态时千万不能用微波炉加热！

其二，葡萄。有些水果能承受高温，但不是所有的水果都是这样的，葡萄就是一个例外。

如果用微波炉加热水分多的水果，有可能会出现爆膛的现象。葡萄放入微波炉中加热，会出现冒烟和爆炸的现象。因为葡萄的大小正好和微波辐射波长相近，并且葡萄本身恰好是球状水果，容易集中能量。如果将葡萄放入微波炉中加热，先是微波能量集中的地方开始冒出蒸汽，随后在很短的时间里，葡萄就能燃烧起来。毫不夸张地说，几颗葡萄就能烧毁你家的微波炉。

其三，袋装牛奶。千万不能将袋装牛奶放进微波炉里加热。

因为袋装牛奶的包装多是聚乙烯，当温度达到 115 摄氏度时，它就会发生化学变化，并且这类材料也不耐微波的高温，所以袋装牛奶绝不可以在沸水中煮或者放在微波炉里加热。那些用铝箔包装的牛奶更危险，因为其材料是金属材料，在微波炉中加热会着火。

18. 煮熟一只鸵鸟蛋需要多久

鸵鸟是世上最大的禽类动物，是一种不会飞的鸟，为了躲避天敌，只能在陆地上狂奔，为此它们进化出了超强的视力，拥有巨大的眼球。为了遮挡风沙，它们还长着长长的睫毛。大眼睛，长睫毛，是不是很迷人？

鸵鸟是没有牙齿的，它们吃东西不会咀嚼，直接吞到胃里，胃里平时吃进去的沙石可以帮助它们把食物磨碎。

鸵鸟蛋是世界上现存最大的蛋，它的蛋壳非常坚硬，也很厚。要煮熟这个大家伙，所花费的时间大约是煮鸡蛋的 30 倍。一般 45 ~ 60 分钟只能把鸵鸟蛋煮个半熟，想要完全煮熟鸵鸟蛋可能需要 1.5 个小时。

鸵鸟蛋的吃法可以参考鸡蛋的烹饪方式，比如说蒸、炸、炒、炖等。鸵鸟蛋的口感跟鸡蛋差别不大，无脂肪、低热、低胆固醇、高蛋白质、高钙，同时还含有大量的维生素和微量元素，被称作“百蛋之王”。

19. 世界上最容易引起过敏的八种食物

现在因为种种原因，很多人都有过过敏的体验。花粉、灰尘、紫外线等都会引起过敏，并且大多人是一不小心吃了不该吃的食物引起的过敏。根据世界卫生组织统计，全球有 22% ~ 25% 的人都患有过敏性疾病，其中食物过敏占绝大部分。

一般食物过敏的症状除了出现皮肤红疹之外，有人还会出现胃肠不适、口腔溃疡、哮喘等症状，严重的甚至会引发过敏性休克。所以那些容易过敏的人要管住自己的嘴，不要贪图满足一时的口欲，置自己的安危于不顾。

一般哪些食物会引起过敏呢？提前了解，可以防患于未然，这也是对自己的负责。引起人们过敏的食物很多，但对大多数人来说，易过敏的食物主要有以下八大类。

一、含有麸质的谷物，像小麦、黑麦、大麦、燕麦、斯佩耳特小麦或者它们的杂交品系，当然还包括麸类制品。容易对这类物质过敏的人，看来要远离面食了。

二、甲壳纲类动物，如虾、龙虾、蟹等。虽然这些东西很好吃，但是那些

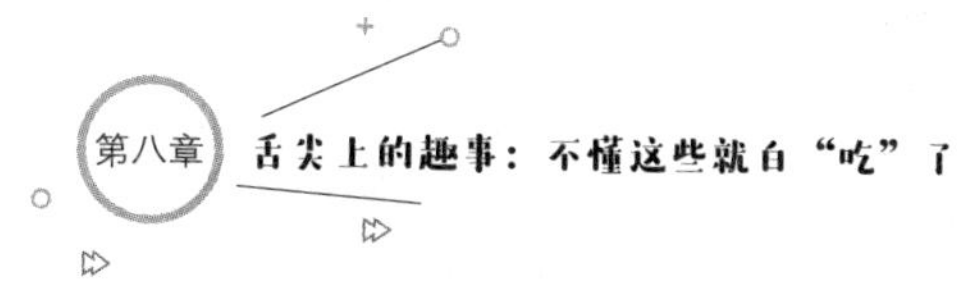

对这类食物过敏的人还是吃点别的吧。

三、鱼类。特别是海鲜中含有过量组织胺，会造成人身体不适，少数人因天生缺少分解组织胺的酵素，吃了现打捞的新鲜鱼或海鲜，就会引起过敏。

四、蛋类、乳类及其制品也是一种常见的过敏原。有不少人喝完牛奶后觉得胀气、恶心、腹泻、腹痛，可能是患了乳糖不耐受症。乳糖不耐受主要是因为体内缺乏消化乳糖的乳糖酶。而牛奶中乳糖的含量多，如果肠道无法吸收，乳糖就会在小肠内不断积累，在大肠中，没有消化的乳糖会被大肠的细菌利用，产生的代谢物对身体有毒，于是就出现了如腹胀、绞痛、恶心和腹泻的症状。我国有 90% 的人有这个症状，虽然乳糖不耐受症的发病年龄不固定，但是大部分都是在 5 岁以后发生症状，20% ~ 30% 的人会在断奶后的 4 ~ 5 年内发生乳糖不耐受症。

五、花生、大豆和坚果类，坚果类的果仁类制品也包含在内。

以上五类食物占了引发食物过敏情形的 90% 左右。

六、肉类，像牛肉、羊肉、鸡肉、猪肉等，也有人会对它们过敏。

七、水果类，如柑橘、猕猴桃、草莓、香蕉等。

八、其他的，像芹菜、芥末、芝麻等食物都可能引起部分人群过敏。

目前还没有彻底治愈食物过敏的方法，只能尽量不吃那些引起过敏的食物。

20. 很多牛奶广告都是用油漆和稀释剂拍出来的

广告中的美食总能勾起我们肚子里的馋虫，让我们放弃减肥的大计，转身奔向美食的方向。但是，你知道广告中的那些美食是怎么拍摄的吗？

广告中的牛奶看起来很浓稠，仿佛隔着屏幕都能闻到牛奶的芳香。其实为了加强视觉效果，大多数牛奶广告都不会用真正的牛奶来拍，而是用白色油漆和稀释剂拍出来的。

在拍摄水果广告的时候，为了让水果更加诱人，常常用鞋子除臭剂来增加水果的亮度，有时候也会使用发胶。

啤酒中那些美丽的泡泡，很多时候也不是真的，而是用洗洁剂调制出来的。这样可以让饮料看上去更加透亮，具有吸引力，更能勾起消费者的购买欲。

我们在广告中看到的美味冰激凌，其实是用土豆泥和颜料调制的，因为在工作室内，反光板的灯光会让冰激凌很快化掉！而用土豆泥和颜料调制的冰激凌则完美地解决了这个难题，而且拍出来的效果比真冰激凌更像冰激凌。

在拍摄一些面条广告的时候，为了让面条看起来更加饱满润滑，会在面条上裹上一层凝胶。知道真相的你，下次再看到面条广告，你还有食欲吗?

在一些蛋糕的拍摄中，为了保持蛋糕的干燥，摄影师会在面包中间加一层纸板并用牙签固定，然后再涂上奶油。这样的蛋糕和奶油看上去也会更加立体。

在一些牛奶、麦片、饼干的广告中，牛奶会用凝胶代替，因为麦片放进真的牛奶里会很快沉下去，而凝胶就不会。这就是为什么你总也做不出广告中的效果的原因。

可乐里面全是泡泡的画面感，是加入泡腾片来加强的，冰块也是用塑胶做的，因为摄影棚里的高温会让冰块很快化掉。

汉堡里面那些烧焦的痕迹是用鞋油勾勒出来的，是不是不说的话我们根本就看不出来?

第九章

异域风情：带你了解奇闻异事

1. 用树枝来刷牙的印度人

每当听到某某牙膏含有致癌物质时，我都会情不自禁地想：如果有一种天然、没有任何危害的牙膏多好！其实这种天然牙膏真的存在，那就是一种叫印楝（Neem）的神奇树枝。

印楝属于速生落叶乔木的一种，为楝科印楝属，原产地为缅甸、印度等热带地区，其树高通常为 15 ~ 40 米。这种印楝树富含印楝素，在植物界是有名的杀虫能手。它的树枝是难得的天然保健品，不但含有保护牙齿的抗菌活性化合物，还富含能够使牙齿洁白的成分。

印度人有一个古老的习惯，那就是用印楝枝刷牙。印楝有个特点，那就是富含树枝纤维。如果将印楝树枝放入口中，树枝很快就能被唾液浸润。被浸润后，印楝树枝顶端的纤维立刻就会散列开来，仿若牙刷的细毛，同时又带着植物特殊的芳香，因此，当地人又将印楝称作“牙刷树”。

在印度尚未使用牙膏和牙刷的年代，当地人就是利用印楝来清洁口腔的。随着时代不断进步，现在仍有不少印度人喜欢用印楝的树枝充当牙刷。印度人的牙齿普遍比较白，可能就是得益于此。值得一提的是，使用印楝清洁口腔是非常环保的，当地人并不用担心不可降解的塑料垃圾问题。

印度人用树枝刷牙只是一种传统，并非买不起牙刷。印度人的这个习惯还传播至整个南亚，连巴基斯坦人也会用这种树枝刷牙。

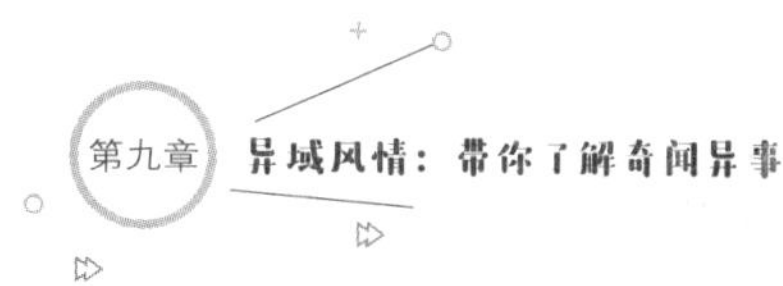

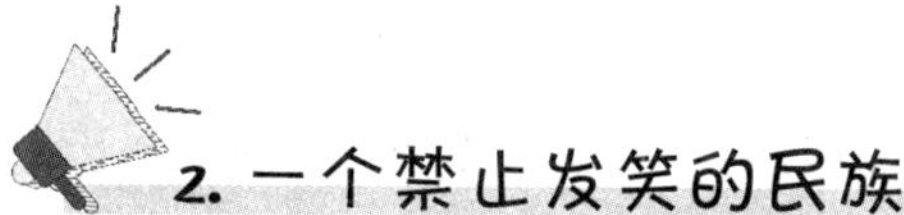

2. 一个禁止发笑的民族

微笑是一种人与人之间表达快乐幸福的方式，是不分文化、种族和宗教的，可以说是世界通行的语言。但是你知道吗，这种最通行的语言在一些人那里却是行不通的，那就是沙特阿拉伯的甸蛮人。

在他们那里，笑被认为是一种不友好、不礼貌的行为，有人甚至认为笑是对神明的亵渎。如果有甸蛮人到你家做客，千万不要对他笑，他们认为对客人笑是不友好的。还有千万不要对长辈笑，他们会认为这是对长辈的不尊敬和不孝顺。在甸蛮人那里，如果晚辈在见到长辈时不小心笑了，对长辈而言是奇耻大辱，可能会被告发到族长那里去，弄不好还会受到族人的惩处。

沙特阿拉伯的甸蛮人是个严肃的民族，年轻人在一起谈恋爱的时候，也是不能笑的。如果男子笑了，“美满的婚姻”就会告吹；同样，如果女子笑了，则男方会与女子就此分手。看来在那里想要分手都不用找理由，只要笑一笑就解决了。

3. 唯一一个没有蚊子的国家

我们每年都会与蚊子亲密接触，身上也会留下深刻的记忆。但是，在冰岛除了能在自然历史研究所里看见一个孤零零的蚊子标本外，在其他地方你是看不到任何蚊子的。

20 世纪 80 年代，一名乘客意外地在冰岛飞机场上一架来自格陵兰岛的飞机里，发现了一只嗡嗡叫的蚊子，于是便抓来做成了那个唯一的标本。

科学家现在还没有找到冰岛没有蚊子的真正原因。不过原因可能并不是因为寒冷，而是因为冰岛没有小池塘、湖泊等那些蚊子可以繁殖的地方。在冰岛的周边地区，像挪威、丹麦、苏格兰，甚至格陵兰岛，都有大量的蚊子，唯独冰岛没有，这给冰岛无蚊之谜增加了一层神秘的色彩。

目前最可信的猜想是，冰岛每年会有三个主要的寒潮和温暖期，这种过于频繁变换的天气可能对蚊子的存活非常不利。因为蚊子要在严寒天气里产卵，等天气变暖时虫卵就会解冻，然后开始繁殖。但是冰岛的气温转变太过迅速，让蚊子的生长面临严峻的考验。还有人认为，可能是因为冰岛的土壤和水中的一些化学成分让蚊子无法忍受，才使得冰岛没有蚊子的。

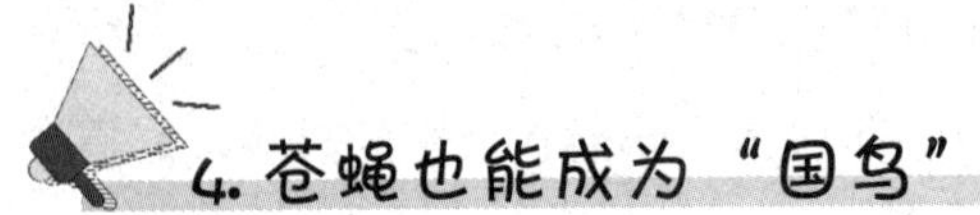

4. 苍蝇也能成为“国鸟”

提起苍蝇，大家一般都会觉得讨厌，但是有一个国家竟然把它印在发行的纸币上，那就是澳大利亚，有人说它才是澳大利亚真正的“国鸟”。

提起澳大利亚的苍蝇，所有去过澳大利亚的人都会唉声叹气。因为当地的苍蝇不仅数量多，而且分布广。不管是在干旱的内陆地区，还是在潮湿的沿海城市，人们都能看到苍蝇的身影。它们成群结队，深深影响着澳大利亚人的生活。

这些苍蝇成日与人打交道，根本没有一点恐惧人类的意思。它们最喜欢的，便是在人们的脸上打转，只要你在街头站上一会儿，嘴巴和鼻子上就有可能被苍蝇当作“落脚之地”。

不过澳大利亚的苍蝇大多是果蝇，没有细菌，还能传播花粉，所以澳大利亚人没有特意消灭苍蝇，最多只是挥挥手赶走他们。以后走在澳大利亚的路上，如果远远地看见帅哥或美女向你热情地招手，你千万不要自作多情，人家可能只是在赶苍蝇而已。

很多人都知道，澳大利亚人的口音很怪，他们习惯将“ei”读作“ai”。有趣的是，据说澳大利亚人的口音是跟当地的苍蝇有关。

澳大利亚人在说话时，为了避免苍蝇飞进嘴里，他们不得不加快语速，同时减小自己张嘴的幅度。比如“today”一词，澳大利亚人会读成“to die”。

为了防止苍蝇盯上食物，澳大利亚人还会将肉食浸泡在油或盐水中，久而久之，他们便形成了自己独特的烹饪方法。

由于苍蝇对澳大利亚人的影响实在太大，所以很多与苍蝇有关的俗语也纷纷出炉。

澳大利亚人在夸对方机智时，通常会用“身上没苍蝇”来形容；在夸对方温柔时，会用“不伤害一只苍蝇”来形容；在表示自己单身时，则使用“与苍蝇喝酒”来形容。

可以说，澳大利亚人对苍蝇是很无奈的。可是，澳大利亚政府并没有采取措施去大规模地消灭苍蝇，就连普通民众也选择了容忍和默认。甚至在 2000 年的悉尼残奥会的开幕式上，澳大利亚还放飞了以苍蝇为造型的大气球。

为什么澳大利亚人没有把苍蝇当作害虫呢？其原因有三点。

一、澳大利亚是一个生态环境非常好的国家，这里的苍蝇大多是果蝇，不会携带大规模的疾病。此外，不少国家都与澳大利亚长期合作，从当地进口一些无菌苍蝇用于研究、教学以及做渔场饲料。

二、澳大利亚人的生态观念很好，他们认为苍蝇属于自然界中生物链的一环。作为果蝇，它们不但可以分解粪便和尸体，还能像蜜蜂一样为开花植物授粉。

三、这些苍蝇在夏天过后就会消失，不会给人类带来很大困扰。

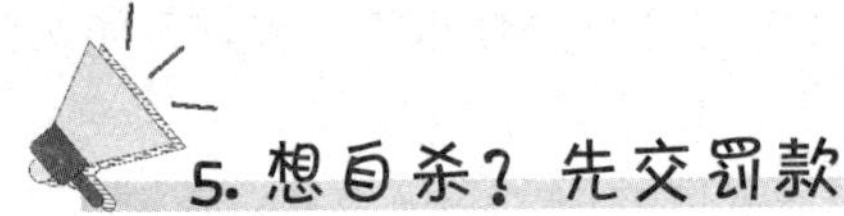

5. 想自杀？先交罚款

现在生活压力大，有人会突然想不开，想要自杀，最后幸运的是没有死成。如果你是在新加坡做这样的事，则警察是可以把你告上法庭的。关于自杀问题，新加坡专门出台了相关法律条款：任何企图自杀的人，都要被处以罚款，或判1年有期徒刑，甚至会两者兼施。

你知道吗，在新加坡销售口香糖是违法的，最高可判2年监禁或者10万新元的罚款。不过现在新加坡的法律已经有所放宽，允许使用医用口香糖和牙科口香糖了，但这两种产品须实名购买。新加坡之所以将“销售口香糖”列入法规，就是因为害怕市民们随地乱吐口香糖，从而影响地铁、列车等公共交通设备的运行。同时，禁止口香糖也是对“花园城市”的维护。虽然在新加坡销售口香糖是违法的，但吃口香糖却并不属于违法行为，但吃完之后，千万不要随地乱吐。

此外，在自己家的门口、屋檐下赤身裸体地走来走去，将被视为色情行为，也是要坐牢的，在新加坡这叫“暴露不文明物”，是违法的。

在国内，我们喜欢随便找个地方蹭Wi-Fi，但是如果在新加坡一定要注意了，这是违法的行为。如果你蹭了人家的网络，就有可能被处以1万新元的罚款，甚至3年的监禁。因为Wi-Fi也是个人财产，你蹭他人的Wi-Fi，相当于偷了别人的财产。到那儿旅游或者生活的朋友要注意了。

还有，在新加坡上完厕所不冲水也是违法的，至少会被罚款150新元，最高罚款可达500新元，有时甚至会加上鞭刑。看来便后不冲水的后果很严重啊，可能屁股要开花呢！

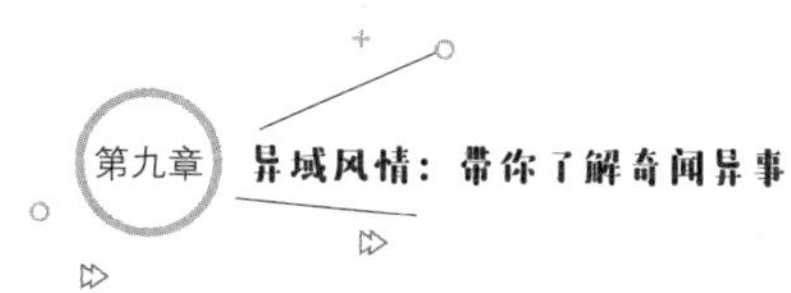

6. 凡尔赛宫为什么没有厕所

都说法国是世界上最会享受的国家，每天中午 12 点到下午 2 点间，再忙，法国人也要到餐厅好好享受一顿午餐；都说法国人是世界上最浪漫的人，作为浪漫的代名词，鲜花自然成为法国人生活里不可或缺的点缀。如果你漫步在法国街头，就能随时看见怀抱花束的男女老少。除此之外，法国人还会挖空心思地把家设计成世界上最舒适的地方。

但你能想到吗，被列入世界文化遗产的法国王宫居然连一个厕所都没有。

凡尔赛宫是巴黎著名的宫殿之一，也是与中国故宫、英国白金汉宫、俄罗斯克里姆林宫和美国白宫并列的世界五大宫殿之一，其位置在法国首都巴黎西南郊外的伊夫林省省会凡尔赛镇。

法国波旁王朝的第二任国王路易十三，在 1624 年掷 1 万里弗尔将凡尔赛镇的大量荒地买下，并且在此修建了一座两层的红砖楼房，以此充当王室狩猎的行宫。

当时的凡尔纳行宫仅有 26 个房间，很朴实无华。后来“太阳王”路易十四登基。经过一系列的改革和扩张后，法国的国力大增，成了欧洲大陆上的强国。强国的领导者当然不能比别人差了，只有什么都比别人强才能体现自己强者的地位，于是路易十四开始追求奢华的生活。

1660 年，波旁王朝的财政大臣富凯建立新官邸后，国王路易十四便前去参观。让路易十四生气的是，富凯的沃勒维孔特宫竟然比自己的宫殿更为华丽。这座宫殿出自建筑大师勒沃、园艺大师勒诺特尔及画师勒布伦之手。由于心生愤懑，路易十四在三周后就以“贪污罪”的名义，把富凯投进巴士底狱，并判了他无期徒刑。当然，富凯家族的财产以及沃勒维孔特宫的全部设计图纸、文件也落到了路易十四的手里。

随后，路易十四命令为富凯设计别墅的著名设计师勒诺特尔、勒沃和勒布伦一起，给自己设计并建造一座更为雄伟、奢华、壮丽、辉煌的宫殿，这就是新的凡尔赛行宫。

经过十多年的修建，这座奢华的宫殿才竣工，它采用当时欧洲最新潮的巴洛克建筑风格，恢宏壮丽。凡尔赛宫建成之后，路易十四下令将法国的宫廷从巴黎的卢浮宫迁往新的凡尔赛宫。

接着，欧洲各国开始纷纷效仿凡尔赛宫的建筑风格，大修新的宫殿，像俄国圣彼得堡的夏宫、奥地利维也纳的美泉宫、普鲁士在波茨坦的无忧宫等都是仿照凡尔赛宫修建的。

只是凡尔赛宫在修建中只追求建筑的宏大、奢华，却忽略了基本的居住功能，那么大的宫殿竟然连一个厕所都没有，就连王子都不得不在自己卧室的壁炉里“方便”，这也算是个人类建筑史上的“奇葩”了。

7. 输了篮球可能会要命

中国自古便有“胜败乃兵家常事”一说，体育比赛当然也是如此，有输有赢、有来有往才有意趣嘛。但是如果在16世纪时，你篮球打输了可能就没命了。那时打的根本不是球，而是命啊。

16世纪的墨西哥，有一个叫阿兹特克族的原始部族居住于此，在阿兹特克族流行一种古老的竞技运动——“奥拉马里兹里”，这就是最古老的篮球比赛。不过当时用的球是一种实心的橡皮球，不是空心的。

比赛时，竞赛人员站在球场的一端，另一端有一个高台，在高台上有一个用石头垒起来的圆环，相当于现在的篮筐。参加比赛的双方，需要将手里的实心球分别投进圆环内。

作为胜利者，投中的人会被颁发华丽的衣装作为奖赏，而失败一方的队长，却要因比赛失利被判处斩首罪。这样的比赛太恐怖了，不知道谁有那么大的勇气去参加。

1891 年，一位叫詹姆士·奈史密斯的加拿大人，为了训练位于美国马萨诸塞州的春田基督教青年会的学生们，专门发明了篮球这项运动。奈史密斯是春田基督教青年会的体育老师，他发明篮球是为了完成学校的体育系主任授予他的任务——发明一种可以在室内比赛的团队项目，这个项目能在冬天进行，且要引起广泛兴趣。

就这样，奈史密斯将英国足球与印第安长曲棍球相结合，设计出了能在室内进行的运动。

这个运动开始时叫奈史密斯球，不过他本人却觉得叫“篮球”更合适，毕竟这项运动需要让参与的人们，将手中的球投入由桃枝编成、挂在墙上的篮筐中才能得分。开始时，球篮挂在离地 3 米的高处，而且篮底是封闭的，每投进一球，就要由一人爬上专设的梯子把球从篮筐中取出来。那时的遮板用的是铁丝网，球则用足球代替。

1895 年，一位叫作鲍勃盖利的美国人把篮球带入中国，中国第一次篮球表演，是在 1896 年的天津基督教青年会举行的。

后来，人们为了不让观赏篮球比赛的观众影响选手投球，专门在篮筐后设置了篮板。1913 年左右，无底的篮网才开始使用。1936 年，篮球被正式列为奥林匹克运动项目。

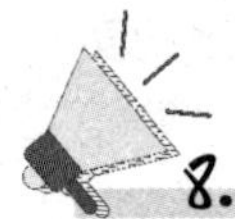

8. 美国曾经有一个进去就出不来的“人间地狱”

在美国有一个人尽皆知的监狱，被关押在这里的犯人进去了就出不来了，只能在监狱里等死，那些试图越狱的犯人也都因为海水的阻挡而被抓了回来。它就是“恶魔岛”监狱。

20 世纪 30 年代，阿尔卡特拉斯岛因为特殊的地理环境，被美国联邦政府专门用来关押犯人。据称，当时有很多囚犯试图越狱，却因为四周奇冷的海水，不是被抓回，就是得病身亡，于是美国本土的印第安人认为阿尔卡特拉斯岛是被诅咒的“恶魔岛”。

监狱刚开始使用时，工作人员使用了“沉默政策”的手段，不允许犯人跟隔壁的犯人交谈，即便列队或者到大厅集合的时候，也不能互相交谈。这种精神上的孤独把一些囚犯逼到了绝望的边缘，这种惩罚简直就是人间地狱！

“恶魔岛”监狱始终保持着最高级别的戒备状态：每天晚上 6 点左右锁门，是那种完全的封锁，直到第二天早上 7 点开始吃早餐时才开门。“恶魔岛”监狱没有夜晚操练，没有健身房，没有图书馆，完全是什么都没有。如果有人胆敢不准守规则，等待的将是被送到“恶魔岛”最可怕的 D 区进行隔离的惩罚，他们管这里叫“地洞”。“恶魔岛”已经够恐怖了，居然还有更恐怖的。

“恶魔岛”监狱的最底层有六间黑暗的囚室，只有 2.1 米宽，是全钢结构的，包括地板也是钢板。囚室在角落里开了个洞当马桶，门上是栅栏。当工作人员把门关上，再把外面那道门也关上后，囚室里就一片漆黑，伸手不见五指。

一旦被关到这里，你还能干什么呢？有的犯人无所事事，在疯掉前只能在墙上刻字，刻的字有名字的缩写、生日和被关押的天数。现在你去早已闲置的

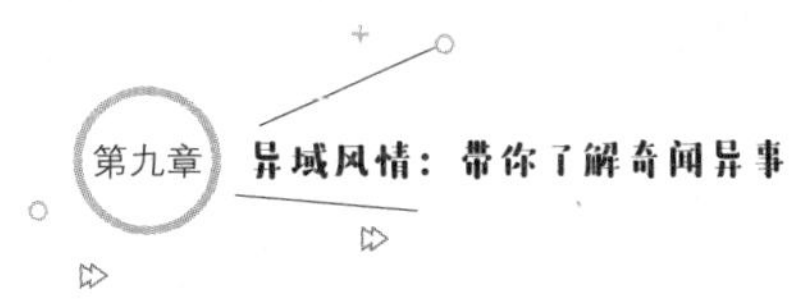

“恶魔岛”旅游，还能看到这些刻痕。透过这些绝望的痕迹，或许你会无比热爱现在的生活吧。

不过在这样一个戒备森严的地方，居然有三人越狱成功了，他们分别是重罪犯弗兰克（Frank Morris）、约翰（John Anglin）、克拉伦斯（Clarence Anglin）。这三个人用了很长时间，最终敲定了一个堪称“史上最复杂的越狱行动”。

在这次行动中，三个人利用用餐时收集的铁汤匙和叉子挖地洞，并且用卫生纸、肥皂、颜料与头发等物，做成了三只“假头”置于床上，蒙骗狱警。在一切准备停当后，三人于1962年6月11日晚间，逃出了这座戒备森严的监狱，并坐上自制的竹筏出海了。

这三人一越狱便没了音讯，虽然外界纷纷猜测，他们可能已经溺死在大海中了。可由于三人的尸体一直没被发现，所以他们的生死依然是一个谜。

9. 澳大利亚人的“三不敢”

与大多数国家不同，在澳大利亚，妇女与儿童的社会地位是非常高的。这就意味着，即便澳大利亚的男人再五大三粗，也会在女人和孩子面前“矮三分”。澳大利亚的已婚男人，在国际上是出了名的“模范丈夫”，走在大街上，随处能看到照顾孩子的男人们，他们可以熟练地给宝宝换尿布。为什么澳大利亚的男人这样“怕老婆”？

事实上，因为严格的法律规定，所有澳大利亚人，无论男女都有以下“三不敢”。

第一，不敢家暴，因为很可能会赔了夫人又损失钱财。

如果在澳大利亚发生家暴，就要被判处至少半年的有期徒刑，即便是作势要打，只要一经起诉，最好的结果就是强制分居 1 年。如果情节严重，就要被判处离婚。澳大利亚的男人是“离不起婚”的，如果离婚，不但有 70% 的家庭财产要判给对方，而且还得担负孩子“抚养费”的三分之一。因此，在澳大利亚，被家暴的概率比较低。

第二，不敢打自己的孩子。

近几十年，澳大利亚的人口老龄化越来越严重，人口增长率一直呈下滑趋势，所以政府鼓励生育，孩子生下来就有奖金，并且奖金的数目随着孩子个数的增加而增加。这么说吧，如果一名澳大利亚的女子生下 3 个孩子，那她就完全不必上班了，光是政府的奖金，就足够让一家人过上不错的生活。此外，澳大利亚有“不准家长打骂儿童”的相关法律，如果有家长违反了这一规定，就要被剥夺对儿童的监护权。情节严重的，甚至会惹上“虐待儿童罪”，获得一场牢狱之灾。

第三，不敢打自己的宠物。

在澳大利亚不仅不能打自己的孩子，国家还不允许打宠物，自己养的宠物也不能打。大家在网络上看到残忍虐待小动物的视频都恨得牙痒痒吧。澳大利亚就很少出现这种情况，如果谁要是因为打了自己的宠物而被人告上法庭，一经证实就要被判处两年半的刑罚，并且还会被处以 2.5 万澳元（相当于 12.6 万人民币）的罚款。不仅如此，澳大利亚也不允许遗弃宠物，相关的机构会监督和强迫你找回丢掉的宠物。对可爱的动物们来说，这是一场有爱的保护，看来，那些生活在澳大利亚的宠物的幸福指数会很高。

什么事情做久了就会成为一种习惯，法律规定的“三不敢”逐渐发展成澳大利亚人的美德，也极大地促成了澳大利亚的社会和谐。

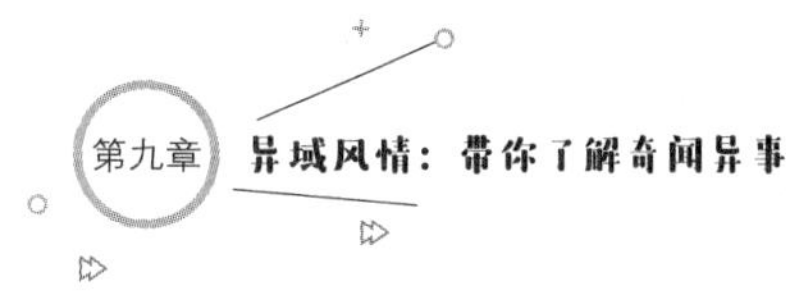

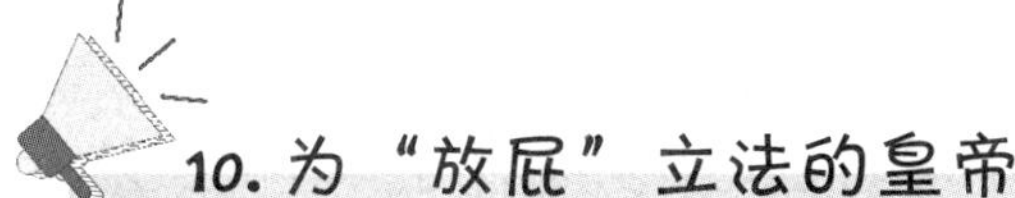

10. 为“放屁”立法的皇帝

俗话说，“屁为人中之气”，可见屁作为身体新陈代谢的方式，跟我们的大小便是一样平常的，而且有时我们根本无法控制。如果憋屁时间太久，就有可能导致胃部疼痛。所以，当我们感觉有屁要放时，千万不要过于忍耐。

古罗马有一位叫作克劳迪乌斯的皇帝，他认为放屁是件很好的事，而且对众人的健康很有帮助，所以，克劳迪乌斯特别颁布了“宴会上可以放屁”的法律，让大家在宴会上吃喝时，能够随心所欲地放屁。

既然放屁是件再正常不过的事，那么人每天会放多少屁呢？调查研究发现，普通人每天要放大约半升的屁，也就是说，每人每天要放 14 次屁左右。

有人说了，如果在公共场合，控制不住自己想放屁的欲望怎么办呢？最好的办法就是把脸皮练厚一点，或者装无辜了吧。

当然，也有一些能让我们减少放屁次数的方法，在饮食上，我们可以少吃一些豆类食物。因为豆类经过胃部发酵真的会产生很多气体，让你不自觉地开始放屁。豆类食物中还含有一种被称作水苏碱（stachiose）的糖分，人类凭借自身的消化系统是无法很好地消化的。当人体的肠内细菌尝试去消化它的时候，就会产生大量的气体了，这个结果就导致我们会开始控制不住地不断放屁。

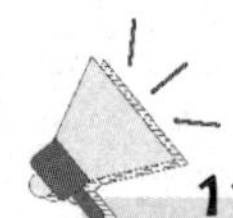

11. 千万别跟埃及人讨论猫狗，也别夸他们的身材苗条

说起埃及，很多人会觉得这是个神秘的国家，并且还有一些奇奇怪怪的禁忌让人觉得很不可思议。比如说，埃及人不会在正式的用餐场合相互交谈，因为在埃及人看来，用餐时说话是一种亵渎神灵的行为。下面，我就来说说埃及的一些禁忌。

埃及人喜爱在日落后一家人一起共进晚餐，并且这时家族里的所有成员都不允许有约会，不参加将被认为是一种失礼的行为。

埃及人非常好客，喜爱自制一些甜点来款待客人。如果你拒绝他们的好意，一点不吃的话，主人的心里会觉得难受，觉得自己没有招待好你。

埃及人忌讳喝酒，他们喝红茶；不仅不允许谈论任何跟猪、狗相关的话题，还忌讳吃猪肉和狗肉，并且长相丑陋的虾、蟹等食物也不允许吃。

在埃及，男人是不被允许与异性攀谈的。由于埃及以胖为美，所以千万不要用“你真苗条”“你最近瘦了吧”之类的话作为夸赞之语。你夸她苗条，对方反而会觉得“这个人是在羞辱我”。还有，尽量不要对别人家中的摆设啧啧称道，如果你称赞了对方的摆设，人家就会以为你在伸手向他们索要。当然，还有最重要的一点——千万别跟埃及人谈论中东局势、男女关系以及宗教信仰问题。

埃及还有一点有趣的“忌讳”，那就是他们在下午 3 到 5 点之间很忌讳“针”，人们不会在这个时间段出门买针，就连商人也不会出售“针”，即便你给出 10 倍的价格，也没人愿意将针拿出来卖给你。

相传，埃及主管财富的神每天下午 3 点到 5 点会来到人间，向埃及人散发财富。不过埃及的财神是“嫌贫爱富”的神，他遇到穷人，根本不屑理会，一分钱都不会给你；但是遇到富人，却会主动送去大量的钱财。

埃及财神是怎么分辨穷人和富人的呢？就是看这家人有没有穿针引线、缝缝补补，如果有，肯定是穷人；如果没有，那就是富人。

时间久了，埃及穷人都知道了财神的套路，于是在下午3点到5点的时候，就把所有针都藏起来，再也不缝缝补补了。这样，财神爷就分不清谁是穷人、谁是富人了，于是只能公平地撒钱。后来这便成了埃及的一个禁忌。

12. 为什么韩国人要送卷纸、洗衣粉做乔迁礼

中国自古就有择吉搬迁的习俗，乔迁是一件值得庆祝的事情，亲朋好友通常会早早准备好礼物送给对方。我们的邻居韩国也有这个习俗，不过他们会送什么呢？

韩国人的乔迁礼物在过去是肥皂和火柴。不要觉得礼物轻，其实这些礼物是有很好的寓意的，肥皂象征着屋主能像肥皂泡泡一样快速致富，而火柴则代表着家运像燃烧的火焰一样旺盛。

不过在现在的韩国，乔迁的礼物已经变成了送洗衣粉和卷筒卫生纸了（估计是因为现在大家很少再用肥皂和火柴了吧）。洗衣粉跟肥皂一样会产生很多泡泡，象征着快速致富，而卷筒卫生纸象征着遇事都可顺利解决，寓意着运程越滚越好。

韩国人在考试前，会吃麦芽糖、年糕，寓意是黏住高分、黏到榜单上不会落榜的意思。韩国学生在考试前会互送叉子，象征着猜中考题。不过韩国学生在考前不能喝海带汤这类滑溜溜的食物，因为有滑落榜单的寓意。

韩国人如果刚出警局或监狱，会当场吃掉一块生豆腐转转运。韩国人认为坐牢的人吃得不够营养，豆腐富含蛋白质，并且豆腐是白色的，蕴含着净化和去掉霉运的意思，象征着吃过豆腐后像豆腐那样雪白纯净，一切都是新的开始。

韩国用搓手表示道歉。搓手原本是许愿时拜托神明的动作，道歉时则表达“拜托你原谅我”的意思。

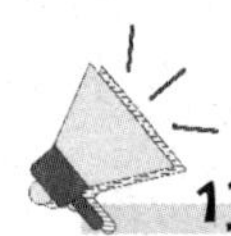

13. 女子以胖为美、以离婚为荣的奇怪国家

很多减肥怎么也减不下去的女孩都在感慨：如果生在一个以胖为美的国家就好了。这样的国家并不是传说，在毛里塔尼亚，女人们不仅以胖为美，甚至还会把离婚当作荣耀的象征。

毛里塔尼亚是非洲西部的一个国家，经济不发达，还有奴隶制残余，103万平方千米的国土上生活着430万人口，大约有75%的国土分布在撒哈拉沙漠里。

这里有一个古老的传统，女子以胖为美，女子越胖就代表着家庭越富有和越有地位。其实这个传统跟之前毛里塔尼亚经济落后有关，那时很多家庭都很贫穷，解决温饱都是个问题，于是胖就成为“富有”的代名词，后来就慢慢形成了以胖为美的审美观念，而且男子也愿意娶肥胖的女子为妻。为了变美，女孩子唯一要做的事情就是不停地吃喝。毛里塔尼亚的女孩从5岁开始就接受家人定制的“增肥”计划。

在毛里塔尼亚的一些农村地区还有一些专业的“女子增肥学校”。在那里，她们被强制喝下骆驼奶、羊奶、牛奶等高热量的饮品，此外还要吃大量的高脂肪、高热量食物。普通人每日的正常所需热量只有5000 ~ 10000千焦，可在

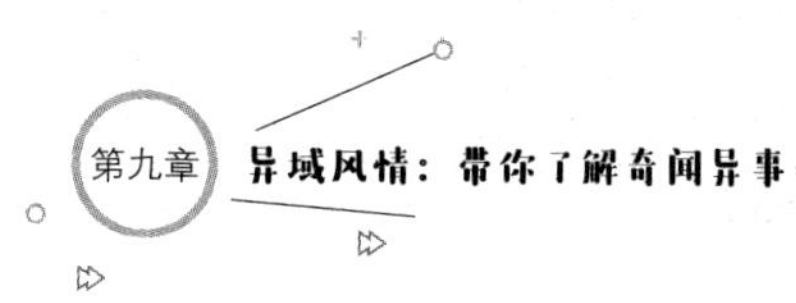

增肥学校里，女孩子每日被逼迫摄入 63000 千焦的高热量——她们摄入的确实太多了。

为了增肥，女孩子们被迫使用动物生长激素，有的女孩甚至被折磨至死。在毛里塔尼亚 150 万的女性中，有 25% 的人都属于肥胖体质，很多人因此患上了各种肥胖疾病。幸好，当地政府已经认识到了过度肥胖的危害，开展了反对强迫女孩进食的运动，慢慢改变了人们的习惯，现在很多女孩子已经逐渐放弃这种落后观念。

除了以肥胖为美，毛里塔尼亚还有一个奇葩的习俗——以离婚为荣。在这里，女子离婚的次数越多，越有面子。离过婚的女人更受男子的青睐，那些还没离过婚的女人则会被人看不起。在毛里塔尼亚，人们的离婚率高达 20%，也就是说，每五个人中，就有一个人是离过婚的，这还不算一个人会离婚好几次！根据调查结果显示，毛里塔尼亚有 18% 的女子，在离婚后还会再结 6 次以上的婚。

14. 让中国人惊讶的考驾照规则和交通规则

现在驾照考试越来越难，但是至少每个人还是可以考很多次的，可在德国考驾照，每个人只有 5 次考试机会，而且是一辈子只有这 5 次，如果 5 次都没有通过，那么就会被认为是不适合开车的人，不能再参加驾照考试了。

在德国考驾照，要通过一套非常严格的考试系统才能拿到资格证书。在考驾照前，学员需要到一家正规的光学眼镜店，拿到一份表明自己视力没有问题的证明。之后，每位学员要接受一场时间为 8 小时的急救培训课。在这堂课中，学员们要学习一些简单的急救常识，诸如心肺复苏以及如何止血等。

如果在德国碰到交通事故，驾驶员需要下车对受伤人员予以救治，否则会触动“无视提供协助的责任”的相关法律。此外，在德国考驾照还需要通过 14 堂理论课与 12 堂驾驶课。在理论考试通过后，教练在第一天就会让学员坐到驾驶位，并且驶入真正的机动车道。他们提倡在路上学车，没有专门的练习场。

与中国不同，德国的路考时间长达 45 分钟，通常会有 2/3 的人不能通过。如果 3 次不过就需要接受心理测试，看看是否适合驾驶，只有适合驾驶的人才能再考两次。

值得一提的是，德国会把公路划分出等级，不一样的车会有不一样的限速规定：联邦公路的最高车速为 100 千米 / 小时，市区内为 50 千米 / 小时，住宅区内只允许 30 千米 / 小时，有一部分高速公路是不限速的。

还有一点需要注意，那就是自 2010 年 1 月起，但凡进入柏林、科隆、慕尼黑等德国城市中心的机动车，都必须粘贴车窗静电贴，就算是过境的外国车辆也不例外，否则罚款 60 美元。以后开车经过德国一定要小心啊！

15. 在网上晒娃要被罚款甚至坐牢

每次随意打开一个社交媒体，我们就能看到很多萌娃的搞笑视频、照片。你知道吗，这种“晒娃”如果发生在法国，则可能会面临罚款和牢狱之灾。

前段时间，法国的社交网站上有一个叫“母亲挑战”的游戏非常流行：如果母亲对自己的孩子感到骄傲，就在社交网站上发布 3 张孩子的照片，并点名其他 10 位母亲，也如此发布孩子的照片。就这样，很多孩子的照片开始展现在网络上。

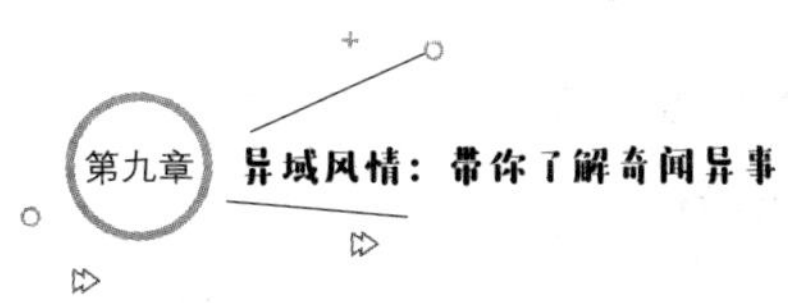

这个现象引起法国政府的关注，他们立刻发表声明：在公共社交网络上将孩子的照片发布出去是存在风险的！请停止分享你家孩子的照片，并停止点评别人的照片。

接着法国媒体解释道：你不知道网络另一端的人是不是别有用心的坏人，第三方可能用这些照片进行一些危险行为；这一行为可能会给孩子造成心理创伤；某些阶段的孩子可能并不希望被拍照，更不希望自己的照片被公开。

认识到“晒娃”的危险后，法国的法律对相关的隐私和肖像权方面进行了保障。法国对于父母能否发布孩子的照片进行了规定。

如果孩子的年龄不满7岁，那么父母在发布孩子照片时要获得对方的授权；如果孩子具备了辨别能力后，则发布孩子的照片需要征求孩子与监护人的双重认可。

如果孩子对父母上传自己照片的行为不满意，则有权利要求父母删掉照片。如果父母拒绝这个要求，孩子可以对父母的行为进行民事诉讼，即便是子女成年，也可以对父母进行诉讼。如果胜诉，子女们还可以获得一笔巨额赔偿。

如果父母上传的照片，损害了孩子的自尊或其他利益，就会以涉嫌刑事犯罪而被处以判决。根据法国隐私法的相关规定：如果在对方未授权的情况下，擅自拍摄、保存、散布、传播对方在私人场所的照片，就会被判处1年有期徒刑和4.5万欧元的罚款。

16. 不能离婚的国家

绝大多数的人都希望与相爱的人白头偕老，共度余生，如果有一个地方结了婚就不能离婚，你愿意去吗？我们的邻国菲律宾就是这样的国家之一。于是，不少情侣就跑到菲律宾举办婚礼，以求自己的婚姻天长地久。

作为一个信仰天主教的国家，菲律宾的大多数国民都是虔诚的天主教徒。他们禁食、祈祷、定期去教堂。作为一个传统的天主教国家，虔诚的菲律宾人认为，一旦法律允许离婚，就会出现早上结婚，下午离婚的情况，这完全不符合天主教义。1946 年，菲律宾完全独立后，就颁布了《新民事法》，其中规定禁止离婚。

不过菲律宾也不是绝对地不允许离婚，他们只是不允许“正常”地离婚而已，只要是“不正常”的离婚还是可以的。何为“不正常”的离婚？像夫妻双方有一个有心理疾病，不能履行婚姻的能力，那么是可以离婚的。

但是要怎样证明对方有心理疾病呢？这将是一个麻烦而漫长的过程。有时即使有一整套证明，在法庭审批时，法官也可能会拒绝，因为法官也是天主教徒，他的内心拒绝接受离婚这样的事，他随便找个理由就可以驳回了。看来在菲律宾离婚真的是很难呢。

因为菲律宾不允许离婚，所以那些想要离婚却不能离婚的人只能长期分居，有的分居甚至长达几十年。有人问：“菲律宾的男人懒，也不上班，让妻子辛苦地当菲佣挣钱养他。既然这么辛苦，为什么当妻子的不能离婚呢？”现在，你知道原因了吧。

不允许离婚的国家，还有斯威士兰。斯威士兰是非洲南部的一个小国，值得一提的是，斯威士兰至今还在执行君主专制，也就是说，斯威士兰的国王拥有至高无上的权力。每年 8 月，他们都会举办“芦苇节”，其实这个节日是专门为国王选妃的日子。在这一天，所有参加“芦苇节”的少女必须赤裸上身，手持一束芦苇入场，并且这些少女必须是处女。

虽然在斯威士兰不允许离婚，但是却认可一夫多妻。在斯威士兰稍微有钱的男人往往都有好几个妻子，并且允许已婚女子返回娘家，不过送回娘家的女子不能再嫁人。斯威士兰人认为妇女是丈夫的财产，丈夫可以不要妻子，但妻

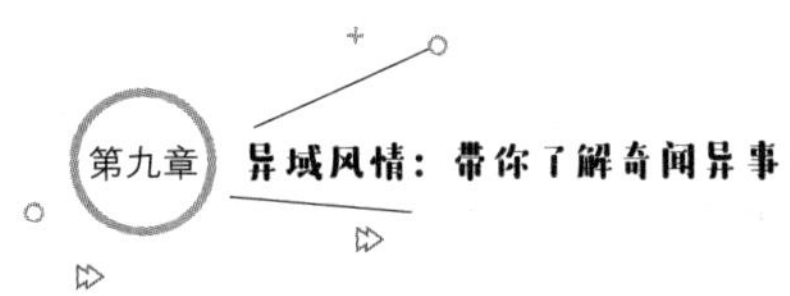

子不能不要丈夫。

在欧洲也有一个不允许离婚的国家——位于罗马的梵蒂冈。梵蒂冈是一个只有0.44平方千米的国家，因此被誉为“世界上国土面积最小的国家”。2016年，梵蒂冈的全国常住人口只有590人，其中女性只有32人，且大多数是修女。因为梵蒂冈是一个宗教国家，大部分人都是信教徒，本来结婚的人就非常少，根本就没什么婚可离的。

17. 泰国和尚的秘密

看过《泰囧》的人估计对泰国人妖记忆深刻，对泰国的佛教也多少了解一些。泰国被誉为“全民信佛的国家”，因此，其国民信佛人数的比例也高达95%，泰国有很多寺庙，人们的生活重心都在佛教上。泰国的佛教大学很多，大约有9000所教巴利文和佛学的佛学院，还有两所佛教大学。由于数量巨多，很多寺庙也接受外来的朝拜者。泰国吸引了世界各地的信徒到这里供奉朝拜。

泰国规定，男子在结婚前都要出家。一般男孩年满20岁就要入寺当和尚，表示已经成年，不过现在对于男人出家的时间和年龄没有了限制。在泰国的观念里，人生下来就是鬼，长大了就是半人半鬼，只有成年后出家的那天才算是成人，才能成家立业。

在泰国，出家是一件很光荣的事。想要出家去做和尚，首先要去佛寺报名，并且还要有担保人，目的是保证入寺者身份的清白。每个入寺修度的人都必须是健康的自然人，不能有任何身体的残缺。

在出家前，会举行一个盛大的仪式。在进入寺庙前一天，家人们会把男孩的头发、眉毛都剃光，男孩要自我忏悔以前所犯过的所有过错，然后在亲人的拥护下离开。欢送的场面也很盛大，有的人拿着佛教物品，有的人载歌载舞，并且每个送行的人都要绕着寺庙走三圈，向地面抛撒零钱，用来接济穷人。

泰国的和尚大多是苦行僧，他们在穿着方面只有两套袈裟，日用品只有一只法钵和一些简单用品，每天只能吃两餐，且正午过后不允许吃固体食物，只能吃流食。泰国寺庙没有伙房，他们每天都要出门化缘，接受施舍，善男信女供奉什么，他们就吃什么。化缘时，如果施主布施鱼肉，他们就吃鱼肉，这是对施主的尊敬。在泰国，大家也对化缘的和尚很尊敬，认为和尚出现在自己家门附近是无比幸运的事。

泰国寺庙是不允许攀爬的，并且进殿需要脱鞋。人们必须尊重僧人，女性不能触碰他们。在布施物品的时候，要男士动手，进寺庙的女性在着装方面也不能暴露。以后如果去泰国的寺庙，一定要谨记。

18. 最奇葩的民族：女人可以强暴男人

你有没有想过，世界上有这样一个地方：女人能够强暴男人，而且这种行为还是受到法律保护的！

有一个叫作卡图马族的民族，生活在太平洋岛屿的基里维纳岛上，每年10月，卡图马族人在庆祝甘薯节时，女人们就可以强行跟她们碰上的外族男性发生性关系。

在上岛之前，外族和本族男人们都会收到警告，如果想避免这场“灾难”，他们就要想方设法地绕道而行。卡图马族当地的传教士会进行长时间地祈祷，因为在甘薯节时，不管是大男人还是小男生，不管对方是已婚的还是未婚的，只要他们的性机能健全，就都会有危险。

卡图马族的女人们会在甘薯节那天，往身上涂抹椰子油，并且戴上贝壳项链，穿着漂亮的七彩草裙，这支浩浩荡荡的队伍，会进行传统仪式——将主食甘薯从地里搬到村里。

卡图马族的女人们笑着说："如果有男人激怒了我们，我们就会强奸他，不过就是为了好玩，而且只有收成好的时候，酋长才会允许我们尽情享乐。"

为什么卡图马人会有这么奇异的风俗呢？原来卡图马女子认为她们要在甘薯节这天唤起两性的欲望。除了甘薯节的"强暴"行为，卡图马族内部还有另外一种集体约会，名为"预约"。也就是说，这个村的男孩向另一村的女孩发起邀请，然后大家集体参加约会。约会时如果有人相互看对了眼，就会一起找个地方体验亲密的感觉了。

在卡图马族，女人可以强奸男人。可在非洲裂谷南部的哈扎比部落，却没有什么"强暴"的概念。因为哈扎比部落生活在丛林里，过着与世隔绝的生活。哈扎比部落的族人被称作"石器时代的人"，因为他们至今为止，依旧过着以狩猎为生的生活。

为了生存，哈扎比部落的男子们经常要集体外出打猎，哈扎比部落的妇女们则负责采集浆果、制作食物、照看家庭等。由于部族古老，这里根本没有强暴的概念，因为哈扎比的妇女必须与有需要的男人发生性关系，并且没有拒绝的权利。

19. 在英国，男子拒绝女子的表白要给予"补偿"

只听说离婚要分割财产，没听说表白被拒后还能获得"补偿"的。在英国，一个女子在闰年的 2 月 29 日向心仪的男子表白，如果男子拒绝的话，那么他可能需要对这位女子进行“伤心补偿”。

每四年一次的闰年2月29日是，被英国人看作“妇女权利日”，又被称作“女性求爱日”“女性表白日”等。

1288年，苏格兰的玛格丽特女王宣布，这一年的2月29日是“妇女权利日”，在这一天，所有女人都可以自由地向心仪男子求婚。在17世纪后，这个习俗开始流传到整个欧洲。

对英国女性来说，这一天，她们可以摆脱世俗的枷锁，做出一些“出格”的事情，比如大胆地向自己喜欢的对象表白。如果男子在这一天拒绝了女性的表白，则需要支付1英镑作为象征性的“补偿”，或者将绸缎衣服赠给被自己“伤害的女子”。

那些不敢向心仪之人表白的女子可以在那一天把喜欢的男子带到英国去表白哟，即便不能成功，也是有“补偿”费的。

20. 东西掉了，从不弯腰的民族怎么办

从不弯腰？想想都做不到啊，虽然有的事情可以勉强做到，但是贵重的东西掉了怎么办呢？难道不捡了吗？

斐尔坝拉人是居住在拉丁美洲的马提尼克岛的一个族群，他们有一个奇怪的习惯——从不弯腰。即便最贵重的东西掉在地上，斐尔坝拉人也不愿意弯腰去捡。他们会从背上拔下一把竹夹，然后挺着腰（坚决不弯腰）用竹夹把掉落的物品夹取起来。

为什么斐尔坝拉人宁愿很麻烦地背着竹夹，也不弯腰呢？这种习惯是有原因的，早在1635年，法国的侵略者在占领了马提尼克岛后，就开始大肆欺辱斐尔坝拉人，法国人将斐尔坝拉人当牲口骑乘。直到有一天，法国侵略者骑在一位叫作耐特森的头领身上时，耐特森突然跳起来，把法国侵略者摔到很远。他高声呐喊着：“我们斐尔坝拉人要永远站着，永不弯腰！”从这以后，整个斐尔坝拉民族就养成了这个习惯——永不弯腰。

21.“哭岩”为什么能发出哭声

说起奇怪的石头，我们可能会想起《西游记》中那块孕育出孙悟空的灵石，还有《红楼梦》中那块通灵宝玉，但是这些都是小说，现实中你听到过石头的哭声吗？

有一块特殊的岩石伫立在西班牙与法国交界的比利牛斯山中，这块岩石有一个特殊的功能——会哭。因此，人们又将其称作“哭岩”。这块“哭岩”只有 30 米左右，从外形上看，这块岩石跟普通的石头没什么两样，可在天气晴朗的午后，它却能发出女子一般的抽泣声。

为什么“哭岩”会发出这种特殊的哭声呢？地质学家的研究发现，这块岩石白天吸收了较多的热量，并因此膨胀，到了傍晚，它又因为温度降低而收缩，从而产生了声音。但是其他的岩石不也是这样吗？为什么别的地方的岩石不会“哭”呢？真的很让人费解！

岩石不仅会“哭”，还会“行走”呢！

美国加州有一个自然奇观颇多的山谷，名叫“死亡谷”，在死亡谷里，最吸引人的当属那些会“走路”的石头。那些会走路的石头散落在龟裂的干盐湖地面上，在石头走过的地方，都会留下长长的“脚印”，这些脚印大多是“之”字形，也有笔直或弯曲的，有的甚至长达数百米。

为什么石头会“行走”？加州理工学院的地质学教授夏普经过七年的研究，

发现石头的移动方向与当地盛行的风向是一致的。值得一提的是，这片盐湖的年平均降雨量很少，这种微薄的降雨量，赋予了盐湖潮湿的薄膜，这种薄膜会让土壤变得滑腻。这时，只要山间刮来一阵强风，就可以让石头开始“走路”了。

22. 背着很多书本的驴子

一提到世界上最聪明的民族，很多人的第一印象都是犹太人。的确，根据权威资料显示，截至2015年，全世界共有770位诺贝尔奖得主，其中，有153位是犹太人。

有趣的是，犹太人的人数仅是世界人口总数的0.3%，但他们却获得了全世界1/5的诺贝尔奖。有“千年第一思想家”与“千年第一伟人”美誉的马克思，以及有“世界大脑”之称的爱因斯坦都是犹太人。

为什么犹太人会如此聪慧呢？我们一起看看犹太民族的读书趣闻就不难理解了。

在犹太人看来，读书是一件“甜如蜜”的事。

犹太家庭的孩子出生后，母亲就会读《圣经》给孩子听，每读一段就会让孩子舔一下蜂蜜。当孩子稍微大一些后，母亲就会在《圣经》上滴一点蜂蜜，然后让孩子去舔，这个举动是在告诉孩子书甜如蜜。

在犹太人的想象中，死人也是应该读书的。

古时候，犹太人的墓园里常常会放有书本，因为他们觉得在夜深人静时，死者会出来读书。这象征着生命有结束的时候，但是求知欲却是永无止境的。

根据古代犹太社会的规定，精通犹太法典的人不缴税，因此，凡是精通犹太法典的人都可以省下很大一笔钱。这个规定出台的原因是，大家觉得这样的人对社会有着莫大的贡献，所以可以免去他们的税。

而且，犹太人的图书馆是世界之最。据调查，犹太人平均每 4500 人就有一所图书馆，其人均拥有图书的数量、获诺贝尔奖的人口比例，堪称世界之最。而且犹太人平均每年读书 64 本，以犹太人为主的以色列是全球人均阅读量第一的国家，其出版社数量也位居世界前列。

不要觉得犹太人只是能读书，他们还非常重视书本知识的运用，重视把知识变成财富的能力。大多数犹太人在 18 岁就开始独立生活，能自己赚钱养活自己了。犹太人把只有一肚子书本知识而不会把知识用于实践的人称为“背着很多书本的驴子”。

看了这些，你明白犹太人为什么这么聪明了吧？多读书还是有用的。

23.“丈夫”也可以出租

我们都知道，房子是可以出租的，汽车也是可以出租的，甚至连衣服、鞋子等都是可以出租的，但是你听说过“丈夫”也能出租吗?

在阿根廷，有一种业务开始流行起来，那就是“出租丈夫”。在阿根廷的首都布宜诺斯艾利斯，有一家推出了“出租丈夫”业务的公司，这家公司从阿根廷社会现状中发现了商机：生活中一些单身女性有一些不便之处，比如修水龙头、更换插座、抬床等工作，于是就想到利用这个需求来挣钱，开创了出租“丈夫”的业务。

虽然这家公司出租的“钟点丈夫”的价钱很高，每小时达 50 比索，折合人民币 100 元，但这家公司的生意依然非常火爆，可能还是因为有需求人的太多了。

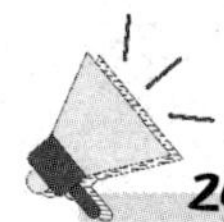

24. 在新西兰做客，需要自己带啤酒和菜

被朋友邀请去做客是很开心的事，不用自己做饭了，也不用自己刷碗了，自己要做的就是吃喝玩乐，当然心里美滋滋了。做客，真的很幸福呢！不过这是在我们中国，如果你被新西兰的朋友邀请去做客，千万不要这个样子，否则会把脸丢到国外去了。

对好客的新西兰人来说，款待亲朋好友是件很快乐的事。因此，他们经常邀请朋友们到家中聚餐。不过，新西兰与中国的习惯不同，来参加宴会的客人都需要自带一道菜品，比如沙拉、香肠、牛肉等，而且还需要自己准备啤酒。

如果我们国家也这样的话，我也会非常热情好客的，每天只要叫几个朋友过来，就解决了吃饭的大问题啊。看来在新西兰，没钱连个蹭饭的地方都没有啊，因为蹭饭还需要带菜和啤酒。

而且，新西兰人的时间观念在国际上是出了名的强。在约会之前，双方都要提前商量，并且确定一个时间以便准时赴约。参加宴会时，客人通常会早到几分钟。但 21 点之后，就不要再打扰新西兰人了，因为此时的新西兰人已经进入休息时间了。

第十章 动物学院：爱它就要了解它

1. 南极那么冷，鱼为什么没有被冻死

我们知道南极是地球上最冷的地方，长年被冰雪覆盖，最低温度能达到零下 90 摄氏度。极低的气温使得这片地区的海洋被“冰封千里”。这里就是一个冰封的“小世界”，人在这里活动，如果穿得不够厚就会冻成一根“冰棒”。在这里生活的动物如果没有厚厚的皮毛和脂肪，那后果简直不敢想象。

但是南极考察的科研人员却发现，这里居然生活着鱼类。它们全身光秃秃的，并且脂肪也少得可怜。它们丝毫不畏惧严寒，在寒冷的冰水里自由自在地游来游去。

鱼作为一种变温动物，它们的体温会随着水温的改变而改变，变得和水温一样，以此来适应周围的环境。可是南极大陆近海的水温都是在零度以下，为什么这里的鱼没有被冻死，为什么没有被冻成冰块呢?

出于对这个问题的好奇，南极考察者们把世界上最不怕冷的南极鳕鱼钓了上来，并带回实验室请专家们进行研究。专家们发现，与其他地区的鱼相比，南极鱼的体液中含有一种高分子蛋白质，这种蛋白质能与冰或水相互作用，降低了水结冰的温度。

鱼身上的这种蛋白质使得它们可以在零度以下的水域维持非结冰的状态。也就是靠这点“本钱”，南极的鱼才能在冰天雪地里自由地游弋。这种抗冻蛋白质，就像汽车的防冻剂。

看来为了适应周围的环境，动物们也都是很拼的。

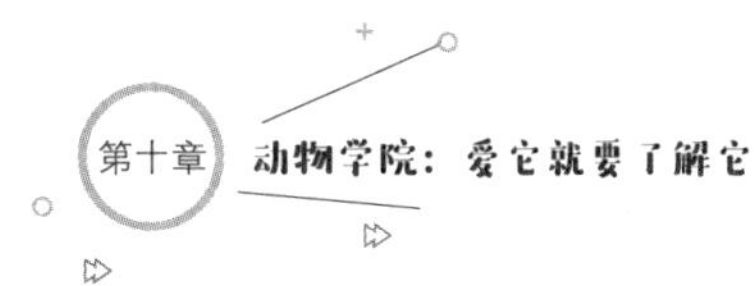

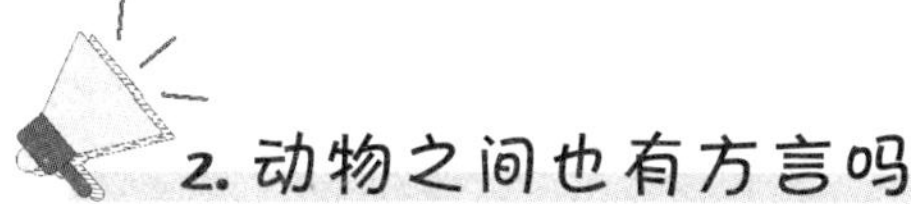

2. 动物之间也有方言吗

俗话说“五里不同音，十里不同调”，意思就是不同地区的人有不同的方言，那么不同地区的动物也有方言一说吗？答案是肯定的，动物们也有方言的问题。

20 世纪 60 年代，科学家们在对鸟类的研究中发现，不同物种的基本词汇是一样的，但是不同的环境差异会让动物也产生方言。此外，因为无法逾越的河流山川的阻隔，使得种群内部交流的方言会得到进一步加固。

比如，美国的乌鸦能发出一种特别的叫声来报警。听到这个报警，其他的乌鸦就会飞走。可是把这个叫声录下来，放给法国的乌鸦听，它们听了不但不飞走，反而或聚拢过来，或毫无反应。看来动物世界的方言差距也很大。

一般情况下，生活在两个不同国家的乌鸦根本听不懂对方的“鸟语”，但是那些经常迁徙于北美和欧洲之间的乌鸦却能听懂彼此的叫声。

同样是日本猕猴，如果生活在不同地区，就会发出不同的叫声。日本研究小组发现，在爱知县和屋久岛出生的猴子，刚出生时发音几乎没有区别，但是半年之后，小猴子的发音就发生了变化，它们都学会了方言：爱知县猴群的叫声频率平均为 670 赫兹，而屋久岛的猴群叫声频率约为 770 赫兹，两者之间相差大约 100 赫兹。

1989 年时，为了消灭蝼蛄，中国的昆虫学家采用了一种声诱法。他们利用高保真录音机，先录下雄蝼蛄的“情歌”，然后拿到田间去播放，于是雌蝼蛄便成群结队地奔向录音机。此时，人们便一举将它们消灭。

但是当试验进一步推广后，研究人员却发现，他们在北京平谷诱捕效果最好的鸣声信号，在河南中牟能引诱到的虫数却很少。于是科学家又重新录了河南蝼蛄的鸣声，再拿到河南当地做引诱，结果发现，河南的鸣声对河南蝼蛄的引诱力明显高于北京的鸣声的引诱力。

原来蝼蛄也分“河南话”和“北京话”。看来如果北京蝼蛄哥想“撩”河南蝼蛄妹，还得先学河南话啊！只要地域不同，利用声音交流的动物都会有“语言”的差异。

动物们交流的方式多种多样，“方言”并不是所有动物都会有的，只有一部分动物才有。

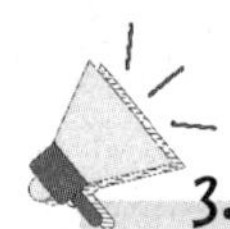

3. 世界上最耐饿的动物可以 10 年不吃东西

现在很多人用饥饿法来减肥，不过大多坚持没几天就放弃了，因为挨饿的滋味真的不好受。但是在动物界却有一些可以不吃东西的神奇“怪咖”，它们有的甚至能坚持 10 年。

有人可能以为骆驼的双峰里面储存的是水，其实不然，那里面储存的是脂肪！当骆驼在满是黄沙的沙漠中徒步行走时，驼峰里面储存的脂肪就转化为能量，可以让它们在 40 天不进食的情况下，也能顺利穿行沙漠。

大白鲨也可以维持几周不进食，并且让人奇怪的是，它们越久没有吃到一顿饱饭，狩猎技术就越强。

每当冬天来临，北极熊就会放缓心率和新陈代谢，然后进入一段长时间的睡眠状态。虽然他们体型庞大，但是也能做到 100 天不进食。如果我们人类也能做到 100 天不吃饭，估计就不会有肥胖的烦恼了。

在地球的另一端，南极的企鹅也是挨饿高手。当企鹅需要抚育下一代时，与生物界传统的“男主外，女主内”相反，雌性企鹅负责外出打猎，雄性企鹅则待在巢中孵蛋。为了把企鹅宝宝孵出，雄性企鹅在雌性企鹅外出打猎的 2 ~ 4 个月里，只能依靠它们皮下厚厚的脂肪生活，最长的可以坚持 120 天不进食。

乌龟的寿命长我们都知道，但是你知道有的乌龟很能挨饿吗？加拉帕戈斯龟不仅可以活 100 多岁，而且在极端环境下还能一年不吃东西。

与加拉帕戈斯龟一样能挨饿的还有蜘蛛。虽然蜘蛛结完网就能在“家”坐等食物自动送上门，但是还是需要足够的耐性的，有时一等就是几个月。不过这对蜘蛛来说还是能够忍受的。如果是一只双斑肥腹蛛的话，甚至能静等 1 年。看来蜘蛛真的是宁愿饿死，也不愿去想其他的捕食办法。

冷血动物蛇虽然不能在冷风中调解自己的体温，却能放慢自己的新陈代谢，从而保持 1 年时间不吃任何食物还能活着。

这时候，也许青蛙会跳出来说道：它才 1 年算什么，我能坚持 16 个月呢！跟我比，我能熬死它。

青蛙生活在潮湿的环境中，它们的身体已经进化出一种依靠水分来补给养分的功能，以应对干旱的环境。每当旱季来临，它们可以进入长达 16 个月的休眠状态。

还有更厉害的，作为地球上存在时间最长的动物（据说恐龙时代就已存在），鳄鱼能活这么久是有原因的。在极端的环境下，它们可以持续 3 年不进食。

不过以上这些动物的挨饿时间都没有洞螈长久。这种没有肤色、看起来让人毛骨悚然的两栖动物生活在意大利和巴尔干半岛常年不见阳光的水下洞穴里。由于没有阳光，洞穴里的资源十分有限，洞螈练就了 10 年不进食也可以维持生命的本领。这大概是世界上最能挨饿的动物了。

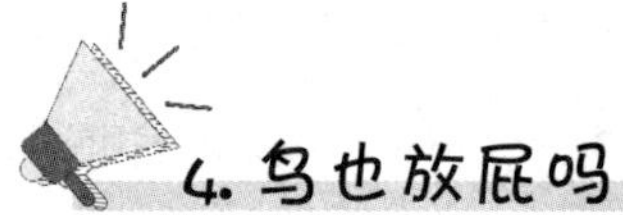

4. 鸟也放屁吗

2004 年，瑞典一位科学家记录下了鱼类在水中“放屁”的声音脉冲，虽然没有看到气泡，但是也说明了鱼类还是具备放屁这一生理功能的。这一研究获得了当年的搞笑诺贝尔奖。

此外，蛇也会放屁。索诺兰珊瑚蛇还用屁作为抵挡捕食者攻击的第一道防线呢。当珊瑚蛇感到威胁时，就会抬起它的尾巴，将空气推进泄殖腔（相当于臀部），接着把空气射出来，发出响亮的一声。

人类的亲戚——狒狒也会放屁。当雌性狒狒准备寻找配偶进行交配时，它们的性器官和臀部便开始肿胀，据说这会使狒狒排出的气体散发出特别的香味。

这么多动物都放屁，你有没有见过或者听到过鸟放屁呢？有人说好像听过鸟放屁的声音，但其实鸟并不会放屁，因为它们没有放屁的需要！

我们知道屁是由食物消化后堆积在一起，被细菌分解后剩下的有机物形成的，其形成的环境就像沼气池一样。当人和哺乳动物吃下食物后，胃中所含的伴生细菌群落便开始发挥作用，在分解食物的同时形成有毒有害气体。这些气体在肠道积累起来，当达到一定程度时，人和动物就开始“噗噗”放屁了。但是鸟的胃里并没有什么伴生细菌群落，所以也就不会产生有毒有害气体了。并且鸟的肠道很短，根本就没有粪便的积存，这是为了减少体重便于飞行。

虽然鸟不可能放屁，但它在吃东西时也会吸入一些空气。因为鸟类都会反刍，所以鸟可以通过打嗝的方式，把胃里的气体排出来。由于鸟打嗝的声音类似于放屁声，于是就有人误以为是鸟在放屁。

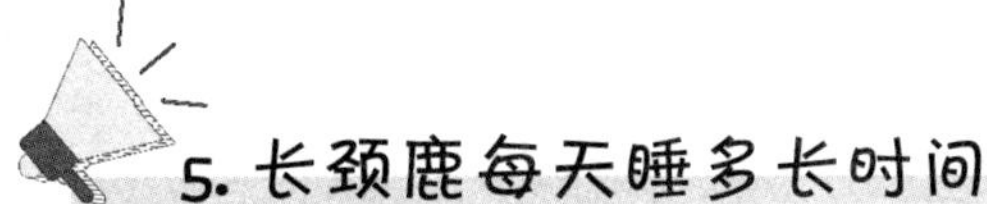

5. 长颈鹿每天睡多长时间

大多数人第一次看到长颈鹿时通常会惊叹：“哦，它的脖子可真长！”长颈鹿的脖子一般有 2 米长，比正常人的身高都高。长颈鹿的拉丁文名字的意思就是“长着豹纹的骆驼”。它们是世界上现存最高的陆生动物，站立时高度可达6～8米，简直就是一个“大个子”。这么长的脖子，长颈鹿是怎么睡觉的呢?

其实自然界中的长颈鹿大部分都是站着睡觉的，并且呈假寐的状态。由于它们的脖子实在太长了，举着这样沉重的脖子和脑袋睡觉真的很辛苦，所以一般在睡觉的时候，长颈鹿喜欢把脑袋靠在树枝上，这样可以省点力。

当长颈鹿进入睡梦阶段时，它们跟大象一样，也要躺下来休息，不过时间很短，通常会持续 20 分钟。对“长腿欧巴”长颈鹿来说，躺下再站起来总是很费劲，需要花费差不多 1 分钟的时间。这样长的时间，对在自然界中需要时刻保持警惕性的长颈鹿来说，真的很危险。所以，长颈鹿更多的时候是站着睡觉，很少躺下睡觉。长颈鹿是哺乳动物里所需睡眠时间最短的动物，平均一天仅睡半小时。

但是我们看到动物园中的长颈鹿是会躺下睡觉的，这是因为这些被圈养的长颈鹿已没有了被捕食的压力，不用再为自己的性命担忧，所以能放心地睡觉。它们的睡眠时间也会相对较长，每天大概能间隔性地睡够四五个小时。

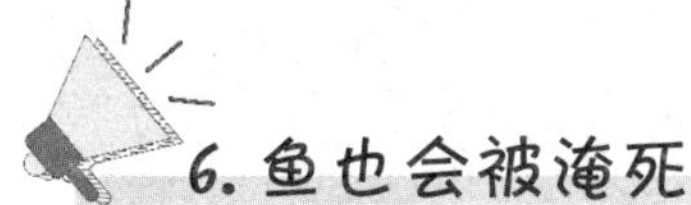

6. 鱼也会被淹死

如果有人跟你说“这鱼是被淹死的”，你会不会用看傻子的眼光看他？鱼天生就是生活在水中的，怎么可能被淹死？其实鱼真的会被淹死。下面，我给你详细讲解下这其中的科学道理。

虽然鱼离不开水，但是水中的鱼儿也跟其他的生物一样是需要氧气来维持生命的，只不过它们是用鳃来呼吸，用鱼鳔来调节高度。如果它们所处的水域没有了氧气，那么鱼也会分分钟钟“翘辫子”。这是所有的鱼都会面临的问题。

为什么好好的鱼会缺氧呢？原因有几个。

一、可能是鱼鳔出现了问题。跟人类一样，鱼下沉也有一个深度的限制，不是在任何深度都能生存。当鱼下沉到它们身体不能承受的深度时，强大的水压会让鱼鳔失去调节平衡的作用，浮力的不稳让鱼越沉越深。深水中的氧气会更少，加上水压过大，这时的鱼儿也只有死路一条了。

二、一片正常的水域中突然出现大量的水生植物，这些数量庞大的水生植物会将水中的氧气耗尽，使得这里的鱼儿根本没有氧气可呼吸，最终因缺氧而死。

三、可能是鱼生了病（比如烂鳃病），让鱼儿不能从水中正常摄入氧气。这样即使水中有再多的氧气，对这些生病的鱼来说也没有用，它们最终都会窒息而亡。

四、对那些习惯在深海中生活的鱼儿来说，它们为了适应深海中的高压，体内的压力也很大。如果它们在短时间内被移到浅水区域，即便没有离开水，也可能因为外部压力的迅速解除，而导致体内的压力相对过大。这时它们就会像气球一样快速膨胀起来，内脏可能会因此而破裂，最终“爆体而亡”。

如果你养的鱼儿没事就浮到水面上来张嘴呼吸，可能就是因为水里氧气太少了。

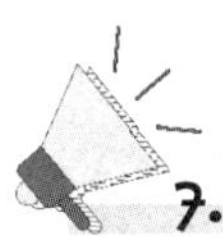

7. 靠放屁来吸引异性的动物

如果不小心在大庭广众之下放了一个屁，估计很多人会恨不得找个地洞钻进去躲起来。但是在自然界有一种昆虫，不仅能很坦然地放屁，还用放屁去“求爱”，如果屁放得好，还会被认为很“性感”，受到青睐。这种独特的昆虫就是美国南方松甲虫。

到了交配的季节，雌性南方松甲虫就会撅起屁股，开始不停地放屁。其实这是它们吸引异性的一种信号，在它们放出的屁里面，包含一种被称为“前额素”的激素，这种激素可以吸引附近的雄性南方松甲虫前来与其交配。

这种邀请信号还可以用来召集附近的雌性同伴进行集会，大家一起寻找“如意郎君”，是集体交配的邀请信号。不过南方松甲虫的屁也可能引来天敌，从而让它命丧黄泉。

8. 一种宝宝比爹妈都大的青蛙

通常情况下，动物都是成年比幼崽大，但是有一种青蛙却是越长越小，它们在还是蝌蚪宝宝的时候，大小居然是爸妈的 3 ~ 4 倍。它就是奇异多指节蛙（学名 Pseudis paradoxa），也叫萎缩蛙、奇异多指节蟾，属于雨蛙科，两栖动物。

这种青蛙成熟时一般全长 4.5 ~ 6.5 厘米，属于短胖型，背部是绿色的，有黑色斑点，腹侧面及四肢为棕色，有白色斑点。它们的趾可以自由活动，趾间则完全被蹼填充，四肢上没有吸盘，看起来没什么特别的。但是它们的蝌蚪宝宝一般长度能达到 22 ~ 25 厘米，是爸妈的好几倍，是名副其实的“超级巨婴”，也是蛙类蝌蚪中最大的一种。不知道这种蝌蚪的爸妈有没有怀疑过：这个宝宝是不是亲生的?

奇异多指节蛙通常栖息于池塘内、小河边、湖边等水流停滞、植被丰富的水域，不会生活在季节性温度变化较大的地区。不管白天还是夜晚，它们都很活跃，并且非常善于伪装自己，很少被人看到。不过人们可以通过它们独特的叫声——跟猪呼噜叫的声音类似——知道它们的存在。

有报道称，奇异多指节蛙背部的皮肤中含有一种叫作“pseudin-2”的物质，这种物质可以刺激人体胰岛素的分泌，对治疗人的糖尿病非常有帮助。

9. 会排方形粪便的奇怪动物

动物的粪便不仅有大有小，还形状各异，有管状的（狗狗）、丸状的（兔子），但是你见过方形的粪便吗？这种形状的粪便，其制造者就是一类叫作“袋熊”的萌物，它们能在一夜间生产出 80 ~ 100 个这种“小方块”形的粪便!

袋熊喜欢独居，通常白天躲在地下的洞穴里睡觉（平均一天睡 16 个小时），直到晚上才出来寻找食物。它们的视力很差劲，只能依靠嗅觉来导航觅食。

不要小看动物的粪便，动物们可以通过粪便向其他动物传达“我在这里”的信息。它们用粪便来标记自己的领地，用来避免冲突。袋熊通过灵敏的嗅觉

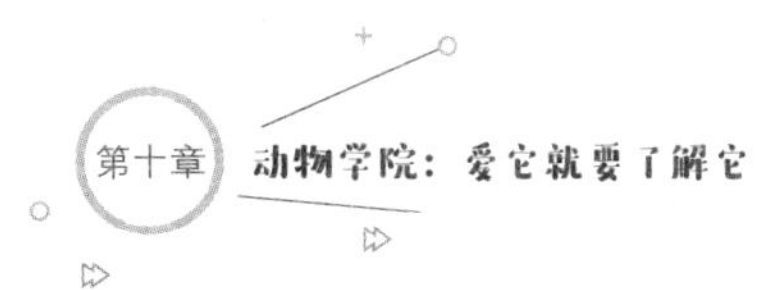

能分辨出不同粪便对应的主人：如果是捕食者或者其他雄性袋熊的粪便，雄性袋熊就会主动避开，以免冲突；如果是雌性袋熊的粪便，雄性袋熊就会凑上去仔细闻，判断这位“女士”是否到了生育年龄。

袋熊通常把粪便排泄在洞口、岩石上、树上等一切方便其他袋熊能找到的地方，这时方形粪便就凸显了它的优势：不会滚来滚去。

为什么袋熊会排方形粪便？这主要是因为袋熊的消化过程非常缓慢，通常需要 14 ~ 18 天，这样漫长的消化过程让消化物变得非常干燥，并且被压缩紧实。

袋熊的消化道很长，其中大肠的前半部分还有水平的褶皱，将粪便隔成了一个个小方块；而大肠的后半部则相对平滑，这样小方块就不易变形。这些粪便在水分被吸干之后就会变得又结实又硬，最后即便经过圆形的肛门也无法改变它们方形的形状了。

10. 为什么猫喜欢吃鱼和老鼠

狗拿耗子是多管闲事，猫抓老鼠却是天经地义，并且符合大自然的规则，这是为什么呢？你知道吗，其实猫抓老鼠有其深层次的科学原因。

世界上有那么多的食物，猫为什么特别喜欢吃老鼠呢？主要是因为老鼠的身体里有一种猫不可缺少的物质，这种物质叫作牛磺酸，是它在引诱着猫看到老鼠就想抓。

牛磺酸是什么你可能不知道，但是养过猫的都知道，在漆黑的夜晚，猫的眼睛会发出奇异的光芒，看起来就闪亮亮的，像是两颗夜明珠，让猫在黑夜里来去自如。

能让猫有这种特异功能，牛磺酸可以说是功不可没。牛磺酸能够很好地提高猫的夜视能力，对猫视网膜中的感光细胞也有促进作用。科学家们研究发现，牛磺酸不只对猫有这种作用，还可以提高大部分哺乳动物的夜视能力。

相比其他动物，牛磺酸对猫这种出名的夜行者尤为重要。如果体内缺少牛磺酸，猫的夜视能力会变弱，长期严重缺乏甚至会导致失明。但是猫体内并不能生成这种物质，只能从外界补充。于是体内富含牛磺酸的老鼠就遭殃了。何况老鼠也喜欢在夜晚出来活动，从作息时间来看它们也是“天作之合”，只是一个是捕猎者，一个是被吃的命。慢慢地，猫吃老鼠这个自然规律就形成了。

猫还喜欢吃鱼，道理是一样的：鱼的体内也富含牛磺酸。不过对于鱼类，猫是不能多吃的，因为鱼类的体内还有一种叫“组织胺”的物质，如果猫摄入过多，就会引发许多副作用，像发炎、过敏、胃酸分泌等问题。所以，“猫奴”们注意了，不要给猫吃太多的鱼类。

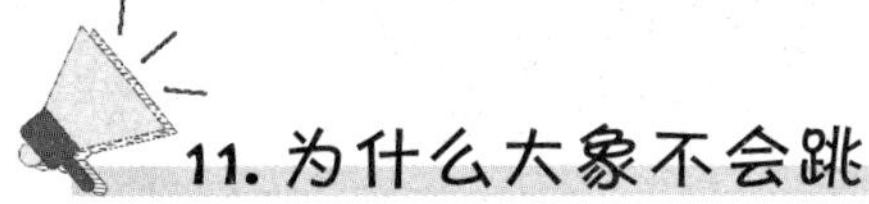

11. 为什么大象不会跳

如果你看到一头大象四脚离地向你飞奔而来，不要害怕，那肯定是在梦里，因为现实中的大象是不会跳的。

研究人员发现，无论是成年的大象，还是未成年的小象，它们在奔跑的过程中都没有滞空时间，也就是说，它们在运动的时候，始终有一条腿保持着与地面的接触。

难道是因为大象太过笨重而无法跳起？那么同样属于庞大一族的犀牛就会跳出来为它们胖子洗白：“嘿，睁大眼睛好好看看，我虽然身体庞大，但是在奔跑的时候，我是有滞空时间的！不要不懂就瞎猜测！”

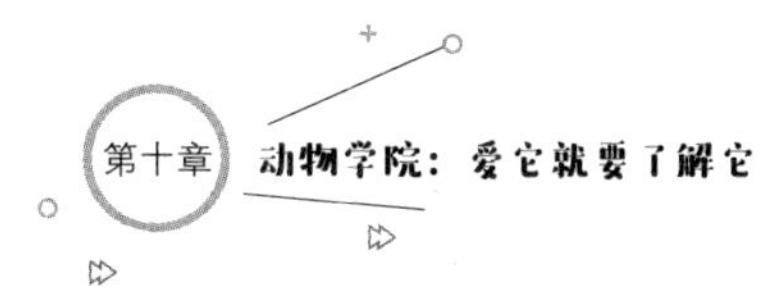

难道是因为大象的腿是圆柱体，没有膝盖不能弯曲？错，虽然大象的腿很粗，但也是有膝盖的，只是小腿略短而已。

那么大象为什么不能跳呢？因为跟大多数哺乳动物不同，大象腿中的所有骨骼均指向下方，这也就意味着它们没有从地上跳起来的“弹簧”。而且大象的后腿也没有前腿发达，如果跳起来，根本无法单独支撑其全身的重量，更不可能产生弹跳的爆发力。大象的小腿肌肉非常脆弱，脚踝也不那么灵活。

动物如果想要做出跳跃的动作，就必须要有非常灵活的脚踝、非常强韧的肌腱和足够有力的小腿肌肉，这些大象都不具备。这可能跟大象的生存环境有关，毕竟体型巨大的大象，它们的敌人不多，很少需要用跑跳来躲避威胁、伤害或者夺取食物。

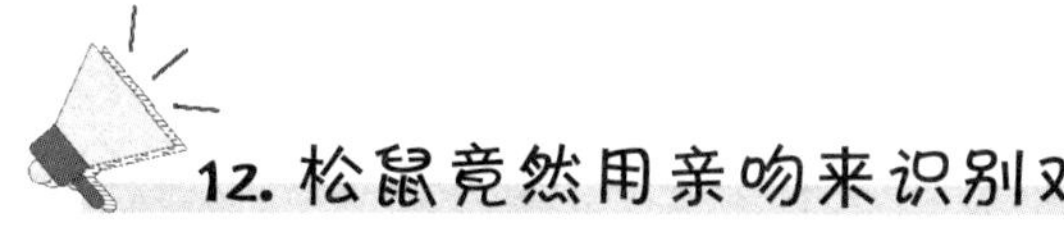

12. 松鼠竟然用亲吻来识别对方

外出游玩时，我们偶尔会看到拖着毛茸茸尾巴的可爱小松鼠，它们在树上跳来跳去，有的甚至不怕人，还会不断朝你卖萌讨吃的。在我们看来，它们都差不多，根本分辨不出它们谁是谁。那么松鼠是如何辨认对方的呢？

松鼠与人类不同，似乎没有一套人脸识别系统，它们分辨对方竟然是通过亲吻的方法。两只松鼠在路上相遇了，它们会抱在一起先吻一下，看看相互之间是不是认识。如果亲吻后确定是认识的，那么大家就一起去玩了。如果亲吻之后发现认错了，那是不是很尴尬？对松鼠来说，当然不会了，因为这只是识别对方的一种方法，是不会涉及感情的，松鼠们并不会感觉到不适。

所以我们不要替它们担心了，这是它们的生存法则，我们只要尊重它们就好。

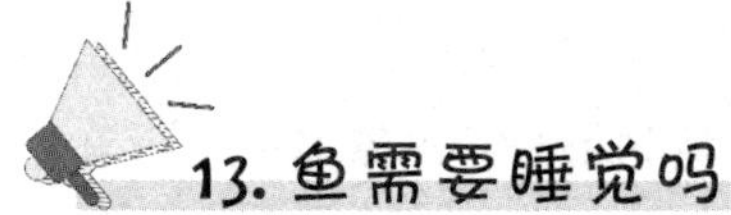

13. 鱼需要睡觉吗

我们总是看见鱼儿瞪着圆溜溜的眼睛，不停地游来游去，难道它们不需要休息，不睡觉吗？脊椎动物都需要睡觉，鱼是脊椎动物，当然也需要用睡觉来消除神经系统和肢体上的疲劳。

那怎么没看见它们闭着眼睛睡觉呢？因为鱼的眼睛不像其他动物那样，外面没有眼睑和眼皮，所以鱼在睡觉的时候是无法闭上眼睛的，只能一直瞪着眼睛，这样就很难看出它们是否在睡觉。所以很多人以为鱼是不睡觉的。

其实仔细观察，鱼休息时的样子还是跟其他时候完全不同的。比如，白天聚在一起非常活跃的鲤科小鱼，在晚上却自动分散开来，有时会一动不动。还有的鱼儿停在水中不动，只有鳃在一张一合，这其实就是鱼儿在睡觉。

鱼一般通过哪些形式来睡觉呢？

一、躲在暗处睡觉。那些生活在淡水里的鱼大多躲在岩石后、水草中偷偷睡觉。像鲤鱼、鲫鱼都是钻进水草里睡觉，而鲻鱼、鲷鱼则是在岩石后面睡觉。仔细观察你饲养的金鱼，到了晚上，它们就会躲到假山、水草等暗处一动不动。不要打扰它们，它们在睡觉呢。

二、钻进沙里睡觉。有的海洋鱼类，每当夜晚来临，它们就会钻进沙子里，偷偷地睡起了大觉，这样既安静，又能有效地避免一些天敌的伤害。

三、在泡泡里睡觉。有一种鱼叫裂嘴鱼，它会分泌一种特殊的胶状物质，如果想要睡觉时就吐个大泡泡（这样的胶质泡泡遇水就硬化），把自己包裹起来，只在嘴边留个小孔，然后开始睡觉。等睡醒后，它们钻出“睡袋”，又开始游玩去了，下次再想睡觉时再吐一个新的。

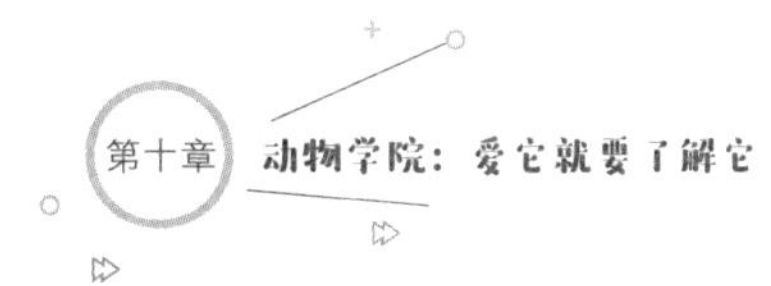

四、边睡边游。对那些有洄游习性的鱼来说，它们是游泳、睡觉两不误，一边游一边睡觉。像金枪鱼、鲭鱼等，不管你什么时候看到它们，它们都在不停地游动，估计只有它们自己知道什么时候是在睡觉吧。

14. 冬天，蚊子、苍蝇都去哪里了

每到冬天，那些让我们无比烦恼的蚊子、苍蝇就不见了，它们都去哪儿了？为什么冬天看不到它们的身影，而一到夏天，即便家里门窗紧闭，它们也会如约而至呢？

因为我们中国的国土很辽阔，冬天时南北方的温差比较大，不仅人的过冬方式不同，而且南北方苍蝇的过冬方式也不一样。因为北方的冬天十分寒冷，苍蝇只能通过结成蛹的方式才能存活下来，等到春天来临后，再孵化出来继续猖狂。相对来说，南方的天气就温暖一些，一些比较“坚强”的苍蝇可以以幼虫的形态来过冬。但南方的冬天有时也挺冷的，大多数苍蝇也是要变成蛹才能存活下来。等春天来了，天气变暖和后，这些苍蝇就会孵化，接着又到处烦人了。

不过，一些野外生存能力超级强大的苍蝇，比如像果蝇这一类，即使它们冬天不结成蛹，也能存活下来。它们只要找到一个草堆或者树洞就能将自己藏起来，保存体力和能量，等到熬过冬天，它们就又能出来了。

冬天时，快去你家的木桌底下找找，说不定你能找到“冬眠”的苍蝇呢！

上面说了苍蝇的过冬方式，那么蚊子又是怎么度过冬天的呢？其实公蚊子不吸人血，只以植物的汁液为食物，只有母蚊子才会吸食我们的血液。公蚊子在和母蚊子交配后就会死亡，母蚊子背负着生育下一代的责任。一般母蚊子在产卵后的一个月就会死亡。所以，一般情况下，今年叮我们的蚊子与去年的不是同一批。

至于那些慢半拍的母蚊子，如果还没有来得及产卵冬天就到了，它们就只能找一些隐蔽的地方先藏起来，直到春天来了，完成自己生育的使命后才死去。看来母爱不仅在人类社会中很伟大，在动物界也同样伟大。

冬天时，看看自己家里的墙角，你说不定就会发现那些“伟大”的母蚊子呢。

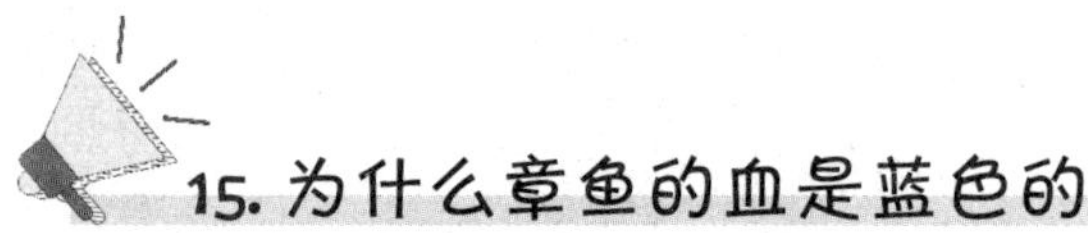

15. 为什么章鱼的血是蓝色的

在欧洲，人们常用“蓝血”来标志自己血统的高贵与纯正。然而要说最早的“蓝血贵族”，则非章鱼莫属。章鱼属章鱼科，是海洋软体动物的一种，生活在热带及温带海域的大洋里。

虽然章鱼体内只有5亿个神经元，与人类大脑中1000亿个神经元相差巨大，但千万不要认为章鱼笨，它们已经用行动证明了自己有规划、推理和预测体育比赛的能力。人们在开始研究章鱼时就发现，生活在印度尼西亚的章鱼也会未雨绸缪，它们没事时会收集一些裂开的椰子壳，当暴风雨来临时，就躲进壳里，把自己藏起来。

研究学者吉恩·波尔（Jean Boal）认为，章鱼是一种具有认知能力的社交性动物。因为她曾经试图给章鱼投喂不新鲜的老鱿鱼，有一只章鱼就用动作明确地表示了“自己的意见”：那头章鱼看了她一眼后，用一根触手将老鱿鱼推到了附近的排水沟。估计它是想告诉波尔：“不要拿不新鲜的食物给我吃！”

章鱼被认为是无脊椎动物中智力最高的，具有高度发达的含色素细胞，能快速改变体色来伪装自己，以此躲避敌人的追捕。章鱼的血很独特，是蓝色的。

我们知道血液的颜色主要取决于血细胞蛋白中含有的物质元素。使血液变

蓝的叫血蓝蛋白，里面含有铜元素。所有的脊椎动物，包括蚯蚓、水蛭等，其血红素中都含有氧化铁，所以血液是红色的。而蝎子、蜘蛛、河蚌、章鱼、乌贼等动物的血液中没有血红素，只有含金属铜的血蓝蛋白，所以血液呈蓝色。

正是章鱼体内的血蓝蛋白让它能够在极端的温度下生存。血蓝蛋白是一种血缘性蛋白，含有与等量氧原子结合的铜原子，被输送到章鱼身体的各个部分，并为其身体组织供氧。章鱼有三颗心脏，与大多数无脊椎动物相比，它需要更多的氧气。有时即使章鱼所处的环境很难获取到氧气，血蓝蛋白也能保证章鱼得到稳定的氧气供应。

研究人员猜测，章鱼始终呈现“蓝血”，可能是因为它们至今无法从严苛的环境中迁徙出来。因为它们大多数时间都在海底爬行，并且寿命相对较短，所以它们无法通过传统的迁徙方式离开原来的环境。

16. 为什么狗在害怕的时候会夹着尾巴

对于人类的好朋友——狗，你了解多少呢？其实狗很善于利用自己的肢体语言向我们表达它们的情绪，尤其是它们的尾巴：开心时，它们喜欢摇起毛茸茸的尾巴，通常都会偏向右边；当害怕时，它们会紧紧夹起尾巴。

为什么狗在害怕时要夹起尾巴呢？其实这个行为与狗体内隐藏的狼基因有很大的关系。我们都知道狗的祖先是狼，而狼是一个等级制度森严的群体。当一只地位较低的狼在头狼（也就是地位高的狼）附近活动时，它就必须垂下尾巴，并将尾巴紧紧缩夹在两条后腿之间，等头狼走远了才敢抬起尾巴。

虽然狗已经脱离狼群几万年了，但这个动作却随着狼的基因记忆遗传了下来，一旦遇到强者就会下意识地夹起尾巴示弱。动物对危险有着敏锐的洞察力，

当遇到危险或者打不过对方时，狗就会夹着尾巴，试图降低危险。

此外，犬科动物有肛门腺，会释放出 12 种带有独特信息的气味。有时为了不让这个气味暴露出来而被敌人追踪，狗就会垂下尾巴，切断了肛门区域的气味信号。一般情况下，两只自信的狗相遇时，它们会得意扬扬地竖起尾巴，露出肛门区域，以供近距离探查。

当然在自然状态下，狗尾巴的形态还有很多，但不管是什么品种的狗，它们把尾巴紧紧地夹在两腿之间，就说明此刻它们正处于惊恐、害怕、不自信或者认输的状态。这时，请你转身安静地离开，不要再继续靠近给它们施加压力了。

17. 动物会做梦吗

有时候，动物们在睡觉时，腿会一抖一抖的，胡须也会不断地颤动，难道这是动物们在做梦吗？如果动物也做梦，那么它们会梦到什么呢？

科学家们通过研究发现，动物跟人类一样也会做梦。根据动物的脑电波，科学家们甚至能判断动物梦境里的具体内容。外国科学家们研究了三趾树懒的脑电图，发现三趾树懒经常做梦，每天做梦的时间长达两个多小时。不过它的梦总是断断续续的，每个梦大概持续 8 分钟。

在动物世界中最擅长做梦的还不是三趾树懒，像松鼠、豪猪、袋鼠和犰狳等，每天做梦的时间竟然长达 5 ~ 6 小时，真是“大梦想家”啊。

哺乳动物也会做梦，像猫猫狗狗们在睡觉的时候，有时动动嘴，有时蹬蹬腿……不要打扰它们，它们正在做梦呢。鲸是海洋中的哺乳动物，它常常浮在海面上做着甜甜的梦，即使有大轮船从它身边开过，它也感觉不到。

其实，还有相当多的爬虫也会做梦。不过鱼类、两栖动物和无脊动物是不会做梦的。

动物们会在梦中梦见什么呢?

美国科学家对猴子进行了试验：在一只猴子面前放了一个屏幕，屏幕上反复出现同一个画面，每当屏幕上出现这个画面时，就强迫猴子推动身边的一根杠杆。如果猴子不去推，就用电棍电击它。一段时间后，猴子就形成了条件反射，它一看见那个画面，就主动去推杠杆。后来，科学家们发现，这只猴子在睡眠中有时也会去推那根杠杆，这说明猴子在睡梦中“看见”了那个画面。

科学家在研究老鼠时发现，它们在睡觉的时候也有快速眼动期和非快速眼动期。在快速眼动期，人类的大脑是非常活跃的，通常是在做梦。科学家们继续实验，让老鼠在白天学走迷宫，并记录它们大脑里海马体（就是负责记忆的区域）的活动，等到老鼠睡觉时，到了快速眼动期，再记录它们的脑电波。科学家们在两组记录中发现了相似的脑电波，这是很奇特的。科学家们甚至根据脑电波判断出它们在梦中走到了迷宫的什么地方。这表示老鼠也会像人一样，在梦里回忆白天做过的事。

18. 哪种动物“千杯不醉”

如果你走在大街上，突然一只小鸟飞到了你的怀里，不要蒙，它可能只是喝醉了而已。

据报道，在美国一个叫吉尔伯特市的地方，有很多小鸟出现了非常古怪的行为：它们一会儿冲向门窗，一会儿撞向公交车，哪怕是站在树枝上，也不好好站着，而是会突然一歪脑袋掉下来。这可把当地居民吓坏了，他们纷纷报警。

后来专家经研究发现，这些小鸟吃了太多发酵的浆果，而这些浆果中含有不少酒精。小鸟们醉了，才产生了那些古怪的行为。

其实动物醉酒这件事在大自然中时有发生，有些动物的“酒量”还非常好呢。比如说，狒狒喜欢吃马鲁拉树上产的果子，这种果子很奇怪，被摘下来后会迅速发酵，产生酒精，估计是想把吃它的动物醉倒吧！美洲旅鸫喜欢吃在藤上发酵好了的葡萄。

科学家们发现有一种极其能喝酒的动物——笔尾树鼩。笔尾树鼩长得跟老鼠差不多，不过在尾巴尖那里长了一些羽毛，看上去像一支羽毛笔，所以被叫作笔尾树鼩。

笔尾树鼩是一种热带动物，体重不超过 500 克，最喜欢吃一种花蜜。这种花蜜会自己发酵，产生酒精，并且酒精含量能达到 3.8%，跟啤酒的酒精含量有一拼。笔尾树鼩每天都会吃这种花蜜，吃到肚子里的酒精相当于喝了十几杯啤酒。让人惊奇的是，笔尾树鼩从来都没有喝醉过。

也许你会说十几杯啤酒又不多，但是请想想，笔尾树鼩的体重还不到 500 克！从体重与饮酒量的比例来看，无论是人还是其他动物，酒量都远不如笔尾树鼩。笔尾树鼩因此号称“千杯不醉”，是世界上公认的酒量最大的动物。

19. 鲸为什么要唱歌

在无边无际的大海上航行是非常枯燥乏味的，这时大海里突然传来了悠扬动听的“歌声”。环顾四周，除了海水，你没有发现其他的生命！“难道是传说中美人鱼诱惑水手的歌声？啊，我要赶紧把耳朵堵起来！”其实不用害怕，这只是海洋动物之王——鲸在唱歌而已。

在鲸的群体中，最会唱歌的是须鲸。它们有时是合唱，有时是独唱，虽然节奏不同，但唱的都是同一首歌。不过一首歌它们通常只会唱一年，第二年会换一支新的。鲸的乐曲非常复杂，还有一定的韵律，就像人类诗歌的韵脚，每一句有一样的结尾，跟人类古典乐曲中的咏叹调很像。

鲸的一支乐曲，短的 6 分钟，长的有 30 分钟。它们的音域宽广，高调能有工厂的汽笛声那么高，低声就像人类混声乐队的低鸣。有爱好者录下它们的歌声，并用 14 倍的速度播放，那声音简直美妙无比，就像夜莺在歌唱。有的作曲家根据鲸的歌声，谱出了一首凄婉的乐曲，让闻者流泪。

鲸为什么要唱歌呢？生物学家认为，鲸可能是为了向异性表达爱慕之情，因为只有雄性鲸才唱歌，并且是在生殖季节唱。看来爱情在自然界也无处不在！

但是人们又发现，鲸除了用歌声表达爱情，还会用接吻（相互用嘴碰触）来表达感情。这么说，鲸唱歌除了表达爱情外，还应该有其他的目的，到底是什么呢？最新研究认为，需要穿过数千英里海洋的鲸依靠歌声来判断方位与环境，帮助它在前进时正确导向。

美国的克利斯托弗·克拉克利用一个水下麦克风网络系统，对鲸的歌声进行了长达 9 年的跟踪与研究，获得了不同种类鲸的大量音频资料。克拉克发现，鲸实际上是利用歌声来进行回声定位，辨识海底中像海山之类的地形位置，帮助自己安全遨游。

当鲸测定前方 300 英里远的地方有海山时，便会用一种特有的歌声向同伴传达前方有障碍的信息，等安全越过海山后，鲸就会改变自己歌唱的声音。“歌唱是鲸群社会制度和群体的一部分。”克拉克说。

不过让人奇怪的是，鲸是没有声带的，那么它为什么能发出声呢？这个谜至今还没有解开。

20. 北极熊都是“左撇子”

生活中，大多数人都是“右撇子”，“左撇子”只占 10% ~ 12%。如果你是个左撇子，则估计你经常听到别人对你说：“左撇子的人聪明啊！”到底是否比别人聪明，你自己心里最清楚。有人发现北极熊正好跟我们相反，绝大多数都是“左撇子”，只有少数是“右撇子”。

是不是很吃惊？这是为什么呢？据说除了遗传因素外，这还跟北极熊的生活环境有关。我们都知道，北极熊拥有一身漂亮的雪白皮毛，它们在北极南部边缘的冰天雪地里生活。那里有大片的浮冰，在靠近海洋的地方，海豹就在这里繁衍后代，而海豹恰好是北极熊最爱的美食。

每当北极熊肚子饿了想捕食时，它就会提前趴在冰面上海豹的通气孔旁耐心等待，在海豹想要爬上冰面休息时进行偷袭。但是海豹也不是傻子，它在爬上冰面之前会仔细观察周围的环境。为了便于隐藏自己，北极熊会用右前爪捂住自己在雪地中唯一的破绽——黑色的鼻子，然后就只能用左前爪去捕食了。看到这里，你是不是觉得北极熊真的很聪明呢？

你是不是很好奇，为什么北极熊只生活在北极，而南极没有北极熊呢？其实北极熊从出现在地球上起就一直生活在靠近北极圈的北半球高纬度地区。那时南极洲已经漂移到了现在的位置，南北两极相距得实在是太远了，北极熊无法跨越那么遥远的距离。另外，北极熊是一种高级肉食动物，主要靠捕食北极的中低级动物为生，而南极没有这些动物，所以即使把北极熊放到南极，它也无法生存。

看来北极熊只能老老实实地待在北极了。

21. 熊猫的尾巴是什么颜色的

提起熊猫，我们眼前就会出现这样的画面：胖乎乎，顶着一双黑色耳朵，睁着一对黑眼睛，一屁股坐在地上忙着吃竹子。那么，它们的尾巴是什么颜色的？

看不见啊！不过记得奥运福娃晶晶的尾巴好像是黑色的？嗯，还有电影《功夫熊猫》中阿宝的尾巴好像也是黑色的，那么熊猫的尾巴一定是黑色的！

答案错误。

熊猫刚刚出生的时候，有一条粉红色的尾巴。不过随着时间的推移，熊猫宝宝变成了大熊猫，尾巴也慢慢地退化了，最后只剩下一点点，只有 20 厘米左右，并且尾巴的颜色也从原来的粉红色变成了白色。大熊猫的白色尾巴通常紧贴白色的臀部，于是我们就忽略了它的尾巴。

22. 鲸喷出的是海水吗

经常在海洋上航行的人，可能有幸看到鲸喷水的表演。那么，鲸喷出的是什么？海水吗？其实鲸喷出的不是海水，而是气体。

众所周知，鲸不是鱼类，而是哺乳类动物，它们没有鳃，跟人一样需要用肺来呼吸。鲸头顶上的“鼻孔”就是鲸的喷水孔，有的鲸只有一个喷水孔，有的鲸，比如蓝鲸，则长有两个喷水孔。跟人类呼吸不同的是，鲸的呼吸是“随意”的，可以想什么时候呼吸就什么时候呼吸。这样每隔一段时间，鲸就会浮出海面，喷出气水混合物，然后再吸入新鲜空气。

当吐出的那一瞬间，与鲸体内温度相同的废气接触到外面的冷空气，就立刻凝结成水滴，于是就形成了壮观的白色水柱景观。当然了，鲸喷气孔上残留的少量海水也被一同喷出去了。

一头大型的鲸，在 1 ~ 1.5 秒间，居然可以喷出 1500 升空气。

鲸喷出的废水气中包含了鲸排出的废气，还有一些体内乳剂、黏液或帮助呼吸的体液。有人说，鲸喷出的废气闻起来像坏死的鱼和污油的混合体，非常难闻。鲸喷出的气体，会因为气候季节的不同，以及鲸种类大小的不同，而呈现出不同的形态特征。通常天冷时，喷气会更加明显，不过遇到强风就会被吹散。

很多哺乳动物的食道和气管是相通的，如果堵住我们人类的鼻孔，我们还可以用嘴巴去呼吸。不过如果把鲸的鼻孔堵住，它可能会有窒息的危险。曾经有一条慌忙逃命的比目鱼不小心钻进了鲸的呼吸孔，结果导致了这头鲸的死亡。

23. 猫为什么不喜欢甜食

作为一个“猫奴”，你是不是变着法地给你家的“喵主子”弄各种美食呢?你把自己深爱的甜食分享给它，但是它好像一点兴趣都没有。为了“喵主子”的健康，一定要让它均衡饮食，于是你威胁和诱惑一起用上了，强迫你家的猫吃点甜食。

请不要这样勉强人家了，猫不喜欢吃甜食不是因为挑食，而是因为遗传缺陷。

原来，猫天生就存在着一种缺陷，它们没有“甜味受体”。“甜味受体”

由两种重要的蛋白质组成，即“T1R2”和“T1R3”，它们的作用是识别甜味。而猫由于自身基因的缺陷，无法形成“T1R2”，所以根本就尝不到甜味。它们一点甜味都尝不到，又怎么会爱上吃甜食呢？这就促使猫成了食肉动物，主要依赖高蛋白的食物来生存。

记住了吗，以后还是给它吃肉吧。

其实不爱吃甜食这个现象不仅仅存在于猫的身上，有专家研究发现，虎和印度豹的身上也有这个基因缺陷。研究人员还发现，除了猫科动物外，地球上存在的绝大多数哺乳动物都能不同程度地尝到甜味。

看到这里，你是不是很同情你家的“喵主子”啊，赶紧弄点好吃的喂它吧。记得不要甜食，最好是肉啊。

24. 鲨鱼是怎么换牙的

记得小时候，大人经常告诫我们：“不要吃糖，要不牙被蛀掉就没了，以后就没法吃东西了。”为什么过了换牙期，我们的牙掉了就不能再长呢？我们要是鲨鱼就好了，一辈子都能不停地换牙。

鲨鱼的牙齿跟我们人类的不太一样，通常是尖尖的，牙齿的边缘还带有锯齿，十分锋利。它的牙根非常短，牙冠的长度远远长于牙根，并且鲨鱼的牙齿不是固定在颌骨上，而是嵌在牙龈中。这种结构导致鲨鱼的牙齿在撕咬食物的时候非常容易脱落。

因为鲨鱼的牙齿只是附在软组织上，没有强大的支撑，所以它在吞食食物时不是嚼，而是用锋利的牙齿把猎物撕碎，让食物稍微变小后，直接吞到肚子里去。

鲨鱼的牙齿极容易脱落，所以鲨鱼一般同时拥有 5 ~ 6 排的牙齿，不过只有最外一层的牙齿才起到真正的作用，剩下的几层都是备用的。一旦最外一层的牙齿掉了，里面一排的牙齿马上就会自动移动，把空缺的位置补上。这真的很神奇，就像人类种牙一样，不过鲨鱼不用医生，而是完全自给自足。

因为鲨鱼经常迅猛地猎食和撕咬，所以鲨鱼的一生都在不停地掉牙、换牙。需要换牙时，那些原本长在上下颚内沟槽中的牙齿就像输送带一样缓缓向前移动替补。替换的频率从 10 天左右到数个月都有可能。而且，在鲨鱼的生长过程中，较大的牙齿还会不断取代那些较小的牙齿。据统计，一条鲨鱼在 10 年内要换掉 2 万多颗牙齿。

不同种类的鲨鱼，其牙齿的形状也不一样。像灰鲭鲨的牙齿是尖锐的，这样便于咬住表面光滑的猎物；虎鲨的牙齿是锯齿状的，这样有利于撕咬小型海洋哺乳动物；鲸鲨的牙齿很小，而且很多，一般用于滤食；而护士鲨的牙齿是扁平状的，可以压碎食物的外壳。看来鲨鱼牙齿的形状跟它们平时吃的食物有着密不可分的关系呢。

25. 鱼的记忆真的只有 7 秒吗

经常听到有人说：“我跟鱼一样，只有 7 秒的记忆，所以不要指望我记住。”事实上，科学家经过研究发现，鱼的记忆可不止 7 秒。

早在 1965 年，美国密歇根大学的研究人员就用金鱼做了一个实验。他们把金鱼放在一个大鱼缸里，在鱼缸的一端射出一道亮光，20 秒后，在刚才发出亮光的一端释放电击。很快，金鱼就对电击有了记忆。当它们再看到光的时候，它们没等到释放电击，就迅速游到鱼缸的另一端。研究者还发现，只要进行合理的训练，这些金鱼可以在一个月内一直记住躲避电击的技巧。

通过这样的实验，你还会说鱼的记忆只有 7 秒吗？

除了金鱼，还有一种有名的观赏鱼——天堂鱼，它也有很强的记忆力。如果天堂鱼在水池中遇到陌生的金鱼，它们就会一边在四周好奇地游来游去，一边打量着新来的陌生邻居，直到失去兴趣为止。如果天堂鱼和金鱼在水箱中第二次相遇的话，它们很快会发现原来是遇到了老熟人，因而失去探索的兴趣。实验发现，这样的记忆力最少可以保持 3 个月。

后来科学家又发现斑马鱼也是一种很聪明的动物，它们可以完成各种各样的任务。2002 年，美国俄亥俄州托雷多大学的研究人员发现，斑马鱼会记得喂食前的红光信号，并且训练终止后的 10 天内，斑马鱼仍然记得这个红光信号。斑马鱼可以很快学会如何走迷宫，学会根据声音信号寻找食物，还记住了捕食者的形状，并能根据提示躲避电击。

有意思的是，斑马鱼和人类的记忆特点有着相似之处。当有过大的压力时，斑马鱼也跟人类一样记不住东西，注意力的分散也会降低它的学习效率。而且斑马鱼的记忆力会随着岁数的增加而逐渐减退。

26. 有趣的火烈鸟

火烈鸟凭借那一抹少女心的粉红色吸引了世人的目光。它们是大型涉水鸟类，属于红鹳目红鹳科。其实火烈鸟最初的颜色并不是红色。刚出生的小火烈鸟是灰扑扑的，一点也不像它们的爸爸妈妈。

那么火烈鸟后来怎么变红了呢？因为它们吃的第一口食物就是妈妈反刍出来的血红色的汁液。这血红色的汁液来自盐湖中的藻类和浮游生物，富含虾青素，经过火烈鸟胃液的分解后变成了虾煮熟后的颜色。

火烈鸟“肤色”的奥秘就来自食物里的色素，包括小鱼、昆虫，还有藻类，是这些食物让火烈鸟从头红到了脚。一般火烈鸟的颜色越鲜艳，代表它的体魄越强壮，在求偶中就越受欢迎。

火烈鸟还是一种高度社会化的动物，它们也实行一夫一妻制。自然状态下的火烈鸟一般都成群结队地生活，远远看去就像一大片的红云。但是你知道吗，这些美得让人心动的火烈鸟，居然往自己的腿上尿尿，只为了图一个凉快，很奇特吧？

27. 世界上最能睡的动物，能把自己睡死

世界上最能睡的动物，我们的国宝大熊猫榜上有名。它们每天除了吃竹子，就是爬到树上去睡觉。它们通常会选择带有树杈的树爬上去，一根树枝用来承载重量，一根用来当枕头，有时还会呆萌地把自己卡住，一般每天会睡 10 小时。

松鼠每天的睡眠时间大约为 14.9 小时。白天，它们通常会努力地寻找食物，到了夜晚就开始呼呼大睡。如果到了 10 月份，松鼠们就开始停止进食，准备冬眠了。不过不用担心它们会饿着，它们已经储存了足够的能量。一觉醒来，消耗了储能的它们就变得苗条了。睡觉减肥，真是羡煞人也。

可能你想不到，老虎每天平均竟然也要睡 15.8 小时，而且成年老虎的睡眠时间会更长，甚至可以达到 18 个小时。它们大概是在养精蓄锐吧。

夜猴是世上唯一昼伏夜出的高等灵长目动物。它们的眼睛聚光能力非常强，跟猫头鹰一样可以在黑夜里活动，因此也叫猫头鹰猴。它们每天要睡 17 个小时，可以说大部分的时间都在睡觉。

棕蝠每天要睡眠 20 个小时，一天中只有 4 个小时保持清醒状态。虽然棕蝠清醒的时间短，但是它的效率很高，1 小时就可以吃掉 1000 只蚊子。看来他是工作完成了，闲着没事才睡觉。

可能国宝级的动物都爱睡觉，澳大利亚的国宝考拉（树袋熊），每天居然要睡 22 小时，是动物界的“睡神”。因为在澳大利亚本土没有会爬树的食肉动物，所以喜欢在树上生活的考拉根本没什么天敌，也就养成了懒惰的习性，有时甚至会睡得从树上掉下来！

还有一个超能睡的就是睡鼠，它们的一生大约有 5 年，其中有 3/4 的时间都在睡觉，有时睡着睡着就把自己睡死了！

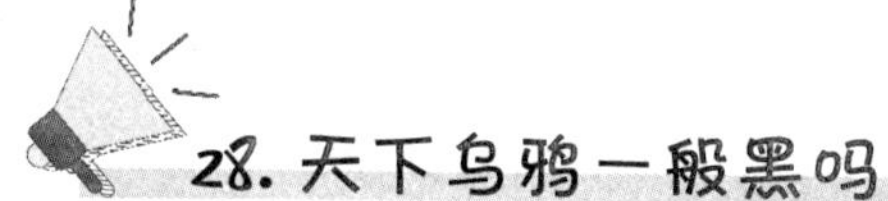

28. 天下乌鸦一般黑吗

记忆中乌鸦都是一身黑色的羽毛，并且喜欢不停地“呱呱”惨叫，很不受人待见。很多地方把它视为“不祥之鸟”，还有传言说“乌鸦噪，祸来到”，几乎没人喜欢乌鸦。

经常听到有人骂道：“哼，果然天下乌鸦一般黑！”乌鸦真的全是黑色的吗？听到这话，白色的乌鸦飞出来叫道：“这锅我们不背。”其实世界上还有全身白色或者身体部分是白色的乌鸦。

1987 年在日本，人们就发现了一只全身都是白色的白乌鸦。这只白色的乌鸦体型和常见的黑乌鸦没什么区别，不同之处是它全身羽毛是雪白的，眼睛、嘴和两只爪子呈粉红色，样子非常可爱。看来在动物界，衣服的颜色也很重要啊。同样的衣服，换个颜色就会带给人不同的感受。

鸟类专家说，这只乌鸦之所以这样“与众不同”，可能是因为它的遗传基因发生变异造成的。有的报道说，这种全身雪白的乌鸦在我国新疆的阿尔泰山和湖北的神农架也有。

此外，在非洲的坦桑尼亚还有三种并非全黑的乌鸦：一种叫作斑驳鸦，它的颈项上有白色的圈，胸部的羽毛也是白色的；一种叫白颈大渡鸦，它的颈部和背部都生长着月牙形的白毛，很是好看；另外一种叫斗篷白嘴鸦，它的嘴是白色的。

其实乌鸦是一种很聪明的鸟，它们会用树枝、树叶甚至自己的羽毛制造工具，还能像伊索寓言里那样，把石头丢到水罐里使水面上升去喝水。科学家们发现，乌鸦是唯一一种能够在镜子中辨认出自己的鸟类。

乌鸦不仅聪明，而且非常团结。当你手里拿着东西要去伤害它们时，它们会聚集过来，一起进行防御，不让你伤害到它们的同类。

所以，乌鸦不仅不是全黑的，而且很聪明，十分团结。看了这些介绍，你还讨厌乌鸦吗?

29. 当蟒蛇不吃不喝睡在你身旁时，你猜它想做什么

每个人的爱好各不相同，有喜欢养猫的，有喜欢养狗的，有喜欢养鼠的，还有喜欢养蜥蜴的，更有甚者对蟒蛇情有独钟。动物都具有与生俱来的野性，蛇是冷血动物，它的记忆非常短暂，未必能够记住你。不过有人觉得只要对它足够好，它肯定不会伤害你的。

一个女子把蟒蛇当宠物，和蟒蛇的感情非常好，去哪里都会带着她的蛇，晚上也一起睡觉。有一天，她突然发现蟒蛇不进食了，不管喂它什么，它都不为所动。该女子急坏了，以为自己的宠物生病了，赶忙把蟒蛇送到兽医院检查。

兽医听完该女子的描述后，问她：每晚睡觉时，蟒蛇是不是跟她挨得很近，或是缠在她身上睡？女子回答：是的！

兽医听完后平静地告诉该女子：你的蟒蛇不是因为生病了才不吃不喝，它是准备吃掉你，所以必须先清空肚子，这样才有足够的空间吞食你。它每天晚上缠在你身上也不是因为爱你，而是为了测量食物的大小。

如果你恰好也养了蟒蛇做宠物，而你的蟒蛇也是这样，还是不要再养了，因为有生命的危险！

与书友一起

打开异彩纷呈的有趣世界

建议配合二维码一起使用本书

本书配有读者交流群，您可以在社群中找到志同道合的书友，交流阅读心得，分享阅读体验，参与精彩的读书活动。

入群步骤

1. 微信扫描本页二维码；
2. 根据提示加入交流群；
3. 群内回复关键词获取阅读资源和应用服务。

微信扫描二维码 /////////////// 加入本书交流群